JN439756

시마조노 스스무 島薗進

1948년 도쿄출생. 도쿄대학 문학부 종교학 종교사학과 졸업. 현재 도쿄대학 문학부(대학원 인문사회계 연구과) 종교학 종교사학과 교수. 주된 연구영역은 비교종교운동론, 근대일본종교사. 주요 저서로는 『현대구제종교론』 青弓社, 『구원과 덕 – 신종교 신앙자의 생활과 사상』(편저) 弘文堂, 『종교 언어』(공편저) 大明堂, ***Religion and Society in Modern Japan*** Asian Humanities Press(공편저), 『무엇을 위한 〈종교〉인가?』(편저) 青弓社, 『치유와 화해』(공편저) ハーベスト社, 『소비되는 〈종교〉』(공편저) 春秋社, 『현대종교의 가능성 – 옴진리교와 폭력』 岩波書店, 『정신세계의 행방 – 현대세계와 신영성운동』 東京堂出版, 『시대 속의 신종교 – 이데이 세이타로出居清太郎의 세계 1899~1945』 弘文堂, 『종교의 재고』(공편저) ぺりかん社, 『정신성spirituality의 흥륭 – 신영성문화와 그 주변』 岩波書店 등이 있다.

이향란 李香蘭

한국가족치료연구소 연구원(사회학)

표지그림 · 디자인 조효리

현대일본인의 정신저류

포스트모던의 신종교

현대일본인의 정신저류

포스트모던의 신종교

시마조노 스스무 지음 | 이향란 옮김

한국가족복지연구소

목차

제2부 내셔널리즘의 흥륭

제4장 반세속주의와 내셔널리즘

제5장 신신종교의 내셔널리즘

제6장 일본인론과 종교

제3부 모던에의 대항

제7장 종교부흥 속의 신신종교

서장 신신종교와 포스트모던

1. 신신종교와 컬트

선진 여러 국가의 종교운동

점점 과학적 지식이 보급되고 테크놀로지가 생활을 뒤덮어 가는 현대세계에서 종교는 과거의 것이 될 것처럼 생각되었다. 그러나 이렇게까지 과학에 의존하여 살아가고 있는 현대세계의, 과학의 정수를 이룩하여 세계를 리드하고 있는 것같이 보이는 여러 국가에서 새로운 종교집단이 잇따라 일어나 유능한 젊은이들을 끌어들이고, 때로는 많은 일반시민에게 위협이 될 수 있는 사태를 초래하고 있다. 1995년, 일본의 옴진리교사건은 그 대표적인 예이다. 특별히 위험한 곳이 보이지 않는 종교집단도 많지만 과격한 행동을 취하는 집단이 나타나면 특히 눈에 띄기 때문에 위험스러운 교단만이 나와 있다는 인상을 갖는 사람들이 많이 늘고 있다. 이들 새로운 종교집단을 모두 합쳐서 지명하는 용어가 필요하게 되고, 일본에서는 「신신종교」나 「컬트」란 말이 사용된다. 전자는 일본의 신종교 역사를 근거로 한 용어이며, 후자는 위험한 집단이라는 뉘앙스를 담아 사용되는 일이 많은 용어이다.

우선은 「위험스러운 종교집단」이 빈번하게 발생하고 있다는 인상을 낳게 만든 해외의 주된 사건을 연보 식으로 적어둔다.

- 1978년, 샌프란시스코에서 남미의 가이아나로 집단이주해 있던 인민사원이라 불리는 종교집단의 900명을 넘는 신도가 창시자 짐 존스의 지시 하에 「집단자살」을 결행하여 세상을 놀라게 했다.
- 1993년에는 데이비드 코레쉬를 리더로 하는 브랜치 데이비디언이라 불리는 종교집단이 텍사스주 웨이코의 시설 안에 완강히 버티면서 연방정부의 단속기관과 대결하여 약 80명의 신도가 사망했다.
- 1994년, 오클라호마시티의 연방정부 빌딩이 폭파되어 수백 명이 희생되었는데, 이것은 브랜치 데이비디언 사건에 대한 보복을 의도한 것으로 보인다.
- 같은 해 유럽에서는 태양사원이라고 하는 집단과 관련되는 53명이 스위스와 캐나다에서 집단사하고, 다음 해 프랑스에서 16명, 97년에 캐나다에서 또다시 5명이 사망했다.
- 1997년에는 미국의 샌디에고 근교에서 헤븐즈 게이트라 불리는 종교집단의 39명의 자살사체가 발견되었다.

1970년대 말에서 90년대에 걸쳐서는 이슬람, 기독교, 유대교 신도 가운데 이른바 펀더멘털리스트(원리주의자)에 의한 수많은 테러사건도 일어나서 「위험스러운 종교집단」이 많이 발생하고 있다는 인상을 증폭시켰다.[1] 한편 기만이나 강제, 혹은 그것과 그다지 다를 바 없는 수단을 사용하여 입교나 헌금을 내게 하려고 한다고 해서 고발당하는 종교집단이 늘어난 것도 같은 시기이다. 일본이나 미국, 유럽에서의 통일교나 사이언톨로지가 그 예이다.

일본에서는 통일교의 「영감상법靈感商法(신비한 영적 기운이나 에너지가 들어 있는 물건이라고 하고, 그것을 고가로 구입하도록 하는 등의 행위-옮긴이)」이나 권유 · 지도 프로그램의 기만성 · 폭력성(자유의 박탈)이 장기간에 걸쳐 논란이 되고, 99년에는 법의 화삼법행法の華三法行의 창시자 후쿠나가 호겐福永法源이 사기혐의로 체포되는 사태도 발생했다. 일본에서는 그 밖에도 일반사회에 강한 비판의식으로 갈등을 일으키거나 세속사회의 규범과는 다른 규범을 따르려고 해서 비난을 받는 집단이 80년대, 90년대에 두드러졌다. 산안회山岸會, 행복의 과학幸福の科學, 여호와의 증인 등이 그 예이다.

신신종교와 「컬트」

일본 종교사의 맥락에서 「위험스러운 종교집단」은 좀 더 광범위하게, 「위험한」 요소들을 그다지 지니고 있지 않은 쪽이 훨씬 많은 「신종교」 제 집단의 일부로 간주되고 있다. 일본의 신종교 역사를 돌이켜보면, 70년대부터 새로이 급속한 발전을 보이고 있는 집단들이 있다. 먼저 통일교, 아함종阿含宗, GLA, 세계진광문명교단世界眞光文明敎團, 숭교진광崇敎眞光, 산안회, 여호와의 증인이라는 교단, 그리고 80년대 후반 이후에는 행복의 과학, 옴진리교, 월드메이트, 법의 화삼법행, 신란회親鸞會, 현정회顯正會라는 교단의 발전이 두드러졌다. 이들 교단이 「신종교」 가운데 새로운 세대의 것이라고 하는 의미에서 「신신종교」

로 불리는 것이다.

이 신신종교라는 말은 1970년대 말경부터 사용되기 시작하여 1980년대 중반부터 널리 쓰여지게 되었다. 종교사회학자인 니시야마 시게루西山茂의 「신종교의 현황」(1979년) 등의 여러 논고나 평론가인 무로오 다다시室生忠의 『젊은이들은 왜 신신종교로 달려가는 것인가』(1984년), 『신인류와 종교』(1986년) 등은 이 말을 널리 알리는데 큰 역할을 했다.⑵ 종교의 세계에 뭔가 새로운 일이 일어나고 있다. 지금까지의 종교교단과는 다른 유형의 종교운동이 확대되고 있는 것 같다. 그러면 그것은 어떤 것일까? 많은 사람들이 이러한 의문을 갖기 시작했다. 신신종교라는 말이 갑자기 퍼진 것은 이런 의문에 답해주는 듯했기 때문일 것이다.

그 후, 1995년에 옴진리교사건이 일어나자 이번에는 「컬트」 「컬트교단」 「컬트종교」라고 하는 말이 흔히 쓰이고 신신종교라는 말은 그다지 잘 통용되지 않게 되었다. 80년대부터 90년대 전반까지는 「신신종교」로 불리던 집단이, 90년대 후반 이후에는 「컬트교단」이라 불리는 일이 많아졌다. 그러나 일반적으로 통용되고 있는 「컬트」라는 용어는 비난받아야 할 집단에 대해서 사용되는 것이다.

예를 들면, 『「컬트」의 정체』라고 하는 책⑶에서 르포라이터인 요네모토 가즈히로米本和廣는 「컬트란 어떤 인물 혹은 조직의 가르침에 절대적인 가치를 두고, 현대사회가 공유하는 가치관인 재산 · 교육 · 결혼 · 알 권리 등의 기본적인 인권이나 가족의 신뢰관계라는 도덕관을 부정하는 집단이다」고 하는 정의를 제시하고 있다(14~15쪽). 그러나 이 같은 정의를 사용하면 동시대의 많은 신종교집단은 거기에서 제외되어버린다. 동시대의 새로운 종교운동에 널리 포함되어 있는 특징을 파악하기 위한 용어로서는 부적절하다. 이렇게 비난의 대상을 특정特定하는 듯한 용어를 사용하려고 하면, 어느 범위의 집단을 거기에 포함시킬지 정하기가 매우 어려워진다. 그리고 종종 죄가 없는 집단을 「컬트」로 지명하게 되어버린다. 또한 아사미 사다오淺見定雄는 「컬트」라고 하는 말은 엄밀한 학술용어로는 포기되었습니다」(23쪽) 라고 말하고 있고, 이 용어의 유효성에 대해서 회의적이다.(4)

「신신종교」라는 용어를 사용하는 주된 이유는 어느 시기 이후에 새로이 출현한 종교집단 가운데 널리 보이는 특징을 이해하고자 하는 것이다. 그들 종교집단군을 가리키는 용어가 필요하다면, 그 같은 특징을 기초로 한 용어를 사용하는 것이 좋다. 그러나 지금은 「컬트교단」 이외의 다른 유력한 용어는 보이지 않는다.

「구」신종교와 신신종교

신신종교라는 말에는 「포스트모던」이라고 하는 용어와 유사한 부분이 있다. 오래 변하지 않은 것, 전통적인 것, 이미 완성되어버린 기성의 것에 대해서 새로운 것, 변화를 이끌어내는 것, 기성의 것을 타파하고 전진해가는 것이 「근대」(모던)였다. 근대는 전통을 상대화하여 무너뜨리고, 그 자리를 대신하여 새로운 모습을 만들어내려고 하는 것이었다. 일본의 종교계를 살펴보건대 「기성종교」에 대한 「신종교」는 기독교처럼 「전통」에 대한 「신」을, 즉 교단종교에 있어서 근대를 대표하는 것이었다고 할 수 있을 것이다.

그렇지만 70년대 중반을 지나자 세상은 이제 근대가 낡았다고 생각하게 되었다. 이제는 전통적인 것이 아니라 근대적인 것을 상대화하는 태도가 널리 퍼지고, 이전에 새로웠던 것보다 더 새로운 것에 주의를 집중하게 되었다. 「포스트모던」 즉, 근대 이후란 점차 낡은 것이 되어가는 「신」을 초월하는 「신신」이라고 하는 의미를 함축하고 있다. 신신종교라는 용어가 한때 널리 받아들여진 이유 중의 하나는 이 말이 포스트모던의 의식과 일치하는 내용을 지녔다는 점에서 찾을 수 있을 것이다.

분명히 어느 시기부터 종교계 가운데 「기성」에 대한 「신」이었던 신종교가 낡았다고 느껴지게 되었다. 신종교라고 하는 용어는 에도江戶시대 말기인 19세기 초 이후로 발전한 종교를 가리킨다. 다만 일본에서는 이 사용방식이 유력하지만, 구미에서는 19세기 이후에 발전한 종교를 가리키는 용법과 1960년대 이후에 발전한 종교를 가리키는 용법이 양립하고 있다. 미국에서는 모르몬교와 기독교과학 등 19세기에 기초가 확립된 종교를 신종교로 부르는 용법이 유력하지만 영국 등 유럽에서는 라즈니쉬나 사이언톨로지, 통일교 등 1960년대 이후에 발전한 종교를 신종교로 부르고 있다. 이러한 유럽식의 「신종교」가 의미하는 바는 일본의 「신신종교」가 의미하는 바에 가깝다고 할 수 있을 것이다. 바로 거기에 서양의 전통문화와는 매우 이질적인 「포스트모던」 현상의 출현이란 뉘앙스가 얼마만큼 함축되어 있다.

다시 일본의 이야기로 돌리자면 전전까지, 적어도 다이쇼大正시대까지는 신종교 전체의 세력은 미미한 것에 지나지 않았다. 신종교의 대발전기는 뭐라고 해도 쇼와昭和시대, 특히 제2차 세계대전 후의 수십 년이었다. 현재 신종교 가운데 대교단으로 알려지고 있는 것 중 상당한 부분이 1920년부터 1950년 사이에 성립해서 1970년 무렵까지 급성장을 이루고 있다(표1 참조).

급성장의 대표격은 말할 것도 없이 창가학회創價學會이다. 1951년에 도다 조세이戸田城聖가 제2대 회장에 취임했을 때, 창가학회의 회원은 불과 5천 명 남짓이었다. 그런데 도다의 지도에 의한 「샤쿠부쿠대행진折伏大行進(1951년부터 창가학회가 추진한 대규모적인 포교운동–옮긴이)」으로 53년 말에는 7만 세대, 57년에는 75만 세대 돌파, 제3대 이케다 다이사쿠池田大作 회장 지도하의 70년 1월에는 드디어 750만 세대 달성을 선언하기에 이른다. 이 정도는 아니지만 다른 교단의 성장도 눈부신 것이었다. 60년대까지의 감각으로는 창가학회나 입정교성회立正佼成會(릿쇼코세이카이), 세계구세교世界救世教, PL교단은 낡은 것을 대신하여 등장하게 된 대단히 새로운 것이었다.

70년대, 80년대를 지나는 사이에 이들 신종교교단이 점차 「이제 새롭지 않는 것」, 그런 의미에서 「낡은 것」으로 느껴지게 되었다. 그 이유 중 하나는 교세의 정체停滯이다. 표1에는 각 교단이 공식적으로 주장하는 신도 수가 적혀 있다. 계산하는 방식이 제각각이기 때문에 전체적으로 상당히 부풀려져 있지만, 대략적인 경향은 알 수 있다. 천리교天理敎(덴리), 금광교金光敎(곤코)처럼 오랜 역사를 가지는 교단에서는 분명히 신도의 점감 경향이 보인다. 창가학회의 경우 1970년 이후는 거의 변동이 없다고 해도 될 것이다. 1989년에 생장의 가生長の家(세이초노이에)가 격감하고 있는 것처럼 보이는 것은 신도 수를 계산하는 방식을 바꾸었기 때문이지만, 실정도 다른 교단과 큰 차이가 없을 것이다. 입정교성회와 같이 80년대까지는 증대하고 있는 것처럼 보이는 교단이라도 그 무렵 이미 신도의 평균연령이 높고, 정체가 의식되고 있었다.

주요 신종교교단이 낡은 것이라 느껴지게 된 것은 발전・확대가 멈추었기 때문만은 아니다. 교조나 창시가가 고령이 되고 머지않아 세상을 떠난다. 또 교조나 창시자가 말한 가르침이나 그들이 정한 의례나 행동 양식도 과거의 것이라고 느껴지게 된다. 교단본부나 성지의 화려한 건물과 탑, 기념비도 눈에 익은 것이 되고 결국은 관심을 끌지 못하게 된다. 당연한 일이지만, 새로움이라는 것 때문에 빛나던 것이 희미해져간다. 새로운 것은 곧 낡게 된다는 당연한 이유로 인하여, 신종교는 「구」신종교로 여겨지게 된 것이다.

표1 대표적인 구신종교교단

교단명	창시자	창립년도	신도수 (1974)	신도수 (1989)	신도수 (1999)
천리교天理教	나카야마 미키山中みき (1798-1887)	1838	2,298,420	1,807,333	1,823,456
금광교金光教	곤코 다이진金光大神 (1814-1883)	1859	500,868	445,657	430,190
대본大本	데구치 나오出口なお (1837-1918)	1899	153,397	172,461	172,335
	데구치 오니사부로 出口王仁三郎 (1871-1948)				
영우회靈友會	구보 가쿠타로久保角太郎 (1892-1944)	1924	2,477,907	3,165,616	1,754,535
	고타니 기미小谷喜美 (1901-1971)				
PL교단	미키 도쿠하루御木德一 (1871-1938)	1946	2,520,430	1,812,384	1,133,883
(히토노미치)	미키 도쿠치카御木德近 (1900-1983)	(1925)			
염법진교 念法眞教	오구라 레이겐小倉靈現 (1886-1982)	1925	751,214	807,486	543,625
생장의 가 生長の家	다니구치 마사하루谷口雅春 (1893-1985)	1930	2,375,705	821,998	853,600
창가학회 創價學會	마키구치 쓰네사부로牧口常三郎 (1871-1944)	1930	16,111,375	17,840,700	821만 세대 (2000)

	도다 조세이戸田城聖 (1900-1956)				
세계구세교 世界救世教	오카다 모키치岡田茂吉 (1882-1955)	1935	661,263	835,756	835,756
입정교성회 立正佼成會	나가누마 묘코長沼妙佼 (1889-1957)	1938	4,562,304	6,336,709	5,856,939
	니와노 닛쿄庭野日敬 (1906-1999)				
천조황대신궁교 天照皇大神宮教	기타무라 사요北村さよ (1900-1967)	1945	386,062	454,442	460,860
선린교善隣教	리키히사 다쓰사이力久辰齋 (1906-1977)	1947	483,239	513,935	269,854

신도 수는 『종교연감』 1975년판, 1990년판, 2000년판(문화청 편)에 의한 것이다. 단, 창가학회의 것은 1974년, 89년은 니치렌정종日蓮正宗의 통계로 대용하고, 2000년은 『SOKA GAKKAI Annual Report 2001』(창가학회 광보실)을 이용했다.

이것은 「신종교」라고 하는 용어의 의미가 「새로이 출현, 확대하고 있는 종교」라는 것보다도 「비교적 새로운 시대의 종교」라는 의미로 변화하는 것이기도 하다. 「신종교」라는 용어가 현재 일어나고 있는 현상을 묘사하는 것에서 역사적인 시기 구분에 대응한 「어느 시대의 현상」을 가리키는 것으로 바뀌었다. 연구자들이 『신종교연구조사 핸드북』(1981년)이라는 책을 만들고, 『신종교사전』(1990)을 편찬한 것은 이 같은 추이를 반영하며, 또 촉진하기도 한 것이다.(5)

2. 신신종교라는 용어의 사용범위

신신종교 대두의 외관과 내실

이렇게 사람들이 신종교 전체가 낡아지고 있다고 느끼기 시작할 때, 새로운 종교운동이 성장해가는 모습이 보였다. 일찍부터 눈에 띄기 시작한 것으로는 통일교(세계기독교통일신령협회, 이른바 원리운동)가 있다. 이어서 진광眞光(마히카리)(세계진광문명교단世界眞光文明教團, 후에 숭교진광崇教眞光이 여기에서 갈라졌다)이나 GLA(God Light Association), 아함종 등이 두드러졌다. 또 이들과 같이 많은 신도를 모으는 데는 이르지 못했지만, 시대의 동향을 반영하는 것처럼 보이며 크게 눈에 띄는 소집단도 몇 개쯤 등장했다. 하레 크리슈나(크리슈나의식국제협회)나 라즈니쉬(라즈니쉬명상센터)와 같은 외래의 운동도 있고, 예수의 방주와 같은 일본의 운동도 있다. 이들처럼 보기에도 새로운 시대의 분위기를 띠며, 그 때문에 두드러지게 된 종교운동을 총칭하는 용어로서「신신종교」라는 말이 사용되게 되었다.

표2 주요 신신종교(1970년대 중반 이후에 발전한 교단)

교단명	창시자	창립년도	신도수 (1974)	신도수 (1989)	신도수 (2000)
		1945 이전			
여호와의 증인	C.T. 러셀 (1852-1916)	1926	33,000* (1975)	133,068	221,364
진여원眞如苑	이토 신조伊藤眞乘 (1906-1990)	1935	296,514	672,517	786,358 (1999)
현정회顯正會	아사이 진베에淺井甚兵衛 (1904-1984)	1942	12,000세대	200,000*	600,000* (1998)
		1946-60			
대산지명신시교회 大山祇命神示教會	도모마루 사이供丸齊 (1906-1988)	1948	59,463*	804,195	811,822 (1999)
영법회靈法會	요시오카 모토지로 吉岡元治郎(1898-1976)	1950		200,000*	600,000
백광진굉회 白光眞宏會	고이 마사히사五井昌久 (1916-1980)	1951		500,000	

산안회山岸會	야마기시 미요조山岸巳代藏(1901-1961)	1953		1,800* (공동체거주수)	2,500 (공동체거주수)
아함종阿含宗	기리야마 세이유桐山靖雄 (1921-)	1954	500	206,606	315,198 (1999)
영파지광교회 靈波之光教會	하세 요시오波瀨善雄 (1915-1984)	1956		739,708	913,245 (2001)
정토진종신란회 淨土眞宗親鸞會	다카모리 겐테쓰高森顯徹 (1934-)	1958		100,000* (1984)	
세계기독교통일 신령협회	문선명文鮮明 (1920-)	1959		420,000*	400,000 (1999)
세계진광문명교 단世界眞光文明教團	오카다 가우타마岡田光玉 (1901-1974)	1959		87,006	110,000 (2001)
숭교진광 崇教眞光		1978 (분파독립)		448,483	800,000
자연의 샘 自然の泉	아사오 호토淺尾法燈 (1935-)	1960		750,000*	
		1961-75			
혼부신 ほんぶしん	오니시 다마大西玉 (1916-1969)	1961		900,000*	
GLA종합본부	다카하시 신지高橋信次 (1927-1976)	1969		12,297	20,299
신자수명회 神慈秀明會	고야마 미호코小山美秀子 (1910-)	1970		440,000* (1988)	450,000
용천龍泉(이준)	다카야스 로쿠로高安六郎 (1934-)	1972		10,000*	10,000 (1996)
라즈니쉬명상 센터	화상라즈니쉬 (1931-1990)	불명		3,000* (1984)	3,000* (1999)
일본성도교단 日本聖道教團	이와사키 쇼오岩崎照皇 (1934-)	1974		58,950	103,859
ESP과학연구소	이시이 가타오石井普雄 (1918-1993)	1975		16,000*	
		1976-90			
법의 화삼법행 法の華三法行	후쿠나가 호겐福永法源 (1945-)	1980		70,000*	100,000
스광광파세계신단 ス光光波世界神團	구로다 미노루黑田みのる (1928-)	1980		4,500	7,000
일본 라엘리안 무브먼트	클로드 보리롱 라엘 (1946-)	1980		3,000*	5,500

야마토노미야 大和之宮	아지키 덴케이安食天蕙 (1952-)	1981		5,000*	5,000
옴진리교	아사하라 쇼코麻原彰晃 (1955-)	1984		4,000*	1,177*
월드메이트	후카미 도슈深見東州 (1951-)	1986		30,000*	41,864
행복의 과학 幸福の科學	오카와 류호大川隆法 (1956-)	1986		13,000* 1,527,278* (1991.7)	10,000,000 이상

신도 수는 『종교연감』에 있는 것이며, 또 직접 문의에 응답한 것은 그것에 따랐다. *는 『종교연감』 이외의 자료에 의한, 거의 같은 시기의 교단 측이 공식적으로 주장하는 신도 수. 또한 외래의 종교에 대해서는 일본의 조직 설립년도를 가지고 창립년도로 하였다.

그 후, 시간이 지남에 따라 70년대 이후의 종교운동의 변화 상황을 보다 객관적으로 파악할 수 있게 되었다. 외견상 그다지 새로움을 느끼게 하지 않기 때문에 별로 눈에 띄는 일은 없었지만, 70년대 · 80년대에 큰 교단으로 성장한 것이 꽤 있다. 대산지명신시교회大山祇命神示教會(오야마네즈노미코토신지)와 같이 주목받지 않은 사이에 어느 샌가 큰 교단으로 성장했고 저널리스트나 학자들이 갑자기 주목하기 시작하였지만, 어디에 새로움이 있는 것인지 알 수 없어서 당황스러운 교단도 있다.(6) 신신종교라고 하면 여태까지의 신종교와 전혀 다른, 새로움으로 가득 찬 것처럼 오해받는 일이 있다. 분명히 그런 것도 있지만, 그렇게 많지는 않다. 신종교의 역사 중에는 많은 연속성이 있으므로 신신종교라 하더라도 「신종교」라고 하는 큰 카테고리 가운데 하위 카테고리로 생각하는 것이 좋다. 그러나 상당수의 교단에 그런대로 새로움이 있는 것도 분명하므로, 신종교 가운데 새로운 시대의 것이라는 의미에서 이 용어를 사용하려는 것이 나의 입장이다.

1970년대 이후에 현저한 발전을 이룬 신종교집단을 열거하자면 표

2와 같다. 어느 정도의 비율과 양에서 신도 수의 증가가 있다고 생각되는 것을 창립 연대순으로 들었다. 나의 조사 범위에 한계가 있고, 포괄적인 것이라고는 할 수 없다는 것을 미리 말해 두고자 한다. 터무니없는 신도 수를 공식적으로 쓰고 있는 교단도 있고 신도 수의 계산방식에 차이가 현저하게 커서, 유감스러우나 자료적 가치는 높은 것이 아니다.

1995년의 옴진리교사건(지하철 사린사건〈도쿄의 지하철에서 옴진리교가 일으킨 사린가스를 사용한 무차별 테러사건–옮긴이〉) 이후 신신종교도 냉혹한 시기에 접어들었다. 「구」신종교와 신신종교의 양쪽을 살펴보아, 이 시기에 크게 발전한 교단은 극히 얼마 되지 않는다. 신문에서 「컬트」가 심심찮게 화제가 된 것은 이 시기이지만, 실제로는 신신종교도 침체상태이다. 신종교만이 아니라 교단종교 전체에 있어서 「겨울의 시대」라는 것이 90년대 후반 이후의 특징이다.

여하튼 70년대 이후를 일괄해 보면, 표2에 열거한 교단들이 「구」신종교가 정체단계로 접어든 이후에 상당한 발전을 이룬 교단이다. 이 가운데 70년대 이전에 이미 상당한 교세를 구축했으며, 또한 70년대 이후에도 큰 발전을 이룬 것은 진여원眞如苑뿐이다(진여원도 1989년부터 신도 수의 계산방식을 바꾸었기 때문에 별로 증가하지 않은 것처럼 보인다. 1988년 말의 신도 수는 259만 6천 102명이었다). 신종교를 전체적으로 보았을 때, 1970년경을 기점으로 확실히 일종의 「세대교체」, 혹은 「신세력으로의 힘의 이행」이 일어났다. 더구나 그것은 적잖은 변동이었다. 「신신종교」라는 용어가 필요하다고 생각되는 것도 이 같은 변동을 묘사할 용어가 요구되고 있기 때문이다.(7)

신신종교의 범위

그러면 신신종교의 용어가 가리키는 것을 어떻게 윤곽을 잡으면 좋을 것인가? 혼란이 일어나지 않도록 어떠한 범위내의 현상을 신신종교라 부를지 분명히 해두지 않으면 안된다.

한 가지 관점은, 이들 가운데 새로운 시기에 설립된 것만을 신신종교라 하는 것이다. 이 관점에 의하면 진여원은 물론이며 대산지명신시교회, 그리고 영법회靈法會(레이호)나 백광진굉회白光眞宏會(뱌코신코), 영파지광교회靈波之光教會(레이하노히카리)도 신신종교에는 포함되지 않게 된다. 이 관점의 경우, 그렇다면 신신종교의 시작을 어디에서 구분지우면 좋을 것인가 하는 어려운 문제가 발생한다. 또 포스트모던적인 시대상을 반영하여 발전을 이룬 교단을 신신종교에서 제외해버리기 때문에 새로운 시대의 신종교의 특징을 파악하는 단서로서의 기능을 충분히 다할 수 없게 되어 버린다.

두 번째 관점은, 이들 가운데 「구」신종교와는 현저히 다른 특징을 가진 것만을 신신종교로 한다는 것이다. 이 경우는 창립 연대에 그다지 구애되지 않는다. 오히려 가르침이나 실천, 조직의 상태를 자세히 보게 된다. 그리고 「구」신종교와 신신종교의 특징은 무엇인가를 명확히 정식화하고, 각 교단이 그 중 어느 쪽에 해당되는가를 식별하게 된다. 이 관점의 경우 어려운 점은, 어디에 새로운 시대상을 반영하고 있다고 보는지 사람에 따라 다르며, 무엇을 신신종교라 할지에 대해서 몇몇 다른 견해가 나오게 된다는 것이다. 실제로 제 교단은 다양한 특징의 복합체이며, 「구」나 「신」의 어느 한쪽의 카테고리로 나누어버리는 것은 상당히 무리한 절차가 된다.

그래서 나는 이 시대에 현저한 발전을 이룬 모든 교단을 신신종교라 한다는 입장을 취한다. 요컨대 신신종교라는 말을 신종교의 시기 구분에 관한 용어로서 사용하기로 한다. 2001년의 시점에서 돌아보면, 주된 신신종교는 50년대에서 80년대에 창립된 것이다. 그 중에는 진여원과 같이 1930년대에 창립된 것도 있으며, 여호와의 증인처럼 더 오랜 역사를 가지는 것도 있다. 그러나 어느 것이든 70년대 이후, 즉 포스트모던 의식이 높아지게 된 시대에 현저한 발전을 이루고 있다.

신종교의 시대구분에 있어서, 종래는 창립 연대를 기준으로 해서 교단을 각 시기로 나누는 방식이 많았다. 그러나 종교운동에 주목하는 관점에서는 각 시기에 현저히 발전한 교단을 그 시대를 대표하는 종교운동이라고 하는 견해가 적절할 것이다. 예를 들면 천리교는 1838년에 창시되었지만, 그 현저한 발전기는 1860년대에서 1950년대까지 몇 차례 기복이 있다. 1920년대 일본 신종교의 발전 상황을 파악할 때, 천리교를 제외하고 생각하는 것은 불가능하다. 이 같은 관점에 의거하여 시대의 특징(사회 · 문화 · 종교 상황)을 파악하는 발견적인 기능을 가지는 용어로서 「신신종교」를 사용하고자 한다.

신종교 전체의 역사를 돌아다보는 것도 몇 가지의 방법이 있지만, 나는 다음과 같은 시기 구분을 채택하고 싶다. 19세기 초기에서 1880년경까지를 제1기, 1880년대부터 1910년대까지를 제2기, 1920년대부터 60년대까지를 제3기라 한다. 그러면 신신종교는 신종교사의 제4기를 대표하는 교단군敎團群이게 된다. 이 제4기가 언제까지 계속될 것인가는 지금으로서는 판단할 수 없다. 옴진리교사건이 일어난 1995년이 신종교사의 커다란 전기인 것은 틀림없다. 그러나 그것으로 신종교사의 시기구분의 단락으로 하는 것이 적절할지, 시간의 경과를 지켜보지 않고서는 아직 알 수 없는 것이다.

이 같은 관점에 대해서 이미 이론異論이 주장되고 있고, 「신신종교」라는 말은 적절하지 않다고 한다.(8) 새롭게 발전하고 있는 교단의 특징이 무엇인지 아직 충분히 조사가 이루어지고 있지 않으며, 그것들이 현저히 새로운 특징을 가지고 있는지도 알 수 없다. 새로운 특징을 가지고 있지 않은 것까지 통틀어 「신신종교」라 부르는 것은 성급하다는 의견이다. 깊이 파고든 조사연구가 좀 더 진행되어야 한다는 생각에는 전혀 이론이 없지만, 이미 많은 관찰과 보고가 이루어지고 있는 단계에서, 어느 정도의 전망을 세워서 개념화를 진행해나가는 것은 필요하다. 그렇게 함으로써 새로운 현상의 특징이 무엇인지, 혹은 새로움으로 보였던 것들이 받아들일만한 것이 아니라 오히려 이전과의 연속성 쪽이 훨씬 큰 것인지를 고찰할 단서가 얻어질 것이다.

나의 판단으로는 제3기까지의 신종교와 제4기의 신종교에는 전체적으로 상당히 현저한 차이가 있다는 생각이다. 그리고 그것은 근대라는 한 덩어리의 시대가 과거의 것으로 느껴지게 되었다는 사실과 관련이 있다. 근대의 종교운동으로부터 많은 것을 물려받으면서도 새로운 시대상을 반영한 신종교의 움직임을 분명히 관찰할 수 있다. 그러나 이들 신종교를 「신신종교」라 부르는 것은 그것이 완전히 새로운 종류의 종교운동이라고 생각하기 때문이 아니다. 어디까지나 신종교라는 카테고리 가운데 어느 단계를 가리키는 하위 카테고리에 지나지 않는다는 것을 강조해 두고자 한다.

3. 신신종교에 대한 물음

옴진리교사건의 그림자

신신종교에 대해서는 1995년에 정점을 맞은 옴진리교사건을 생각하지 않고 넘길 수는 없다. 옴사건의 충격은 너무나 커서, 「무차별적 살해를 일으키는 이 같은 종교집단이 어째서 생겨나 발전한 것인가」하는 물음이 다른 모든 물음을 압도해버릴 것 같다. 옴사건 이후 「컬트」라는 말이 퍼지고, 종교집단의 범죄나 해악 혹은 종교집단을 둘러싼 분쟁이 화제가 되는 경향이 비약적으로 커졌다. 신종교라고 하면 「컬트」, 「컬트」라고 하면 「세뇌」나 「마인드 컨트롤」, 즉 어떻게 해서 사람들에게 해악을 끼치고 있는가가 문제라고 생각하게 되었다.

그러한 물음의 중요성을 부정할 생각은 없다. 1995년 이전, 그런 관점에서의 연구가 적었다는 점에 대해서 전문연구자로서 충분히 다하지 못했다는 자각도 있다. 그러나 신신종교에 관한 물음을 오로지 거기에만 한정시키는 것은 너무 좁은 질문 방식이다. 범죄를 저지르거나 장기간에 걸쳐 많은 사람들에게 해악을 끼치고 있다고 판단되는 집단은 몇몇 있지만, 주된 신신종교집단의 대부분이 그렇다고 할 수는 없다. 신종교의 역사 중에서, 현대에 이르러 그러한 교단이 증가하게 되었다는 것은 분명히 말할 수 있다. 그러므로 「왜 그런 것인가」는 중요한 물음이며 나 자신, 어느 정도 그런 문제에 대한 연구를 추구해 오고도 있다.[9]

그러나 이 책에서는 그 물음을 정면에는 두지 않는다. 물론 「옴사건에 대한 물음」은 곳곳에 나오겠지만, 이 책의 중심적 주제는 아니다. 이 책에서 초점을 맞추고자 하는 것은 1970년대 이후에 발전기를 가진 신신종교로 불리는 종교집단군이 어떠한 특징을 가지며, 일본의 종교사나 정신사 가운데 어떤 위치를 차지하는가, 하는 문제이다. 옴진리교는 신신종교 중의 하나로서 다루어질 것이며, 논제의 중심으로는 하지 않는다. 또한 법의 화삼법행이나 라이프스페이스처럼 범죄의 책임을 추궁당하고, 매스미디어에서 크게 다루어진 집단에 많은 주의를 기울이는 일도 없다.

이 책에서 다루어질 신신종교교단은 내가 자료를 모으거나, 다른 연구자나 저널리스트가 연구 · 취재를 해온 것이다. 그리고 가능한 한 다양한 신신종교교단을 넓게 두루 살펴보려고 했다. 반대로 상세하고 주의 깊게 조사를 계속한 집단도 없다. 그런 의미에서 신신종교로 불리어온 현상을 살펴보고 전체적으로 개관하는 방식을 취하고 있다. 그렇게 함으로써 이 시대의 종교운동의 특징을 파악하려고 한다. 그 같은 작업을 통해서 신종교에 나타난 포스트모던적인 시대상을 파악하고, 현대일본의 정신상황을 밝혀내고자 하는 것이다.

옴진리교사건 이후, 「종교혐오」의 경향이 강해지고 있다. 이 경우의 「종교」는 교단적인 종교이며, 그 중에서도 신종교는 더 「미움 받기」 쉽다. 이러한 「종교혐오」의 심정에는 여러 가지의 「종교」 이미지가 영향을 미치고 있다. 예컨대 이슬람교나 기독교, 유대교를 신봉하는 사람들 사이의 격렬한 분쟁, 북아일랜드나 인도, 스리랑카를 포함한 각지의 「종교전쟁」이나 종교테러에 관한 빈번한 보도 등으로 인하여 갖게 되는 해외의 종교에 대한 나쁜 이미지. 그리고 일본에서는 옴진리교만이 아니라 영감상법이나 족리진단足裏診斷(하늘의 기가 머리로 들어가서 발바닥에 나타난다고 보고, 발바닥으로 건강상태와 운세를 진단함-옮긴이)의 통일교나 법의 화삼법행, 선거 때마다 「간청」에 당황하는 창가학회, 넌더리내지 않고 하는 호별방문이나 수혈거부의 여호와의 증인 등, 이른바 「컬트종교」의 이미지가 강렬하다.

그러나 「종교혐오」가 얼마나 종교의 실제에 대한 지식을 근거로 한 것인지는 크게 의문이다. 선입견 위에 안주해서 이미 만들어진 이미지를 그대로 받아들이고 있는 혐오라고도 할 수 있다. 종교연구자는 정확한 정보와 적확한 전망을 제시하고, 판단 자료를 제공해야 할 것이다. 이 책은 특정 교단에 대해서 상세한 정보를 제시하고 있지 않다. 그러나 많은 신신종교교단을 살펴보면서 그것을 어떠한 전망 하에 인식하는 것이 좋을지, 관점의 제시에 역점을 두고 있다. 「포스트모던의 신종교」라는 표제는 그러한 관점의 중핵이 되는 것을 암시하려고 한 것이다.

이 책의 서술은 크게 전체를 전망하면서, 말하자면 대상에 가까이 접근해서 개별 사례를 조금 상세하게 해설하고, 그것을 바탕으로 또한 새로운 전망을 시도하는 순환적(나선적)인 서술 형식을 취하고 있다. 그러나 전체를 전망하는 관점이 명확한 한 점에 정해져 있는 것은 아니다. 포스트모던이라고 하는 개념이 다의적인 것과 마찬가지로, 이 책의 전망 관점도 다의적이다. 「반세속주의」「내셔널리즘」「근대비판」「포스트모던의 영성(신영성운동)」「종교집단의 내폐화內閉化」라는 몇몇 참조 축을 서로 관련지어가면서 신신종교의 위치와 형태를 밝히려고 한다. 그 때문에 단순 명쾌한 도식의 제시는 이루어지지 않을지도 모른다. 그러나 신신종교라는 현상의 복잡함을 고려해서, 그 실상에 입체적으로 다가가려는 의도는 소중히 할 생각이다.

제1부

종교운동의 변용

제1장 구신종교와 신신종교

1. 구신종교와 현세구제사상

신종교의 소집단 활동

도쿄도東京都 스기나미구杉並区에 본부가 있는 입정교성회立正佼成會는 니와노 닛쿄庭野日敬(1906-99) 개조開祖와 나가누마 묘코長沼妙佼(1889-1957) 협조脇祖[와키소](부회장-옮긴이)에 의하여 1938년에 창시된 신종교 교단이다. 입정교성회는 법화경을 근본 성전聖典으로 하고, 석존(석가)의 불교를 널리 퍼지게 하는 것을 목표로 하고 있다. 그런 의미에서는 불교단체라고 해도 되겠지만, 구카이空海(774~835. 헤이안 초기의 승려. 일본 진언종眞言宗의 개조開祖-옮긴이)가 시작한 진언종이나 신란親鸞(1173~1263. 가마쿠라 초기의 승려. 정토진종淨土眞宗의 종조宗祖-옮긴이)이 시작한 정토진종과 같은 전통적인 불교교단과는 종류가 다른 것으로 보인다. 법화경을 근본 성전으로 한다는 점에서는 니치렌종日蓮宗에 가까우며 분명히 그 전통의 영향을 받아 시작된 종교단체이지만, 현존하는 여러 니치렌종파日蓮宗派와는 전혀 다른 교단이 되어 있다.

오랜 전통을 가지는 불교 중의 한 파로 볼 수도 있지만, 근대에 시작된 새로운 종교의 하나로 간주되고 있는 것은 그 가르침이나 활동 모습이 전통적인 불교단체의 그것과는 상당히 다르기 때문이다. 입정교성회의 그러한 「새로움」을 대표하는 것이 「법좌法座」로 불리는 소집단 활동이다.

법좌에서는 일반인 한 사람 한 사람의 고민이나 문제가 거론되어지고, 상담받게 된다. 상담을 진행시키고 마지막에 결론을 내는(「맺다」고 한다) 것은 법좌주法座主라고 하는 리더이지만, 차좌車座가 되는 많은 사람들이 상담에 참가한다. 법좌주가 되는 그룹의 리더도 보통의 주부나 회사원, 학생이다. 요컨대 법좌에서는 일반인 각자가 교리를 배우고, 생활 경험에 의거하여 일상생활의 문제에 적용하고, 다른 사람과 더불어 서로 가르치고 배우는 활동에 적극적으로 참여하고 있는 것이다.

입정교성회의 교회에서는 이런 법좌가 늘 열리고 있다. 심각한 고민을 안고 있던 사람이 그 고민을 털어 놓고 이야기하고 마음의 가장 온화한 부분이 드러나게 되는 경우, 당사자는 물론 법좌에 참여한 모두가 눈물짓는 일도 있다. 법좌에서는 인간의 진실에 직접 닿는 드라마가 전개되는 것이며, 그것이야말로 입정교성회의 발전 동력의 주요 원천 가운데 하나가 된 이유라고 생각된다. 법좌는 「구」신종교의 신앙생활의 특징을 전형적으로 보여주는 활동 모습이다.

체험담 이야기

그러면 거기에서는 어떤 것이 이야기되어지는 것일까? 입정교성회와 같이 영우회靈友會로부터 분리된 묘지회교단妙智會敎團의 예를 보자. 묘지회교단의 체험담 활동은 입정교성회의 그것과는 약간 다른 점이 있지만, 대체로 같은 형태를 취하고 있다. 몇몇 사람들이 둘러모여 앉아 말해진 것은 다시 조금 큰 집회에서 정리된 하나의 이야기로 말해진다. 그리고 또한 교단 기관지에 게재된다. 그렇게 해서 고난과 구원의 이야기(체험담)가 모두가 함께 나누는 기쁨과 슬픔의 시공時空을 열어간다. 다음의 체험담은 1961년 묘지회교단의 기관지(『묘지妙智』)에 실린 것을 토대로 내가 다시 정리한 것이다.

Y · K씨는 부부와 아들, 이렇게 세 명이 함께 산다. 남편은 중풍으로 몸이 부자유스러웠지만, 나막신의 끈을 파는 행상을 하고 있었다. 남편의 동생인 S씨에게 인도되어 1953년에 입회했지만 남편은 반대를 하고 아들은 매도를 하고, 아주 형편없는 생활이었다. Y · K씨는 S씨나 지부장의 지도가 이해되지 않았고, 지부에서는 불평불만만 이야기하고 있었다. 아들은 S씨에게 폭언을 하고, 결국 본존을 갈기갈기 찢어 버리기에 이르렀다. 그 응보 때문인가, 화재로 집을 잃었지 신경통과 치질로 고생했지 남편과 아들도 천식으로 고생했지, 지옥 같은 가정이었다.

「회장님의 설법을 듣고, 그 당시 자식에게서 효도를 받지 못한 것은 자신이 불효를 했기 때문이며 마음으로부터 참회하도록 가르침을 받고, 제멋대로 굴어서 부모의 속을 썩이고 얼마나 걱정을 끼쳤는지 모르는 나는 친척도 상대로 해주지 않는 상태였기 때문에 마음으로부터 참회를 했습니다. 그리고 자비를 받을 때마다 조금씩 참회를 알게 되고, 여러 가지 일에서 열심히 돌보아 주시는 S씨를 원망하고 있던 것을 진심에서 우러나는 참회와 감사하는 마음으로 바꿀 수 있게 되고, 한 사람 두 사람 인도하게 되고, 법좌(제단)를 받을 무렵 어느 사이엔가 병도 잊은 것같이 낫고, 현재는 병치레 하나 하지 않으며, 작지만 집 한 채 빌릴 수 있게 되고, 그렇게 되고 나서 남편이 영계靈界로 돌아갔습니다. 아들도 그토록 원망하고 있던 S씨에게도 가고, 몇 시간이나 즐거워하며 법 이야기를 들으러 가게도 되었습니다. 지금 생각하면 무슨 일이든 자신의 근성을 고치면 되는 것이라고 곰곰이 생각합니다. 하루살이의 행상으로 가난은 합니다만, 매일이 즐거워졌습니다.(중략) 현재는 자식과 둘뿐입니다만 조상님이 항상 돌봐주시고, 마음으로부터 믿고 서로 도와 갈 수가 있는 회원 분들의 덕택으로 조금도 외롭다고 생각한 적이 없습니다. 하루도 몸져눕는 일 없이 건강하게 일할 수 있게 되고, 아들도 이제 다른 사람이 되어 있고 반항하는 일 없이 협력해 주며 나의 기모노까지 사줄 정도입니다. 참으로 나는 행복하다고 생각하고 있습니다. 가르침을 받지 못했더라면 지금까지도 다른 사람을 원망하며 근성도 고치지 않고 고통의 구렁텅이에서 허덕이고 있었겠지요.」

마음으로부터 감사해 하며 올해는 작년에 달성하지 못했던 「사명」을 달성하고, 은혜에 보답할 각오를 하고 있다고 말하며 Y · K씨는 이야기를 매듭짓고 있다.

여기에서는 고난의 생활에서 행복한 생활에로의 전환이 이야기되어지고 있다. 그것이야말로 Y · K씨에게 있어서의 구원의 체험이다.

Y · K씨의 생활의 고난은 그만큼 무거운 것이었다고 상상할 수 있다. 신종교는 이런 생생한 생활의 고난에 관계되며, 그 곳으로부터의 구원을 가리키는 구제종교이다. 고난이란 가난이며, 병이며, 가정이나 직장에서의 투쟁이다. 그것들이 무겁게 내리누르는 생활이야말로 「지옥」이다. 그것에 대해서, 구원이란 「빈병쟁貧病爭(병빈쟁病貧爭)」이 해결된 평온한 생활이며, 가족이나 동료와의 화기애애한 일상이다. 가난이나 병이 해결된다고 하는 현세이익이 그대로 이상적 인생, 최고의 행복과 연결되는 것으로 여겨지고 있다. 「건부화健富和」가 구원의 구현형태이다.

이 같은 구제관은 현세지향적, 현세중시적인 구제관이라 할 수 있을 것이다. 「구」신종교에서는 사후의 세계에 대해서 교의敎義가 기술되어 있는 경우라도, 구원은 다른 세계나 다른 차원에서 달성되는 것이 아니라 이 세상에서의 행복한 생활이라는 형태로 실현되는 것이라 생각되고 있다. 이처럼 「구」신종교는 무엇보다도 현세구제의 종교이다.(1)

상호부조의 공동체와 마음고치기

구원을 실현하는 데는 다양한 행위가 필요하다. 즉 신불神佛에 기도를 하거나(「독경」을 하거나), 조상이나 그 밖의 신령을 공양하거나, 데카자시手かざし(영능자靈能者가 신력神力이나 에너지를 다른 사람들에게 전하거나 환부에 손을 대어 행하는 종교적 치료행위–옮긴이) 따위의 특별한 몸짓으로 신비적인 힘을 발동시키는 등의 의례나 주술이 요구된다. 또한 보시나 헌금, 행사참여도 요구될 것이다. 그러나 무엇보다 가장 중요한 것은 「마음고치기」(「근성 고치기」)이다. 요컨대 과거의 마음 상태를 반

성하고(「참회」), 마음가짐을 새롭게 하고, 다른 사람에게 항상 선의와 감사하는 생각을 가지고 대하도록 하는 것이다. 특히 가정 안에서의 싸움을 극복하기 위해서 부부가 상대방을 서로 섬기고(실제는 보다 열심히 참가하는 많은 주부들에게 「순종하는 마음」이 요구되는 일이 많게 된다), 애정을 주고받도록 지도 받는다. 먼저 돌아가신 부모나 선조에 대한 감사하는 마음이 가정화합의 열쇠가 되는 일이 적지 않다. 과장해서 말하자면 신종교는 마음고치기의 종교이며, 특히 가정의 화합을 중요한 목표 중의 하나로 하는 종교이다. 많은 교단에 있어서 가르침이란 곧 마음고치기의 가르침이라고 해도 될 만큼 가르침의 핵심부분이 이 마음고치기와 관련되어 있다.

구원은 가정의 재건이나 번영으로서 실감됨과 동시에, 서로 돕고 지지하는 신앙공동체의 힘에 의하여 이루어진다. 또한 구원받은 개개인은 신앙공동체의 발전에 공헌하는 것을 의무라고 생각하게 된다. 특히 리더(교조, 교회장, 지부장, 법좌주, 반장 등)에 대한 감사와 협력은 가르침의 중요한 요점 가운데 하나가 된다. Y・K씨에게 있어서는 S씨나 지부장이나 회장(묘지회의 창시자 미야모토 미쓰宮本みつ)을 인도자로서 우러르고, 그 모델을 따라서 공동생활에 참가하는 것이 구원의 일부였다. 신종교를 신앙하는 것은 지도자의 서열체계 아래에서 하나의 도덕성을 공유하는 신앙공동체에 편입되어가는 것을 의미한다.

이 신앙공동체에의 참가는 많은 경우, 수동적인 것이 아니다. 자신의 체험을 적극적으로 다른 사람에게 말할 것이 요구된다. 「인도お導き」와 같이 다른 사람에게 손을 내밀어 이끌고, 가능하면 자신도 소집단의 리더로서 활약하는 것이 이상적이다. 이 세상에는 많은 사람들이 고통을 안고 있고, 가르침에 의하여 구원의 길을 제시해 줄 것을 기

다리고 있다고 여겨지고 있다. 그리고 고통스러워하는 사람들에게 적극적으로 다가가서 그들을 구원으로 인도하는 일을 몸에 익히는 것이 인간적인 성장이며, 신앙생활의 목표가 된다. Y · K씨의 신앙적 성장은 다름 아닌 인도나 교단에 대한 봉사활동에 나타나는 것이라고 여겨지고 있다. 자칫하면 교단 이기주의의 발로로 보여 지기 쉬운 포교나 헌금은 이 같은 구원과 인격적 성장을 위한 집단 활동에의 공헌이라 믿어지고 있다.

사람들은 스스로의 결단에 의하여 각자 어느 종교적 신앙공동체를 선택한다 – 이 점에서는 신종교의 신앙에는 개인주의적인 면이 있다. 그러나 신앙은 항상 교조나 각 단계의 리더를 인도자로 하는 공동체 안에서 일정 모델이나 규범에 따라서 길러지며, 또한 다른 사람에게 봉사하면서 동료의 고리를 넓혀가는 형태로 구체화되어야 할 것으로 여겨지고 있다. 이 의미에서 신종교는 상호부조의 공동체건설 · 확대운동이라는 성격도 가지고 있다.

이 같은 신앙과 도덕이 도시의 중하층 민중에게 매력을 가지고 있었다는 것은 쉽게 상상할 수 있다. Y · K씨는 신종교 신도로서는 약간 가난한 부류에 속하는 편이지만 중년의 가정주부라는 점에서는 전형적인 신종교의 신도이다. 여러 가지의 어려움이 밀어닥치고 평온하고 따뜻한 가정이라는 목표가 위협받는 존재, 또 한편으로는 친척, 이웃, 여러 동료의 고리를 확대함으로써 가족에서 큰 사회로의 통로를 찾아내려고 하고 있는 존재, 그것이 중하층 가정의 주부들이다. 이러한 주부들을 중심으로 하는 서민의 상호부조 조직으로서의 성격을 신종교는 가지고 있었다.

2. 신신종교와 공동체

신신종교 공동체의 양태

앞 절에서는 「구」신종교의 특징에 대해서, 특히 그 도덕적 가치나 신앙공동체의 성격에 역점을 두고 설명하였다. 신종교는 왜 교단조직을 가지며, 지도자에게 복종하고, 신앙동료끼리 모이거나 서로 이야기하는 것을 좋아하며, 또 포교에 열심인지를 이해하게 되는 데에 주의를 기울인 셈이다.

신종교 전체는 전통적인 구제종교(「역사종교」로도 불린다)와 비교했을 때, 신도참가적이라는 특징에서 두드러진다. 전통적인 불교교단이나 기독교회에서는 성직자와 일반인 사이의 역할 구별이 분명하다. 가장 중요한 의식은 승려에 의해서 집행되며 일반인은 대개 가만히 보거나 듣고 있을 뿐이며, 몸을 움직이고 말을 하는 것은 짧은 시간동안 간단한 것에 한정된다. 교의를 깊게 수학하고, 수행에 의하여 높은 경지에 이르는 것도 성직자의 역할로 되어 있다. 그 때문에 승려는 엄격한 금욕과 규율의 준수를 요구받고 있다. 한편 일반 신도에게는 교의의 학습이나 수행의 기회는 그다지 주어지고 있지 않다. 성직자에 의한 가르침을 조용히 듣고, 고분고분 그것에 따르는 것이 옳은 일이라고 되어 있다.

이처럼 역사종교(전통종교)에서는 일반인의 관여는 소극적인데 비해, 신종교에서는 일반인이 적극적으로 참가할 수 있는 신앙 활동의 장이 마련되어 있다. 「구」신종교에서는 그 같은 신도참가적인 방식이 전형적으로 구현되어 있는 경우가 많다. 이 장의 시작 부분에 소개한 입정교성회의 법좌는 그런 신도참가적인 동료 공동체의 좋은 예이다.

그러면 신신종교에서의 「참가」 모습은 어떻게 되어 있는 것일까? 신도들 간의 공동성은 「구」신종교의 그것과 어떻게 다른 것일까? 이 문제를 고려하는 실마리로서, 이 절에서는 신신종교의 유형분류를 시도해 보고자 한다. 신신종교 중에서도 「구」신종교와 꼭 닮은 것과 상당히 다른 것이 있다. 그런 신신종교 중의 다양성을, 우선은 신앙공동체의 긴밀성의 정도를 기준으로 파악해본다.(2)

신신종교의 한쪽 극단에는 아주 긴밀한 신앙공동체를 만들려고 하는 교단이 있다. 이 경우의 신앙공동체는 일반사회의 인간관계와는 매우 이질적인 관계를 형성하고, 그 신앙공동체 내부에 갇히게 된다. 이것을 「격리형」이라 부르기로 한다. 반대의 극단에는 신앙공동체의 형성에 그다지 열성적이지 않는 교단이 있다. 신앙공동체로 신앙자를 구속하기보다는 개개인이 좋아하는 범위 내에서 관계하면 된다는 유형의 교단이다. 이것을 「개인참가형」이라 부르기로 한다. 제3의 유형은 이 두 극단의 중간에 있는 것이다. 이 유형은 신앙공동체를 만들려고 하지만, 그 공동체는 대체로 「격리형」만큼은 긴밀하지 않다. 이것을 「중간형」이라 부른다. 중간형의 신앙공동체는 「구」신종교에 가장 가까운 것이라고 할 수 있다.

「구」신종교에 가까운 「중간형」

중간형의 대표적인 교단은 진여원과 숭교진광이다. 진여원에서는 「스지오야經親」라 불리는 제도가 중요한 역할을 하고 있다. 입신入信한 사람은 모두 인도해 준 부모인 스지오야의 지도를 계속 받는다. 또한 입신한 사람은 다른 사람을 신앙으로 인도하고(「구원」이라 불린다), 자신의 주위에 신앙의 고리를 만들어 갈 것이 요구된다. 생활 전반에 걸친 신앙지도는 스지오야만이 아니라 영능자에 의한 지도의 장인 「접심接心」에서도 이루어진다. 신앙 활동의 장에서는 종종 고故 이토 신조伊藤眞乘 교주나 현재의 최고지도자인 「료조에両常慧」에의 귀의나 감사의 말이 행해진다. 교단 내의 권위체계는 분명하게 존재하고 있으며, 그 아래에서 생활 구석구석에까지 미치는 도덕적 가치나 상징체계를 공유한 신앙공동체가 형성되어 있다.

그러나 한편 신도 각자는 보통의 사회인으로서 생활하고 있고, 신앙지도의 도덕적 측면은 일반사회에서의 공동생활을 원활히 잘 해나가기 위한 것으로 여겨지고 있다. 마음고치기에 보다 세속사회 그 자체, 또는 세속사회 속에서의 향상을 지향하는 사람들의 공동체가 교단이다.

숭교진광에서도 분명한 권위 체계가 있다. 말단의 신도는 먼저 반장과의 일상적 접촉에 의하거나 또는 그 이상의 직책(도장장道場長 등) 사람들의 지도에 따름으로써, 그리고 또 권위의 원천인 「구세주」(교조)나 「교주」(현교주)에 귀의함으로써 하나의 도덕적 · 상징적 공동체에 편입되고 있다. 그러나 이 공동체도 또한 세속공동체와 단절된 별세계를 구성하는 것이 아니라 세속의 질서와 같은 정도의 도덕을 말하고 있고, 따라서 세속 질서의 개선에도 자연히 기여하는 것으로 간주되고 있다. 이처럼 중간형의 교단은 신도에 의한 신앙공동체가 확고하게 존재하면서도 그 공동체는 세속사회와 연속적인 것, 세속사회와 거의 같은 평면에 속하는 것으로 이해되고 있다. 신앙공동체에의 참여를 통해서 세속생활을 개선하는 데에 구원이 실감되며, 그러한 하나하나의 구원의 연장선상에 이상사회(지상천국)가 그려지게 되는 것이다.

「위대한 상식인」의 육성을 주장하는 행복의 과학도 처음에는 개인참가형의 성격이 짙었지만 학습과 시험에 의한 승진시스템과 교조에 대한 개인숭배, 파국의식, 내셔널리즘, 포교경쟁, 외부와의 갈등 등을 통해서 80년대 말에는 이미 집단응집력을 강화하고, 중간형의 특징을 강화하는 방향을 취하고 있었다.

서클감각의 「개인참가형」

한편 개인참가형 교단에서는 신앙공동체의 인간적 결합이 산만하게 되고, 또한 도덕이나 신앙의 논리로 일상생활을 규제해 가려는 경향이 약하게 된다. 예를 들면 1990년 당시의 ESP연구소에서는 주재자인 이시이 가타오石井普雄(1918-1993. 「선생」으로 불리며, 교조, 교주 등의 호칭은 없다)로부터 방사되는 초염력超念力을 받아들일 절차가 갖추어지면 되므로, 그 이상의 공동생활의 장은 필요하다고 생각되지 않는다.(3) 초염력에 접하기 위해서는 이시이의 강연회에 출석하고, 초염력 상품(「ESP씰」 「에스파 테이프」 등)을 구입하여 자신의 몸이 움직이는 주위에 함께 하면 된다. 그래도 안 될 때는 회비를 내고 「우인회友の会」의 회원이 되고, 최고지도자(이시이 가타오)에게 직접 전화를 걸어 초염력을 받을 수도 있다. 초염력이란 그렇게 복잡한 관념체계가 있는 것은 아니다. 그것에 대해서 조금 상세하게 알고 싶을 때에는 이시이의 저작 『최후의 초염력』(德間북스. 1984년)을 서점에서 구입하여 한번 읽어보면 된다. 대개는 1대 1의 원격 커뮤니케이션(매스미디어적 커뮤니케이션)으로 해결할 수 있었다.

게다가 이시이에 의하여 초염력의 방사 능력을 받은 각 지역의 초염력 지도원이 있기 때문에 장기적으로 초염력을 계속 받지 않으면 안 될 때와 같은 경우는, 그들에게 초염력을 매개해 받을 수도 있다. 때로는 그들이 생활지도에까지 이르는 일도 있는 것 같다. 그러나 지역 지도원의 주된 임무는 초염력으로 병을 치유하고 사업을 번영케 하는 것이며, 그 이상의 도덕적 가치 같은 것은 그다지 문제가 되지 않는다. 지도소指導所를 중심으로 지역의 신앙공동체가 일단은 존재하고 있지만, 그것은 경우에 따라서는 없어도 되는 것이어서 그곳에서의 인간관계는 극히 임시적인 가벼운 것이 된다.

대산지명신시교회의 경우, 1975년경 지역마다의 지도자에게 친밀한 신앙지도를 맡기는 체제를 고치고, 교단의 중앙과 개개 신자의 직접적인 커뮤니케이션으로 집약하게 되고나서는 여태까지 이상의 대발전을 이루었다고 한다.(4) 신도는 전국 각지로부터 요코하마横浜의 본부에 참배하고, 본부나 주변건물에 있는 몇몇 회장에서 비추어지고 있는 비디오영상으로 최고지도자 도모마루 히메供丸姫의 가르침의 말씀을 듣고 감동의 눈물을 흘리고 다시 자기 집으로 돌아간다. 신도끼리의 횡적 유대는 극히 희박하다. 분파를 두려워해서 중간지도자를 배제한 조직체제이지만, 개인참가적인 형태가 신도의 요구에도 잘 맞았던 것 같다.

월드메이트(이전의 교단명은 「코스모메이트」)의 입회 팸플릿 『「행복」 동지, 대집합‼』(1991년)에는 다음과 같이 쓰여 있다.

> 코스모메이트는 일반 종교단체처럼 하나하나 자상하게 챙겨주지 않습니다. 자주성을 존중하므로 당신이 지금 정말로 하고 싶은 일이 코스모메이트의 활동이라면, 조금도 속박을 느끼지 않을 것입니다. / 세미나 등의 행사 안내는 회원의 주소로 정확히 보내드립니다. 참가하

는지, 않는지는 스스로 결정하면 되는 것입니다.

월드메이트를 취재한 이소자키 시로磯崎史郎는 기성교단을 대학교의 운동부에 비유한다고 하면, 월드메이트는 스포츠클럽과 같은 임의 서클이라고 말하고 있다.(5) 아함종 등에도 이것과 유사한 분위기가 있는 것 같다. 이것은 개인참가형 교단의, 신앙공동체로서의 결합의 산만함을 잘 파악하고 있는 표현이라 할 수 있을 것이다.

문제를 야기하기 쉬운 「격리형」

이에 비해서 격리형 교단은 극히 공고한 신앙공동체를 만들려고 한다. 대표적인 예로서 통일교, 여호와의 증인, 옴진리교를 들 수 있다.(6) 이들 교단에서는 많은 신도들이 세속의 직업생활이나 가족생활을 포기하거나 신도 이외의 사람들과의 관계를 최소한으로 줄이거나 해서, 세속사회로부터 격리된 신도들만의 공동생활을 보내는 것을 좋아한다. 통일교에서는 홈이라 불리는 숙사에서, 옴진리교에서는 도장에서 침식하면서 생활하는 신도들은 상당히 철저한 금욕생활을 한다. 극히 엄격한 도덕규범이 설정되고, 사유재산, 가정생활(혹은 남녀의 성애적 결합), 때로는 특정 음식과 음료가 제한된다. 많은 시간이 수행이나 봉사활동이나 가혹한 포교활동에 바쳐지며, 자유시간은 한정되어 있다. 모든 생활이 신앙체계에 의해서 통제되고 있고, 특정의 성전聖典이나 교조(지도자)의 인격이나 교의용어가 일상의 모든 장면에서 상기된다. 일반사회의 질서는 엄격히 부정되며, 그 속에서 정신적으로 향상되기란 힘들며 가능하다고 해도 중대한 한계가 있다고 생각되고 있다.

이 중핵적 신도 공동체와 일반사회와의 사이에는 상당히 두꺼운 벽이 있다. 공동생활체의 성원은 가족(부모나 형제, 때로는 배우자) · 친족과의 인연을 끊고 공동체에 들어간다. 일찍이 승원僧院이나 수도원에 들어간 사람들과 비슷하지만, 여기에서는 부모의 의지를 거역하고 그렇게 하는 경우가 압도적으로 많으며, 부모는 자식을 빼앗겼다는 인상을 갖게 된다. 가입 과정이 단기간의 합숙생활을 거치는 식으로 빠르게 진행되는 일이 많으며, 부모나 가족은 이것을 「세뇌」「마인드 컨트롤」 같은 것으로 비난하게 된다. 또한 이 공동생활체는 세속사회의 근로와는 다른, 강제라고도 생각할 수 있는 포교활동이나 가혹한 노동을 행하는 일이 많으며, 이 점에서도 일반사회로부터 비난받기 쉽다.

그렇지만 이들 교단은 격리된 공동생활체만으로 구성되어 있는 것이 아니라, 그 주위에 세속생활에 잘 융합한 생활을 하고 있는 사람들도 포용하고 있다. 그런 사람들의 생활은 중간형, 혹은 개인참가형 신도들의 것과 유사하다. 그러나 집단의 중핵을 이루는 다수의 사람들이 격리된 공동체를 만들고 있고, 그것이 이 유형의 교단 성격을 결정하고 있다. 또한 여호와의 증인은 격리된 공동생활의 장을 두고 있지는 않지만, 빈번한 집회나 엄격한 생활규범, 전도활동의 의무 때문에 세속사회와의 사이에 상당히 두꺼운 벽이 가로놓여 있다.

「컬트교단」으로 비판받는 것 중의 대부분이 이 「격리형」 교단이다. 이 유형의 교단은 조직외의 사람들을 적으로 혹은 배려할 가치가 없는 존재로 보는 경향이 있으며, 그것이 범죄에까지 이르는 일이 적지 않는 중요한 이유 중의 하나인 것은 분명하다.

개인화의 흐름 속에서

이 절의 처음에도 기술한 것처럼 대부분의 「구」신종교교단은 이상의 세 유형 중에서는 중간형에 들어간다. 그렇다면 격리형과 개인참가형이 분기해온 부분에 신신종교의 하나의 특징이 있게 된다. 그렇지만 「구」신종교 가운데서도 혼미치ほんみち나 창가학회 등에는 격리형에 가까운 특징이 있으며, PL교단(그 전신인 히토노미치ひとのみち교단 이후)이나 생장의 가 등에는 개인참가형에 가까운 면도 보인다. 그러나 이들 교단은 신신종교의 격리형이나 개인참가형만큼 두드러지지는 않는다. 3유형을 「구」신종교에까지 확대하면, 위에 든 교단 중에서는 혼미치를 제외하고는 중간형 속에 포함시켜도 괜찮을 것이다.

그러면 이처럼 격리형이나 개인참가형이라는 양극단 유형의 교단이 몇 개나 등장하게 된 것은 왜일까? 격리형과 개인참가형이 늘어났다는 것은 중간형의 교단이 차지하는 비율이 이전에는 압도적 다수였는데, 지금은 상당히 낮아졌다는 것이기도 하다. 바꾸어 말하면 세속생활과 연속적인 생활규범(「마음고치기」의 체계)의 습득심화를 목표로 하면서, 교조나 최고지도자로부터 지역의 열성자에 이르는 위계서열적인 지도자 계열을 가지는 신앙공동체를 형성하는 일이 곤란하게 되었다는 것이다. 그리고 그것은 세속생활(일반사회)의 도덕적 질서나 이를 토대로 하는 친밀한 인간관계를 쌓을(지킬) 만한 것, 지킬 수 있는(쌓을 수 있는) 것으로 여겨지지 않게 되었기 때문일 것이다. 바꾸어 말하면, 정보화가 진행되고 사회구조가 점점 복잡화・다양화되며, 인간관계의 기능화가 증진되었기 때문에 사람과 사람과의 유대가 약해지고, 그것을 반영하여 개인주의적인 사고가 확산되었다는 것이다.

그런 상황에서 여전히 일반사회에 적합한 방향으로 교단이 형성될 때, 개인참가형의 특징을 띠게 된다. 즉 마음고치기의 가르침이 엷어지고, 신앙공동체도 산만한 것이 된다는 식이다. 이런 교단은 때로는 종교서나 구원의 처방전, 명상법 등의 종교상품을 판매하는 회사처럼 보이는 일이 있다. 한편 일반사회의 추세에 대항하고 도덕적 일치나 긴밀한 공동체의 형성을 지향할 때, 격리형의 교단이 형성된다. 요컨대 일반사회와는 단절된 공고한 도덕규범과 공동체를 만들려고 하는 것이다. 이런 교단은 일반사회와의 심각한 긴장관계에 서서 사회문제를 일으킬 가능성이 적지 않다. 통일교의 영감상법처럼, 또 한편 방편으로서 종교상품 판매회사와 같은 활동을 하는 경우에는 더더욱 그렇다.

제2장 신신종교의 신앙세계

다양성 가운데 눈에 띄는 경향

신신종교교단이라 하더라도 참으로 다양하다. 신앙공동체가 만들어지는 방식에 대해서는 대체적인 경향을 파악하여 앞 장에서 정리했지만, 신앙세계의 존재 형태에 대해서 말하자면 상당한 다양성이 있다. 동시대에 현저하게 발전한 신종교라는 것이 공통점이기 때문에 그것은 당연할지도 모른다.

그러나 애초부터 다양한 신종교에 대해서, 역사종교(전통종교, 기성종교)와는 다른 특징을 제시할 수는 있다. 또 신종교가 시대의 변화 속에서 어떻게 공동체의 모습이나 신앙세계의 존재 형태를 변화시켜왔는지에 대해서도 기술할 수 있다. 그것들은 개별연구를 토대로 한 개략적인 일반화이기는 하나 일정한 타당성을 지니며, 신종교의 전체상을 파악할 때 매우 도움이 된다. 여기서는 같은 작업을 신신종교에 대해서 해보고자 한다. 다양한 신신종교 중에서 광범위하게 보이는 경향을 골라내서, 신신종교의 전반적 경향을 제시하려고 하는 것이다.

신신종교에 ABC…… XYZ까지의 교단이 있다고 하고, 어떤 특징 α가 ACFHMQSVX의 교단에 현저하게 보였다고 하자. 그것은 「구」신종교에서는 줄곧 눈에 띄지 않은 것이거나 오히려 대립하는 사고가 현저하다. 그렇다면 그것은 신신종교 전체 가운데 보이는 어떤 경향을 나타내는 것이라 해도 되지 않을까? 그것과는 직접 관계가 없는 β라는 특징이 BDGJLOPSTXZ의 교단에 보였다고 하자. 이 특징도 「구」신종교에 대치할 수 있는 것이라고 한다면, 그것은 신신종교의 또 다른 경향을 나타내는 것이라고 해도 될 것이다. 이렇게 해서 α, β, γ, δ…… ω로 특징을 들어가면, 예를 들면 α와 δ의 특징은 모순되는 일이 일어날지도 모른다. 그것은 충분히 일어날 수 있는 것이다. 왜냐하면 신신종교라 불리고 있는 무리는 매우 다양한 것들을 내포하고 있으며, 따라서 아주 상이한 형태의 집단군이 병존하고 있어도 이상하지 않기 때문이다.

이 같은 작업을 시도하는 일의 의의는 무엇일까? 이것은 명확한 윤곽을 지닌 현상에 대해서 정확한 정보를 모으고, 정밀하게 서술한다는 것과는 다른 유형의 작업이다. 오히려 정보도 혼란한 상태이고 충분하지 않으며, 윤곽도 분명치 않는 현상들에 대해서, 거기에 헤치고 들어가서 보다 확실한 정보를 얻거나 적확한 윤곽을 짓기 위한 작업지도와 같은 것을 그리는 것이다. 탐색이나 발견을 위한 개략적인 파악을 할 수 있는 그림을 그리고, 혼란에 빠져버리지 않게 조력하려고 하는 것이다. 조사연구가 진행되어 좀 더 적확하게 특징지울 수 있기를 바라지만, 일단 이 같은 의도 하에 어수선한 자료더미를 헤치고 들어가기로 한다. 다음의 서술은 주로 1990년경의 자료를 이용하고 있다. 옴진리교에 관한 경우도, 지하철 사린사건과 무투노선武闘路線으로 기울어져가기 전의 옴진리교를 염두에 두기를 바란다.

또한 사후의 생生 관념에 대해서는 5의 「자기책임의 강조 및 자기영혼의 영속의식」이나 6의 「성스러운 우주의 재구성」에서 언급하고 있지만, 더 깊이 파고들어 윤회전생輪廻轉生 신앙으로 범위를 넓혀서 제3장에서 고찰하고자 한다. 그리고 파국절박破局切迫의식이나 종말관에 대해서는 7의 「파국절박의식(천년왕국주의)과 메시아니즘의 앙양」에서 논하지만, 노스트라다무스의 예언의 영향에 대해선 마찬가지로 제3장에서 보충하기로 한다.

1. 빈병쟁貧病爭의 동기에서 허무함의 동기로

제1장에서 소개한 Y · K씨는 오랫동안 형태가 분명한 「생활고」 때문에 고생하고, 그러한 고난의 극복을 원하면서 입신하여 신앙생활을 계속했다. 그녀와 그 가족이 안고 있던 생활고는 「구」신종교의 입신자에게 전형적으로 보였던 것이다. 그러한 생활고는 「빈병쟁貧病爭」(「병빈쟁病貧爭」)이라는 말로 요약되어 왔다. 거기에는 평온무사한 생활이야말로 곧 최고의 행복으로 통하는 것이라고 여겨졌다.

신신종교에서도 「빈병쟁」이라는 신앙 동기는 또한 상당히 큰 위치를 차지하고 있지만, 「구」신종교와 비교해보면 그 비중은 확실히 가벼워지고 있다. 옴진리교를 예로 들어보자. 1980년대 말경의 옴진리교 팸플릿을 보면, 입신자 중에는 질병의 고통이 계기가 되어 입신한 사람이 적지 않은 듯하다. 예를 들면, S · M씨(26세)는 다음과 같이 말하고 있다.

저는 매우 건강한 편이었기 때문에 병의 고통을 모르고 자랐습니다. 그런데 2년쯤 전의 일입니다. 근무하고 있던 회사에서 전신경직을 일으켜 구급차로 옮겨졌던 것입니다. 조사 결과는 어디에도 나쁘지 않다는 것이며, 스트레스에서 오는 자율신경실조증인지, 호르몬 밸런스의 이상이라고 진단받은 것입니다. 그 후에는 한약 따위를 복용하고 있었습니다만 전혀 좋아지지 않고, 접신 같은 것에까지 손을 대서 더 악화되었던 것입니다. /이렇게 1년 가까이 지난 후, 우연히 옴을 만날 수 있었던 것입니다. 거의 죽 자리보전하고 있었기 때문에, 부끄러운 일입니다만 부친이 입신 절차를 위해 가주었습니다. 그리고 가지고 온 "히히이로카네ヒヒイロカネ"(아사하라麻原의 에너지를 담은 영석靈石-시마조노)를 가슴에 댄 순간, 확 에너지가 들어오는 것처럼 몸이 뜨거워졌습니다. 새파랗던 얼굴이 빨갛게 되었다고, 그때의 모습을 눈으로 직접 본 가족도 놀라고 있었습니다. /이때 존사尊師가 저의 몸에 있는 나쁜 기운을 빼내어 주셨음에 틀림없습니다.

(『병은 낫는다』 No3. 1989년)

이 같은 병고해결에 대한 체험담은 「구」신종교에서 흔히 보이는 것이다. 그런데 다음의 K · S씨(22세)와 같은 입신 동기는 「구」신종교에서는 그다지 찾아볼 수 없는 것이다.

작년 4월, 나는 소아과 병동의 간호사로서 일하기 시작했다. 그곳에서는 상사로부터도 은혜를 입고, 여러 가지 실수도 있었지만 어쨌든

> 일이 너무 재미있어서 어찌할 바를 몰랐다. 그래도 일을 마치고 혼자가 되면, 문득 어떻게 할 수도 없는 허전함과 불안이 밀려온다. 기분전환을 위해 외출해도, 친구와 놀아도 즐거움은 잠시뿐, 그 후에 또 허무함이 나를 엄습한다. /어째서 다른 사람이 즐거워하고 있는 일이 나에겐 이렇게 허무한 것인지……. 어릴 때부터 느끼고 있었지만, 나이와 함께 이 생각은 더 강해진다. 특히 N씨라는 남성과 사귀게 되고는, "나에게는 N씨밖에 없지만, 그렇지만 언젠가 N씨와는 헤어지지 않으면 안 된다……. 어떻게 하면 좋지……" 그것만 생각하고, 슬퍼서 자주 혼자서 이불을 뒤집어쓰고 울었다. 점점 나의 마음은 불안에 싸이게 된다. /그러나 결국 그 N씨의 인도로 나는 옴을 알게 되고, N씨와 함께 싯샤シッシャ[출가수행자-시마조노]가 되었다.(중략) /내가 늘 외로웠던 것은, 가르침 안에 있는 "모든 것은 덧없다"고 하는 것을 어릴 때부터 느끼고 있었기 때문임에 틀림없다. 그렇게 생각했다. 이 외로운 생각이 다하는 곳은 옴이라고……. (『싯샤의 시』 No1. 1989년)

이 회심담回心譚은 「허무함」이라는 한 단어로 요약할 수 있는 입신동기를 바로 말하고 있다. 외견상으로는 흡족한 「건부화健富和」의 생활로 보이는 것의 밑바닥에, 실은 심한 고독감이나 불안이나 권태감이 깔려 있다. 신신종교에 입신한 후, 명확한 목표에 헌신하면서 신앙동료와 가깝게 만나게 될 때면 그런 「허무함」으로 위협당하고 있던 과거가 뚜렷이 보이는 것 같다.

이 같은 경향은 격리형 교단에서 가장 현저하게 보인다. 그러나 중간형의 교단과 개인참가형의 교단에서도 이러한 경향은 다소 보이는 것 같다. 또한 어느 유형에서든 중고연령층보다도 젊은 층의 입신자에게 이 경향은 두드러진다. 신신종교는 전체적으로 「구」신종교에 비해 젊은이의 입신이 많다. 그런 젊은이들 가운데 많은 수가 은근히 「허무함」으로 괴로워하고 있었다고 생각해도 될지 모른다.

2. 현세지향에서 현세이탈로

이것도 격리형 교단에 전형적으로 보이는 특징이지만, 「구」신종교의 현세지향에 비해서 신신종교에서는 현세에서 이탈하는 것이나 현세 외의 영적 세계에서의 생에 높은 가치를 두려는 경향이 보인다. 즉, 낙천적인 「구」신종교에 비해서, 현세에서의 행복이나 자연적 욕망의 충족에 낮은 평가를 부여하는 비관적인 현상인식이 보인다. 통일교에서는 인간의 「타락」, 특히 그 현상인 「음란」을 직시하는 것이 신앙의 출발점이 되고 있다.

> 인간은 타락함으로 인하여 신궁神の宮을 이룰 수 없으며 사탄이 사는 집이 되고, 사탄과 일체화되었기 때문에 신성神性을 가질 수가 없으며 타락성을 띠게 되었다. 이렇게 타락성을 지닌 인간들이 악의 자식을 번식하여 악의 가정과 악의 사회, 그리고 악의 세계를 만든 것이지만, 이것이 곧 타락한 인간들이 지금까지 살아 온 지상지옥이었던 것이다. 지옥의 인간들은 신과의 종적인 관계가 끊어져버렸기 때문에 인간과 인간과의 횡적으로 연결되는 것도 만들 수 없으며, 따라서 이웃의 고통을 자신의 것으로 안타까이 여길 수 없으므로 결국에는 이웃을 해치는 행위를 하고 싶은 대로 하게되어버린 것이다. 인간은 지상

지옥에 살고 있기 때문에 육신을 벗어버린 후에도 그대로 천상지옥에 가게 된다. 이렇게 해서 인간은 지상 · 천상 모두 신 주권의 세계를 만들 수 없으며, 사탄 주권의 세계를 만들게 된 것이다.

(『원리강론』 제6판. 1969년. 136~137쪽)

그렇지만 인간의 노력으로서는 어떻게 할 도리가 없는 사회악이 하나 있다. 그것은 음란의 폐해이다. 기독교의 교리에서는, 이것은 모든 죄 가운데서도 가장 큰 죄로서 다루어지고 있는 것이지만, 그러나 오늘의 기독교사회가 현대인이 빠져드는 이 윤락에의 길을 막을 수 없는 상태에 있다는 것은 무엇보다도 또한 통탄스러운 실정이라 하지 않을 수 없다. (『원리강론』 제6판. 1969년. 27쪽)

통일교에서는 이처럼 현세의 악이 강조되고 있지만 통일교의 가르침에 따라 깨끗해진 생활과 결혼(「축복」이라 불리는 합동결혼)을 함으로써, 그리고 문선명 교조에 전세계가 따름으로써 현세에서 행복이 실현됨을 전망하고 있다. 이에 대해서 초기 GLA(다카하시 신지高橋信次가 지도하고 있던 1970년 전후의 GLA)나 행복의 과학에서는 현세의 악, 인간의 타락이란 것에는 그다지 저촉되지 않지만, 현세 이외의 영역이 중요하다는 것을 강조하고 있다. 인간의 마음은 영원한 시간 속에서 영靈의 세계(「실재계實在界」로 불린다)에 계속 존재하며, 현재의 일생 따위는 그 중의 작은 한 토막에 지나지 않는다고 한다.

인간의 생활은 언뜻 보기에 안정되어 있는 것처럼 보이지만, 한 치 앞은 어둠이고 불안정 그 자체이다. 죽음과 서로 이웃해 가까이 살고 있다. 태어난 이상 죽음은 피할 수 없지만, 그것에도 상관 않고 인간들은 눈앞의 생활에 쫓겨 오관五官 중심의 나날을 보내고 있다.(중략)

육안으로 보이는 범위는 극히 좁고 불안정하다. 우리들의 육체는 에너지 입자에 의하여 유지되고 있지만 그것을 눈으로 볼 수는 없다. 형체가 있는 것은 언젠가는 무너진다. 형체가 있는 것은 형체 없는 빛 입자에 의해서 만들어지고, 그렇게 해서 끊임없이 신진대사를 반복하고 있는 것이다.

마음의 세계, 영혼의 상태도 이와 같아서 우리들의 생명은 영원한 여로를 계속하고 있다, 조화라는 목표를 향하여. 마음이나 영혼에 관해서는, 보통은 볼 수도 만질 수도 없지만, 그러나 육신이 죽어 썩으면 차원을 달리한 세계에서 생활하는 것이다. 이렇게 말하면 아무래도 당돌하게 생각되겠지만, 사실은 굽힐 수 없다.

우리들이 마음의 세계, 영혼의 존재를 인식했을 때, 오관五官이나 육근六根에 휘둘린 생활의 무상함, 애처로움을 명확히 알 수 있으리라. 왜냐하면 이 세상의 생활은 영원한 인생행로의 한 토막이며, 그 한 토막에 농락당하는 무의미함을 깨닫기 때문이다.

(다카하시 신지 『마음의 원점』 三寶出版. 1973년. 1~2쪽)

현세만의 손익밖에 생각하지 않는 사람은 /진정한 부자라고는 할 수 없다. /현세만의 성공밖에 생각하지 않는 사람은 진정한 성공자라고는 할 수 없다.

왜냐하면 사후의 세계는 엄연히 존재하며 /천국과 지옥의 어느 쪽인가를 /선택하지 않으면 안 되기 때문이다.

지옥을 선택하고 이득을 보았다고는 할 수 없다. /지옥에 떨어지고 성공했다고는 할 수 없다.

천국에 들어가서야 말로 부자이며, /천국으로 돌아가서야 말로 성공자이다.

내세를 위해 대가로 하는 것에는 /반성과 보시의 정신이 중요하다. /이 두 개의 열쇠로 천국의 문은 열리는 것이다.

(오카와 류호「내세를 위해 걸다」『행복의 과학』1991년 7월호. 1쪽)

현세의 악이 강조되는가 현세의 무상함이 강조되는가 하는 차이는 있지만, 통일교의 경우도 초기의 GLA나 행복의 과학의 경우에도 지금 살고 있는 이 인생의 가치가 때로는 낮아 보이는 것은 공통되고 있다. 옴진리교는 이 점에서 가장 철저했다.

지금 우리들은 살아 있다. 그리고 이 살아 있다는 것을 실감하고 있다는 환영에 홀려있다. 그러면 그 실감이 왜 환영이라고 말할 수 있는 것일까?

예를 들면 여기에 만두가 하나 있다고 하자. 이 만두를 열 사람이 먹었다고 하면, 이 열 사람의 미각이라는 것은 제각각 다르게 느낄 것이다. 그러면 어째서 그것을 증명할 수 있는가 하면, 그것은 수행에 의하여 미각이 변하기 때문이야. 혹은 임산부의 미각이 변하는 것으로도 잘 알 수 있을 것이다. 그렇다면 우리들이 이 인생, 태어나서 죽을 때까지를 현실, 진실이라고 생각하고 있는 이 생각이라고 하는 것은 환영에 복잡하게 홀린 것에 지나지 않는다고 할 수 있다.

(『진리의 싹』No.7. 1991년. 7쪽)

(존사) 요컨대 말이죠. 지금의 가치관이라는 것은 고학력, 그리고 일류기업, 그리고 또 스타일이 좋은 여성과 결혼하고, 그래서 안락한 가정에서 돈을 가지고, 재테크 등을 해서 풍족하게 살다 죽는 것이죠. 이것이 지금의 가치관이라고 생각해요. 그렇지만 내가 제창하는 가치관이라는 것은 그런 것이 아니라, 그것은 내면에 있어요. 내면에 어떤 것이 있는가 하면, 모든 것을 알고 보면 이 세상이 사실은 괴로우며, 예를 들면 부자가 되는 것도 스타일이 좋은 여성에게 집착하는 것도 미인에게 집착하는 것도 모두가 괴로움이지요. 그렇지 않은 또 하나의 길이라는 것은 누구도 파괴할 수 없는 절대적인 경지이며, 진정한 의미에서의 자기 자신을 이해할 수 있다고 하는 것이지요. 그러한 가치관을 제공하고 싶은 것이죠. (『마하야나』 38호. 1991년 1월)

사람은 죽는다. 반드시 죽는다. 무조건 죽는다. 죽음은 피할 수 없다. 죽음 앞에서 연애가 유효할 것인가? 죽음 앞에서 물질이 유효할 것인가? 죽음 앞에서 부자가 되는 것이 유효할 것인가? 죽음 앞에서 권력을 얻는 것이 유효할 것인가? 전혀 무효하다. 죽음 앞에서 무엇이 유효한가 하면. 그것은 크게 덕을 쌓고, 그리고 계율을 지키고, 오감五感을 제어하고, 깊은 의식 상태에 들어가서 죽음을 알고 죽음을 극복하는 것이다. (『진리의 싹』 No.7. 1991년. 12쪽)

3. 마음고치기의 탈윤리화와 심리통어기법의 증가

앞 장에서도 기술한 것처럼, 일반사회의 일상생활 속에서 타자와의 관계를 윤리적으로 향상시키기 위한 「마음고치기」의 실천이 신신종교에서는 약하다. 다만 중간형의 교단에서는 이것은 그다지 들어맞지 않는다. 예를 들면 진여원의 경우, 「구」신종교와 마찬가지로 마음고치기가 중시되고 있다. 그러나 같은 중간형이라도 행복의 과학이나 그 선구가 되는 초기의 GLA(이쪽은 개인참가형에 가깝다)에서는 얼마쯤 새로운 경향을 간파할 수 있다.

행복의 과학이나 GLA에서는 사랑과 반성이 중시되고, 팔정도八正道(바르게 보고, 바르게 말하고, 바르게 일을 하고, 바르게 생활을 하고, 바르게 생각하고, 바르게 도道에 정진하고, 바르게 의식하고, 바르게 선정에 드는 것)가 권장된다. 매일 반성해야 할 것으로서,

> 1. 자신은 바르게 사물을 보았는가? 바르게 사람을 보았는가? 신과 같은 마음으로 사람들을 대했는가?
> 2. 자신은 바르게 말했는가? 스스로의 양심에 부끄러울 것 같은 말은 하지 않았는가? 타인을 현혹시키고, 불안에 빠뜨리는 말을 하지는 않았는가? 말로 다른 사람에게 상처를 입히지 않았는가?
>
> (오카와 류호 『태양의 법』 구판. 土屋書店. 1987년. 89쪽)

등, 다섯 항목을 들고 있다. 여기에는 일관된 윤리적인 마음고치기의 가르침이 있다. 그렇지만 행복의 과학이나 초기 GLA의 간행물에는 마음고치기의 실천에 관한 체험담이 그다지 발견되지 않는다. 이

는 마음고치기의 윤리가 공리주의적인 보상기대와 결부되어 있지 않기 때문이라고도 해석할 수 있다. 그러나 그 때문에 마음고치기가 약간 추상적인 것이 된 느낌도 부정할 수 없다. 또 행복의 과학의 경우는 마음고치기가 구체적으로 이야기되는 경우, 타인에 대한 윤리로서보다도 「마음 조종법」으로서 이야기되는 쪽이 두드러지는 듯하다.

> 그러므로 불행으로부터 벗어나기 위해서는, 먼저 자기 스스로가 그런 불행이 되는 경향성을 가지고 있다는 것을 빨리 알아 주셨으면 하는 것입니다. 그리고 그것을 알았다면, 그 상처가 더 이상 넓어지지 않게 하기 위해서는 도대체 어떻게 하면 좋을 것인가 하는 것에 대한 대책을 차례로 세울 필요가 있습니다. 그리고 그 대책을 세우기 위해서는 자기보다도 한층 더 높은 인생관을 배운다고 하는 것이 중요합니다.(중략)
>
> 그러면 저는 이 훌륭한 인생관이란 무엇인가 라고 하면, 그것은 탁월한 마음 조종법이라고 생각합니다.
>
> (오카와 류호 『행복해질 수 없는 증후군』 土屋書店. 1988년)

이처럼 자신의 마음을 「조종」하여 항상 밝고 안정된 상태로 유지하려고 하는 신앙의 모습은 전혀 새로운 것이 아니다. 19세기말의 미국에서는 뉴 소트운동으로 퍼지고 프로이트 심리학의 영향도 받으면서 점점 널리 미국사회에 침투하여, 제2차 세계대전 후에는 적극적 사고라는 이름으로 새로이 인기를 높이기도 했다. 일본에서도 뉴 소트의 영향을 받은 다니구치 마사하루谷口雅春에 의하여 1930년에 창시된 생장의 가生長の家나 동시대(다이쇼 말부터 쇼와 초기)의 모더니즘에 영향을 받은 히토노미치교단에서는 이 같은 심리주의적인 사고방식이나 신앙기법이 도입되고 있었다.(1) 신신종교 중에서는 GLA계통의 교단, 백광진굉회, 아함종, 월드메이트, 옴진리교, 그리고 다음에 언급하게 될 혼부신ほんぶしん, 자연의 샘自然の泉(시젠노이즈미), 법의 화삼법행, ESP과학연구소 등에 이러한 경향이 보인다. 여태까지 이상으로 현저해졌다고 할 수 있을 것이다.

혼부신은 중간형의 신신종교이다. 천리교로부터 분파한 교단인 혼미치에서 다시 나뉘어져, 1961년에 성립된 교단이다.(2) 천리교는 마음의 「8가지 티끌」(인색함, 탐함, 미움, 편애, 원한, 노함, 욕심, 교만)을 털어내는 전형적인 마음고치기의 가르침을 가지고 있다. 그렇지만 혼부신은 70년대 이후 다양한 심리기술적 실천을 도입했다.

먼저 「문행내관聞行內觀」은 요시모토 이신吉本伊信(1916~88)이 정토진종 계통의 수행법에서 개발한 심리요법적 기법인 「내관內觀」(3)에 힌트를 얻은 것으로, 감사해야 할 것을 열거함과 동시에 어머니와 같은 사람들을 대상으로 「은혜를 입은 것」 「은혜에 보답한 것」 「폐를 끼친 것」을 열거하는 것이다(또한 요시모토에 의한 「내관」의 기법은 GLA나 행복의 과학에도 영향을 주고 있다).

「선도善導」는 테이프 같은 데서 흘러나오는 음악이나 말에 따라 마음을 가라앉히고, 심신을 편안하게 하는 것이다. 「복전집중법福錢集中法」은 실로 달아 맨 동전을 응시하면서 단시간에 마음의 긴장을 풀고 집중을 하는 것이다. 「용혼勇魂의 고토다마言靈」는 주먹을 번쩍 쳐들고, 발을 내디디고, 다음과 같이 외치듯이 외는 것이다. 「하나-, 나는 운이 좋다」 「모든 자신自信이여 오라-」. 그 밖에 요가도 하며, 신도 중에는 신앙 활동과는 따로 요가나 건강체조 교사로서 활약하고 있는 사람도 있다고 한다.

「용혼의 고토다마」와 같이 말에 의하여 「의식」을 바꾸고, 그것에 의해서 행복을 끌어당기려고 하는 실천이나 사고방식은 중간형 교단인 자연의 샘의 「넨신교念親行」와 그 영향을 받고 있는 법의 화삼법행의 「나나칸교七觀行」에도 보인다. 「나나칸교」란 다음과 같은 말을 큰 소리로 외는 것이다.

1. 아주 건강한 즐거운 나날입니다.
2. 가족 모두가 여유롭고 밝은 나날입니다.
3. 희망에 넘친 번영의 나날입니다.
4. 기쁨이 가득한 나날입니다.
5. 감사에 찬 행복한 나날입니다.
6. 늘 즐거이 삼법행을 하는 나날입니다.
7. 서로 친절이 가득한 삶을 살고 용서하는 나날입니다.

이 같은 심리조작기술이, 법의 화삼법행이 고발당한 일과 같은 터무니없는 금액의 헌금요구나 기만적인 권유법과 결부되는 필연성은 없을지도 모르지만, 「마음먹기」를 강요하는 것과 같은 실천에 위험이 숨어 있다는 것은 분명할 것이다.

이와 같은 심리기술적인 「밝음」의 추구는 스스로 종교인 것을 부정하고 사상이나 교의 같은 것을 거의 언급하지 않는 개인참가형의 ESP과학연구소에도 보인다. 여기에서의 중심적인 사고방식은 다음과 같은 구절에 보인다.

현재가 밝으면 된다. 바꾸어 말하면, 현재를 밝게 하도록 힘쓰고 있으면 곧 장래는 밝아질 것이다.

그렇지만 여하튼 인간은 자신의 발밑을 보지 않고 앞쪽만 보려고 한다. 그래도 현실의 시간은 발밑에 있다. 그것을 생각한다면, 발밑을 보지 못하는 어리석음은 분명하고 뚜렷할 것이다.

앞날의 일은 앞날의 일로 멀리 놓아두면 된다. 현재가 밝으면 곧 앞날도 밝아진다. (이시이 가타오 『최후의 초염력』 德間書店. 1984년. 95쪽)

이 같은 「밝음」을 강조하는 경향은 제3부에서 논할 신영성운동이나 자기계발세미나 등, 심리학과 종교가 서로 겹치는 부분에서 생기는 다양한 현상과도 부합하고 있다.

4. 신비현상과 심신변용에 대한 관심의 증대

「구」신종교에서는, 신불神佛의 구원의 힘은 구제의 체험에 의하여 실감되었다. 가족 모두가 「빈병쟁貧病爭」으로부터 해방되어 행복해지는 계기가 되는 극적인 사건이 신앙을 깊게 하는 결정적인 체험이 되는 일이 많았다. 신신종교에서도 마찬가지로, 혹은 「구」신종교 이상으로 신비적인 체험이 신앙을 깊게 하는 계기가 된다. 그러나 그것은 신비를 통해서 가족의 공동생활이 호전된다기보다 신비 그 자체에 의의가 있다는 성격이 강한 것 같다. 예를 들면 단지 이상하고 흥미롭다든지, 일상적인 세계와 전혀 다르면서 극히 사실적이라든지, 자신의 몸과 마음으로 실감할 수 있고 뭔가 자기변혁으로 이어질 것 같다든지,

그런 인상이 신앙의 계기가 되는 경우가 많다. 우선은 신비의 탈수단화脫手段化라 해도 될 것이다.(4)

예를 들면 숭교진광에서는 일단 데카자시를 해보고 미입신未入信 상대가 뭔가를 느끼지 않았는지 어떤지를 살핀다. 데카자시를 하고 상대의 몸에 뭔가 변화가 있었는지, 다음날 만나면 그 하루 사이에 뭔가 신체의 변화가 없었는지(예를 들면 설사 따위가 생기기 않았는지) 묻는다. 또 담배나 콜라를 두 개피 또는 두 잔을 준비하고, 한쪽에 데카자시를 해서 두 사람이 음미한 것을 비교해보도록 한다. 물론 이런 「실험」에 의해서 상대의 생활에 무슨 이익이 초래되는 것도 아니다. 다만, 상대에게 뭔가 신비적인 힘이나 작용을 감지하는 것만을 바라고 있는 것이다.

진광에서는, 사람들에게 데카자시를 하고 있으면 그 사람이 빙의영憑依靈으로 인격변환을 하는 현상도 일어나게 된다. 사람들에게 전부터 빙의하고 있던 영이 표면으로 나타나서 그 사람의 몸과 마음을 점령하고, 과거의 인물이나 동물처럼 행동하거나 소리를 내거나 한다는 신앙이다. 또 초기의 GLA에서는 「영도靈道를 연다」고 하는 현상이 자주 실천되었다. 그 사람이 천 몇 백 년 전, 이천 몇 백 년 전의 전세前世에 살고 있었을 때 체험한 일이 갑자기 되살아나고, 이전 시대, 이전 나라의 말을 해낸다는 설정이다. 또한 진여원에서는 「접심接心」이라는 이름으로 영능자가 신불의 의지를 직접 전한다는 의례가 중요한 신앙의 실천이 되고 있다. 어느 것이나 다 영이나 신불이나 과거의 인격의 현현顯現이 정말로 직접적 · 감성적으로 나타나는 것이다. 이 같은 신비가 직접 현현하는 의례나 수행 행위는 일상 공동생활의 특정 고민을 해결하기 위해 이루어짐과 동시에, 그것 이상으로 신비를 직접적으로 체감하기 위해 행해진다.

그렇다고는 하지만 그런 신비한 힘을 내 것으로 함으로써 일의 능력이 높아지거나, 대인 관계적 · 심리적인 능력이 높아지거나, 자신감을 강화하는 것이 기대되거나 하는 일은 많은 것 같다. 특정 이익을 얻기 위해서라기보다 어떤 확신을 얻음으로써 기력이나 정신력을 충실하게 하기 위한 주술이란 성격이 강한 것이다. 조금 전에 기술한 「탈수단화」에는 이 점에서 유보가 필요하다. 숭교진광의 체험담을 예로 들고자 한다.

제가 입신한 것은 1981년 3월, 중학교 3학년 때였습니다. 당시 저는 음악을 좋아해서 드럼을 치고 있었습니다. 그때 함께 밴드를 조직하고 있던 선배가 구미테組み手(진광의 신도-시마조노)인데, 「너, 신을 믿니?」 라고 묻고는 도장道場에 가자고 권유했습니다.

처음으로 도장에 참배하고, 미간의 정화(데카자시-시마조노)를 받자 눈을 감고 있는데도 너무나 눈이 부시어 합장하고 있던 양손이 벌어져버리는 영의 움직임을 체험하게 되었습니다. /이 일이 후에 무신론자였던 저를 연수에 수강하도록 결심하게 하는 하나의 계기가 되었습니다.

실은 그 뒤로 도장에도 가지 않고, 진광의 일은 잊어버리고 있었습니다만, 우연한 일로 사이가 좋은 급우에게 영의 움직임에 대한 체험을 이야기하자 「도장에 데리고 가주길 바란다」고 하여, 약 8개월 만에 도장에 가 참배하게 된 것입니다.

그리고 그날이 꼭 초급연수회의 2일째로, 원래 의사나 약을 싫어했던 저는 "의학미신"만을 가르치는데 강하게 마음을 움직이게 되었습니다. /또 〈도장 사람들은 일반인에 비해 친절하고, 어딘가 빛이 나는 데가 있구나〉, 라고 느낀 적도 있어서 연수의 수강을 결심한 것입니다.

(H · H씨의 체험담 『진광眞光』 1989년 4월호)

신비를 체험하는 통로로서 영이나 신비력의 현현과 함께 주목받는 것은 명상이다. 신신종교에서는 명상이 신앙 활동의 중요한 요소가 되고 있는 일이 적지 않다. 아함종, GLA, 행복의 과학, 혼부신, 라엘리안 무브먼트, 라즈니쉬 명상센터, 법의 화삼법행, 야마토노미야大和之宮, 옴진리교 등이 명상을 중요시하는 교단이다. 명상은 확실히 심신의 상태에 변화를 가져온다. 그것에 의하여 앞에 거론한 것과 같은 실제적인 효과가 생기는 일도 적지 않다. 그러나 명상은 일상적인 의식과 다른 의식 상태에 의해서 다른 차원의 현실로서의 신비의 영역을 실감케 해주기도 한다. 명상을 중시하는 교단 중에는 의식의 변용 그 자체를 존중하고, 거기에 지고至高의 가치에 대한 분명한 통로를 찾으려고 하는 것이 적지 않다.

5. 자기책임의 강조 및 자기영혼의 영속의식

신종교는 대체로 인간의 불행이나 풍족하지 못한 경우의 원인으로서 그 사람 자신에게 책임이 있다는 것을 강조하는 경향이 있다. 역으로, 행복이나 번영도 그 사람 자신의 신앙이나 그것에 의거하는 실천의 힘으로도 가져올 수 있다는 것을 강조한다. 물론 모든 것이 인간의 행위에 의하여 정해진다는 것은 아니다. 선조가 행한 행위의 응보라든가, 신의 힘에 의한 행복이란 설명도 한다. 그것은 역사종교(전통종교)와 비교했을 때, 인간의 힘과 인간을 초월한 힘과의 관계의 균형이 신종교에서는 인간 쪽으로 기울어지는 정도가 커지고 있다는 것이다.

신신종교에서는 이러한 정도가 더욱 더 커지고 있다. 자신의 책임을 자각하고, 스스로 처지를 타개하는 강한 의지를 가진다면 운명은 개선할 수 있다. 역으로 불우함을 담아두고 있는 것은 스스로 처지를 개선하려는 의욕이 부족하기 때문이라고 한다. 자립이나 결단을 촉구하는 개인주의적 사고라고도 할 수 있지만, 타자에 대한 사랑이나 선의에 의한 보살핌을 가볍게 생각하는 이유로서, 또 조직이나 지도자의 책임을 회피하는 논리로서 기능할 가능성도 있다. 이런 사고방식의 대표적인 예로서 법의 화삼법행을 들어본다.

천성天聲(후쿠나가 호겐福永法源에 의한 가르침의 말-시마조노)이란 하늘의 법칙을 현상계인 이 세상의 말로 번역한 것이며, 참된 인간의 모습을 사람들이 실천하기 위한 지침이라고 생각하면 된다.

그러나 천성은 듣거나 보거나 하는 것만으로 득이 있다고 하는, 종래의 종교가가 설해 온 것과 같은 어정쩡한 대물代物이 아니다. 그런 달콤한 인간계의 욕망의 말은 엄중히 거절한다. 현실의 생활 속에서 실증되지 않는 한, 천성은 이해할 수 없는 것이다. 그러므로 천성은 대단히 엄하며, 원하고 바라고 의지하고 살아가려고 하는 사람들에게는 듣기 거북하고 도망치고 싶어지는 수행을 요구하고 있는 것처럼 보일지도 모른다.

그렇지만 하늘을 따라서 사는 자신이 되었을 때만 인간은 진정한 기쁨의 인생을 걸어갈 수 있는 것이다. 진정한 것本物은 결코 감언에 의하여 사람을 유혹하는 일은 없다. 그리고 엄하기 때문에 진정한 것은 많지 않다.

있는 그대로의 자기의 모습을 보고, 자기 안에 있는 하늘의 힘에 따라서 살게 되었을 때, 인간은 모든 것을 자유자재로 할 수 있다. 그때 진정한 성공, 건강, 기쁨을 자신의 생활로 하고 있는 것이다.

(후쿠나가 호겐 『하늘과의 만남』 三法行出版協會. 1988년. 1~2쪽)

자신이 근본적인 태도를 바꾸는 것이야말로 모든 행복의 원천이 된다. 「종교」라는 말은 자기 이외의 존재에 자신을 맡겨버리는 의존성을 상기시킨다. 그래서 종교라는 말이 싫어서 법의 화삼법행은 스스로를 「종교 초월超宗」로 위치지우고 있었다. 「나 홀로 간다」는 깨끗한 경지처럼 보이지만, 터무니없이 많은 액수의 헌금을 요구할 때는 조직 입맛대로의 논리가 된다.

이런 자기책임의 사고방식의 입장에 있는 경우, 반드시 철저한 현세주의가 된다고는 할 수 없다. 전세前世, 내세來世를 통해서 존속하는 자기 영혼에 책임을 가진다는 사고도 있다. 그러한 경우, 윤회전생과 카르마의 법칙이 강조되게 된다. 개인의 영혼은 사후에도 계속 개성個性을 지니고 영계나 「실재계」(「현상계」에 대한 다른 세계를 가리킨다)와 현세를 왕복하며 영원히 존속해간다는, 그리고 개인이 행한 행위는 언젠가는 반드시 그 사람의 운명으로 되돌아온다는 사고방식이다.

종래의 신종교(「구」신종교)에서도 그런 사생관死生觀이 언급되는 것은 있었다. 예를 들면, 천리교에서 죽음을 「다시 태어남出直し」이라고 하는 것은 그 예이다. 그러나 또 한편으로 사후, 영적인 것은 신체神體 속에 융화되어 들어간다든지, 집안의 조상 집합체 속으로 회귀해간다

는 사고도 있었다. 천리교의 본부나 각 교회에는 훌륭한 조령사祖靈社가 있다. 이런 사고방식에 의하여 개인주의적인 윤회전생, 인과응보의 관념이 있는 경우라도 그것이 애매하며, 강고하지 않았다. 이에 비해서 몇몇 신신종교에서는 개인 영혼의 윤회전생이 명확하게 언급되고, 강한 자기책임의식과 결부되고 있다.

타력본원他力本願에 의해서 현대인의 마음을 구원할 수는 없다.(중략) 자기 자신의 마음은 무한한 생명으로 통하고 있는 자기 자신의 왕국이다. 그것은 자기 자신이며, 누구도 침해할 수는 없다. 그 왕국을 제3자에게 팔아넘겨버리기 때문에 사람들은 자기를 잃어버리며, 노력하는 행위에 의해서만 힘이 주어지는 것이다.

(다카하시 신지『마음의 발견 과학편』三寶出版. 1971년. 105~107쪽)

「왜 우리들은 태어나게 된 것일까?」/그 원인을 추궁해보자.

우리들 대부분은 이렇게 말한다. /「원해서 태어난 것이 아니다. 부모가 마음대로 만든 것이다. 그러므로 기르는 것도 부모의 당연한 의무이다」

그러나 이 생각은 잘못되어 있다. 우리들은 신불神佛의 자식으로서, 자기 자신의 영혼을 수행하고 신체神體인 이 현상계와 조화를 이룬 유토피아를 건설하지 않으면 안 된다는 사명을 가지고 있다. /그 때문에 신불은 현세에 적응한 육체라는 배舟를 종족보존의 본능과 함께 우리들에게 준 것이다. 육체선조肉體先祖라고 하는 관계, 이것은 신의 자비와 사랑이 만들어낸 것이다.(중략)

지위, 명예, 돈, 그리고 여러 가지의 것들을 가지고 있는 부모를 선택하는 것도, 가난한 사람을 선택하는 것도 자기 자신이 모두 정해서 탄생한 것이며, 현상계에서는 그런 가운데서 자기 마음의 정화를 위해 노력해야 할 이것도 또한 운명이며, 노력의 집적이 중요한 것이다.

(다카하시 신지 『마음의 발견 과학편』 三寶出版. 1971년. 225~229쪽)

초기의 GLA나 행복의 과학, 옴진리교에서는 자기책임의 강조와 3세三世에 걸치는 영혼의 연속의식이 분명하게 결부되어 있다. 신종교에서 윤회전생사상의 명확화는 자립이나 자기책임의식의 강화와 깊은 관계가 있는 것 같다.

6. 성스러운 우주의 재구성

신종교는 각기 성스러운 우주를 구축한다. 그렇다고는 하나 성스러운 우주의 구성에 힘을 쏟는 교단과 그런 것에는 그다지 개의치 않는 교단이 있다. 신신종교 중에서는 대산지명신시교회, 자연의 샘, ESP과학연구소, 법의 화삼법행 등은 성스러운 우주의 구축에는 그다지 주의를 기울이지 않는 교단이다. 이들 교단은 마음의 변혁 · 조정이나 치유의 실제에 관심을 집중하고 있다. 또한 전통적인 종교적 성스러운 우주를 원용한다기보다도 지도자 개인의 카리스마나 신비의식神秘儀式에 의거하는 경향이 강하다.

그 밖의 교단에 대해서 보게 되면, 앞선 시기에 창설된 교단에서는 법화경法華經=니치렌종日蓮宗, 신도, 조상숭배 같은 일본인에게 비교적 친숙하고 또 이미 하나의 정리된 종교전통의 틀 내에 머물러 있는 경향이 강하다. 한편 보다 새로운 교단에서는 여러 종교에서 갖가지 상징을 종횡으로 끌어내거나, 인도, 티베트 등의 이국적인 전통에 의거하거나, 우주공간의 신령에 대해 언급하는 것이 늘어나고 있다.(5)

1930년부터 70년경 사이에 발전을 이룬 종교운동 중에서 가장 강력한 성스러운 우주는 법화경=니치렌종의 전통에 의거하는 것이었다. 그렇지만 신신종교 중에서 법화=니치렌계라고 할 수 있는 것은 영법회, 현정회 등 불과 얼마 되지 않는다. 실제 창가학회나 영우회, 입정교성회는 지금도 강력한 활동을 계속하고 있다. 그러나 70년경을 경계로, 법화경이 성장하는 운동의 성스러운 중심이 아니게 되었다는 것은 큰 변화이다.

다소 오래된 성립 연대를 가지는 진여원이나 아함종이 밀교의 요소를 받아들이거나, 초종파적인 불교에 근거를 찾고 있는 교단인 것은 흥미로운 부분이다. 밀교와의 연계는 4에서 기술한 「신비현상과 심신변용心身變容에 대한 관심의 증대」라는 것과 관련된다. 일본종교의 종파성을 초월하여 원시불교로 복귀하려고 하는 사고방식은 아함종에 의하여 내세워져서 옴진리교에 의해서 계승되어 간다(아사하라 쇼코麻原彰晃는 아함종에 소속했던 적이 있고, 그곳에서 많은 것을 흡수하고 있다). 또한 불교적인 세계관과 정신성이나 신지학적神智學的인 세계관의 통합에 의해서 체계적인 영계靈界=이세계상異世界像을 구성하는 작업은 진여원이 시작하고, GLA에서 행복의 과학으로 발전하는 과정에서 세련되어 간다(본서. 제8장 참조).

GLA나 행복의 과학이 제시한 성스러운 우주상宇宙像은 지구상의 제 종교 전부를 통합하고, 우주적인 신에 중심적인 위치를 부여한다는 것이다. 행복의 과학에서는 우주를 다차원 공간으로 인식하는데,

그 가운데 4차원 이상이 신이나 영靈이나 사후의 생명에 관계되는 세계이다. 우주전체를 통괄하는 최고신은 20차원적 존재, 혹은 그 이상의 고차원적 존재가 된다. 공간적인 넓이로는 태양계, 은하계 등을 훨씬 초월한 정도를 가지며, 시간적으로는 「수십억 년의 옛날 – 보다 정확히 말하면 유구한 옛날부터」 존재한다. 제 종교의 신불이나 지도자나 역사상의 인물의 영은 9차원 이하의 제 차원에 존재하게 된다. 이렇게 해서 현대의 과학적 세계상과 여러 종교의 상징체계를 받아들여 통합해낸 성스러운 우주상이 구성되어 있다(오카와 류호 『태양의 법』 구판. 土屋書店. 1987년). 보다 소박한 형식이기는 하지만, 야마토노미야에서도 우주신으로서의 알라신이 최고신이며, 그 사자使者의 역을 금성의 신인 「텔레베트」가 수행한다. 「아마테라스오미카미天照皇太神」나 「아미타여래阿彌陀如來」는 그보다 한정된 세계를 주관하고 있는 신불로 이해되고 있다.

신령의 세계 가운데서 조상이 차지하는 위치는, 진여원이나 진광에서는 높은 것이다. 이들 교단에서는 선조공양이 열성적으로 권장된다. 이에 비해서 행복의 과학이나 옴진리교에서는 조상은 그다지 중시되지 않는다. 이들 교단에서는 윤회전생을 믿고 있으며, 사후의 운명은 개개인 각자에게 가는 것이라는 사고방식을 취한다. 따라서 사후의 영혼이 조상으로서 집합적으로 기능한다는 사고도 약하다. 옴진리교에서는 이 점이 분명하게 다음과 같은 형식으로 언급되고 있다.

> 흔히 선조공양이라든가 혹은 사망한 사람을 숭배한다고 하는 것이 있지만, 그것은 역량이 부족한 수행자가 관념적으로 이 세상에 남긴 종교이며, 진리가 아니다. 진리라는 것은 부모 자식관계조차도, 혹은

형제조차도 인연에 의해서 생겨난 것이라고 하는 것, 그리고 내세에서는 또 다른 인연이 맺어진다고 하는 것, 이러한 것들을 이해할 수 있게 되는 것을 말한다.

(아사하라 쇼코麻原彰晃『마하야나 스트라』オウム出版. 1988. 62쪽)

이에 관련해서 흥미로운 것은, 교조가 「부모」「조상」의 비유로 언급되는 일이 적어지고 대신에 「스승」(구루)으로 언급되고, 붓다(석존)에 비유되는 일이 많아졌다는 것이다. GLA에서는 다카하시 신지가 붓다에 신도의 전세前世가 불제자에 비해지고, 「영도靈道를 여는」 장면에서 붓다와 제자의 사제관계가 재연되었다. 옴진리교나 행복의 과학에서도 아사하라 쇼코나 오카와 류호는 붓다로 현현되고, 붓다와 불제자에 비한 사제관계가 종종 모델로서 나타나고 있다. 아함종의 기리야마 세이유桐山靖雄나 법의 화삼법행의 후쿠나가 호겐도 붓다의 현현인 것을 암시하고 있다. 덧붙이자면 창가학회의 초대, 2대 회장(마키구치 쓰네자부로牧口常三郎, 도다 조세이戸田城聖)에 있어서는 생각할 수 없는 일이었겠지만, 3대 회장(이케다 다이사쿠池田大作)은 붓다의 현현으로 간주되는 일이 때로는 있는 것 같다.

7. 파국절박의식(천년왕국주의)과 메시아니즘의 앙양

「구」신종교 중에도 머지않아 파국적 위기가 찾아온다고 하고, 자신의 신앙에 의해서만 위기로부터의 구제가 가능하다고 주장하는 것은 있었다. 천리교, 환산교丸山教(마루야마), 대본교大本教(오모토), 혼미치, 천조황대신궁교

덴쇼코타이진구
天照皇大神宮教 등이 주된 것이다. 영우회나 생장의 가, 세계구세교, 창가학회의 신앙에도 그런 주장은 일부 포함되어 있었다. 다이쇼시대 후기부터 쇼와 10년경까지(1920년경에서 35년경까지)의 사이, 또 제2차 세계대전 직후의 시기는 이런 주장이 상당히 활발하게 주장된 시기이다.

그러나 「구」신종교의 거대한 발전 시기였던 1950년대에서 60년대에 걸쳐서는 파국의식이나 메시아니즘은 그다지 눈에 띄지 않았다. 창가학회는 오부쓰묘고王佛冥合(왕법王法과 불법佛法이 깊이 합치하고, 인간이 영위하는 모든 문화의 근저에 불법의 정신이 확고하게 정착함－옮긴이)의 이상사회의 도래를 꿈꾸고 있었지만, 그에 앞서는 파국적 위기에 경종을 울리는 일에는 그다지 열성적이지 않았다. 일본사회는 구미歐美라고 하는 목표를 향하여 풍요로운 미래로의 대도大道를 걷고 있다고 여겨지고 있었고, 낙관적이고 적극적인 견해가 지배적이었다.

그렇지만 1960년대 후반부터 신종교 가운데서도 비관적인 전망이 대두하기 시작한다. 1974년, 이치겐노미야一元の宮의 교조 모토키 교손元木敎尊(1905~81)은 대지진의 도래를 예언하고 빗나간 후 할복자살을 꾀했다(미수). 당시는 아직, 매우 흔치 않은 위기감의 표명으로 여겨졌다. 80년대가 되면 파국절박의식과 메시아니즘이 널리 퍼지게 된다. 신신종교 가운데서도 세기말에 가까울 만큼 파국절박의 의식이 강해지고 있었다.(6)

일찍부터 파국절박을 주장한 것은 통일교와 여호와의 증인이다. 통일교와 여호와의 증인이 외래의 종교인 것은 우연이 아닐지도 모른다. 진광에서는 1962년 1월 1일부터 「불세례」의 제1년째에 들어갔다고 한다. 물질문명이 극점에 달한 지금이야말로, 신은 영주사상靈主思想(「영주체종靈主體從」과 「체주영종體主靈從」을 대치하는 사고방식에 의한다)을 근본으로 하는 새로운 문명원리로 전환하려고 하고 있다. 그런데도 인류가 그 의지에 따르지 않을 경우, 불세례에 의해서 대지진, 대폭발, 대홍수, 핵전쟁=인류최후전쟁이 일어날 것이다. 62년 이후의 세계를 보면, 이미 그 징후가 보이고 있다고 한다.

진광의 파국절박의식은 선구적인 것이었다. 1970년대에 세기말을 예측하여, 「노스트라다무스의 대예언」이 크게 유행한다(제4장 참조). 1980년 무렵에는 일본경제가 세계정상에 가까이 이르고, 또 한편 자원이나 환경이나 인구문제가 빼도 박도 못할 문제로 느껴지게 된다. 이러한 세상의 움직임을 반영하여 신신종교 가운데서도 세기말에 눈을 돌리는 천년왕국주의 · 메시아주의가 주장되게 된다. 그것을 상징하는 것으로서, 아함종의 기리야마 세이유에 의한 『1999년 카르마와 영장靈障으로부터의 탈출』(平河出版社. 1981년)의 간행을 들 수 있다. 기리야마 세이유는 시대의 동향을 매우 민감하게 파악하고, 계속하여 새로운 무엇을 내세우려고 하는 교조=저술가이다. 1999년이라고 하는 것은 노스트라다무스의 예언인 다음의 구절(고토 벤五島勉 옮김)을 근거로 하고 있다.

> 1999년, 7의 달
> 하늘에서 공포의 대왕大王이 내려온다
> 앙골모아의 대왕을 부활시키기 위하여
> 그 전후의 기간, 마르스는 행복이라는 이름하에 지배할 것이다

1999년에 앞서 세계적 파국이 찾아오며, 기독교 문명의 지배가 끝나고 붓다의 가르침에 의한 이상사회가 시작된다. 앙골모아의 대왕이란

실은 붓다를 가리키며, 기리야마 자신을 가리킨다고 암시되고 있다.

기리야마의 책에서는, 지구의 파멸 및 일본의 위기의 절박은 그다지 사실적으로 언급되고 있지 않다. 그렇지만 옴진리교, 행복의 과학, 야마토노미야 등에서는 파국은 매우 절박한 것이며, 동시대의 다양한 사건이 파국에 관계되는 것으로 받아들여지고 있다. 또한 악의 세력(악마)에 대한 공포도 부추겨지고 있다. 야마토노미야의 아지키 텐케이 安食天惠에게 내린 텔레베트로부터의 경고의 말에 따라 예시해본다(아지키 텐케이 『신주계神主界로부터 주어진 말씀의 서』 元就出版社. 1985년. 81. 91. 95쪽).

1984년 10월 14일 오후 10시 쯤

이 지구는 더러워지고 더러워져서 진흙투성이가 되고, 모든 것이 파멸로 다가가고 있습니다. 우리들은 이 사실을 한 사람이라도 더 많은 사람들에게 전하고 싶어서, 멀리 금성에서 왔습니다. 구원을 바라는 사람은 수를 헤아릴 수 없습니다. 그러나 진실, 이 두려운 사실을 일각이라도 빨리 전하지 않으면 안 됩니다. 우리들은 공기가 맑고 초록이 짙은 곳 외에 모습을 나타내는 것은 어려워요. 우리들의 별은 매우 훌륭하지만, 지구는 이미 죽은 별이 되어 가고 있어요. 일각이라도 빨리 고쳐야 합니다.

우리들은 고합니다. 지구파멸을 구하기 위해서 우선 지금 첫째로 개선할 것은 물입니다. 오염된 물을 마시니 사람의 마음도 오염되어버리는 것입니다.(후략)

1985년 2월 5일

케이코, 나예요. 텔레베트입니다. 난, 케이코를 지켜보고 있습니다.

케이코, 힘내세요. 케이코, 오늘은 지구의 위기, 새로운 위기를 알립니다. 소련의 중요한 사람이 곧 목숨을 잃을 겁니다. 그 다음 사람은 대단히 위험한 사람입니다. 미국과 특히 전쟁의 씨를 뿌릴 거예요. 케이코, 위험합니다. 지구의 위기는 벌써 가까이 다가오고 있습니다. 빨리 뉘우치고 고치도록 하세요.(중략)

1985년 5월 2일

덴케이, 나예요. 텔레베트입니다. 어제 덴케이에게 말했습니다. 덴케이, 약해져서는 안 됩니다. 이제는 악마의 존재가 드디어 덴케이가 있는 곳을 찾아내어버렸습니다. 덴케이, 항상 심경心經을 쓰세요. 마음의 경을 쓰는 것으로 악마의 침입을 막을 수 있는 것입니다.(후략)

폭력, 범죄, 알력

이상, 「구」신종교와 비교하여 특히 신신종교의 신앙세계에 현저하게 보이는 특징이라 생각되는 점을 정리하였다. 마지막으로 이 같은 여러 특징이 옴진리교로 대표되는 폭력적 경향이나 통일교의 영감상법과 같은 범죄, 혹은 여호와의 증인에 보이는 것과 같은 일반사회와의 빈번한 충돌과 어떻게 관련되고 있는지에 대해 기술하려고 한다. 이것은 옴진리교의 비극의 원인을 묻는 과제(7)와 연계되고, 현대세계의 종교가 전쟁이나 폭력에 관련되는 일이 많은 것은 무엇 때문인가 하는 문제(8)와도 연계된다. 여기서 이런 커다란 논제에 정면에서 파고 들어갈 수는 없지만, 지금까지 기술해 온 것을 그런 논제와 관련지어 두는 일은 피하고 지나갈 수 없다.

당장 관계가 보이는 것은 「파국절박의식과 메시아니즘의 앙양」이라고 하는 특징일 것이다. 신신종교교단 가운데 어떤 것은 파국이 다가오고 있는 것은 현재의 사회모습이 올바르지 않기 때문이라고 생각하고, 그것을 올바른 방향으로 바꾸기 위해서는 알력을 마다않고 자신의 신앙의 입장을 완고하게 관철하는 경향이 있다. 더 나아가서는 폭력이나 범죄에 이르는 일조차 마다않는 경우도 발생한다. 세상의 종말이 다가오고 있고, 악의 세력이 공격을 강화해오고 있는 것이라면 어떻게든 그것과 싸우지 않으면 안 된다. 그런 의식이 높아지면 폭력이나 범죄도 마다않는 사고방식이 생기기 쉽고, 또한 그러한 방식을 받아들이기 쉬워지는 것은 쉽게 상상이 된다. 살인도 긍정하는 옴진리교의 제멋대로의 해석에 의한 「포아」나 「바지라야나」의 사상이 강설되고 수용된 것은 파국절박의식이 강화되는 과정 속에서의 일이었다.

그리고 또 현세지향적인 윤리의식이 약해지고 현세이탈의 경향이나 내향적 · 초현실적인 관심이 강화되는 일이, 세속사회의 질서나 인간관계에 개개인을 묶는 유대를 불안정하게 한 요인으로 들 수 있을 것이다. 이상으로 정리한 항목에서는 1~6의 모든 것이 이에 관계된다.

「구」신종교와 비교해보면, 신신종교는 현세(현대사회)의 질서나 인간관계에 친밀감이 약한 것이 많다. 예를 들면 가족의 결속을 그렇게 강하게 요구하지 않는다. 오히려 개인의 내면에서 추구되는 심신변용心身變容이나 영혼의 영속에 대한 자각 쪽에 주안점이 있다. 내향적이며, 현세의 타자와의 지속적인 관계에 별로 중점을 두지 않는다. 거기에는 「허무함」의 감정이 감돌고 있다. 극단적인 경우, 세속의 도덕 일반을 초월하는 것을 주장하는 입장으로 가는 일도 있다. 내면의 실재(혼)나 체험(자기변용)이나 심리(심리통어기법)에 리얼리티를 느끼며, 타자나 외부 세계, 질서나 관계에 적극적인 것을 느끼지 않는다. 오로지 억압적인 것으로 여겨버리는 것이다. 이것은 니힐리즘과 경계를 접한 태도이다. 악에 끌리거나 악을 무릅쓰는 일에 무신경하게 되는 배경에 이 같은 공유되고 있는 세속적 현실과의 소원함의 의식이 있다고 생각된다(종장 참조).

이상, 신신종교의 신앙세계가 폭력이나 범죄로 가기 쉬운 이유를 두 가지 측면에서 보았다. 이런 신앙세계의 경향은 신신종교 공동체의 모습과도 밀접히 관계되고 있다. 거기에는 사람과 사람과의 지속적인 교제가 감축되는 경향이 있다(개인참가형). 아주 친밀한 교제가 형성되어 있는 경우, 그것은 일반사회로부터 격리된 집단이 되기 쉽다(격리형). 그리고 격리형의 내부는 매우 균질적이며, 조직적으로 통제되고 있고, 개개인의 자유는 적다. 따라서 외부 세계와의 알력이 생기기 쉽다. 다만, 중간형의 경우는 이들과 다르다. 거기에는 신신종교에 널리 보이는 현세이탈적인 경향이 보이는 경우라도, 세속사회와의 안정된 연계가 유지되고 있어서 외부와의 알력이 발생하기 어렵다.

옴진리교사건 이후는 격리형 교단에 있어서 냉혹한 시기가 되었다. 일반사회로부터의 비판이 강해지고 있고, 따라서 격리형적인 양식을 유지하기가 어려워지게 되었다. 이 같은 상황 하에서 새로운 종교운동이 어떠한 신앙세계를 전개해갈 것인지, 지금 나에게는 논할 준비가 거의 되어 있지 않다.

제3장 윤회전생과 종말관

현세지향성과의 이질성

제1장, 제2장에서는 「구」신종교와 신신종교의 상이를 주로 「현세의 지위」의 차이라는 점에서 파악하였다. 「구」신종교는 가족을 비롯한 가까운 사람들과 친하게 지내면서, 현세에서의 행복을 추구한다. 매우 현세지향적이다. 이에 대해서 신신종교는 현세에서의 가족이나 타자와의 교제에 그렇게 높은 가치를 찾지 않으며, 내향적인 관심이 우월하고, 현세의 앞날에 비관적이며 오히려 현세를 초월한 영역에서의 구원에 관심을 보이고 있다.

이 장에서는 이 같은 견해의 타당성을 다시 두 측면에서 검토한다. 하나는 「윤회전생」관의 변화라는 문제이다. 제2장에서는, 신신종교에서는 윤회전생의 사상이 강해지고 있고 그것이 자기책임의 강조나 개인주의와 동시에 현세에서의 인생을 가볍게 평가하는 사고와 관계되고 있다고 인식하였다. 이러한 이해가 타당한지 어떤지, 거듭 신종교의 역사 가운데 윤회전생이나 사후세계에 대한 관념의 변화를 더듬어 가며 다시 검토해본다.

또 하나는 「종말관」이라는 측면이다. 제2장에서는, 신신종교에 있어서 「파국절박의식(천년왕국주의)과 메시아니즘의 앙양」이 보이고, 그것은 현세에서의 운명의 개선, 사회의 개선에 대한 비관적인 전망과 관계되고 있다고 파악하였다. 이것은 옴에 대해서는 분명히 말할 수 있다고 생각되지만, 그것이 신신종교 사이에서 얼마나 널리 퍼진 것인지는 많은 예들을 보고 검토해가지 않으면 안 된다. 그래서 옴진리교에 큰 영향을 준 또 하나의 신신종교교단인 아함종을 들어 비관적 종말관, 즉 결정적인 파국절박의식의 확대를 재검토하는 소재로 하고자 한다.

이 장은 제2장에 대한 보충적인 성격을 지닌다. 말하자면 과감하게 줄여서 정리를 시도해본 제2장의 개관에 대하여, 특정 대상에 초점을 좁혀서 소수의 예를 든다. 그렇게 시야를 좁히면서 조감도의 수정 보완을 시도해 보려고 하는 것이다.

1. 윤회전생과 내세관

여래교와 이원론적 내세구제신앙

신종교에서 시기적으로 가장 앞선 예로서 잇손뇨라이키노一尊如来きの(1756~1826)가 1802년에 개교한 여래교如来教(뇨라이)를 들 수 있다.(1) 여래교에서는 「삼계만령三界万靈」의 구제를 말하였다. 「삼계만령」이라는 말의 「삼계」는 욕계欲界 · 색계色界 · 무색계無色界를 가리키며, 중생이 생사유전生死流轉하고 윤회를 되풀이하는 세계를 가리키는 불교용어에서 유래한다. 또 「만령」은 일체중생의 영혼(정령)을 가리키지만 구체적으로는 사자死者의 영혼을 가리키며, 보다 정령숭배적인 혹은 사령신앙적인死靈信仰的인 느낌이 있다. 에도시대 이후 보통 사용되는 방식에서는, 「삼계만령」이란 조상이 될 수 없는 혹은 성불이나 극락왕생을 실현할 수 없는 중생의 영靈, 다시 말하면 성불하지 못하는 무연불無緣佛을 가리키는 용어이다.

키노는 어릴 때 부모와 세 형제자매를 잃고, 결혼도 불우하고 친자식도 없이 가家의 계승과 조상제사라는 규범에서 소외되고 있었다. 스스로 무연불이 되는 불안을 떠안은 일생이었지만, 사람이 구원받을 때는 무연불도 구원받아야 된다고 생각하여, 개인 각자가 스스로 「생각心前을 고침」과 동시에 「삼계만령」의 구원도 염원할 것을 촉구하는 교의를 세운 것이었다.

이 경우의 「구원」이란 「후세後世」로 가는 것, 요컨대 사후, 불의 세계로 가는 것이다. 여기에서는 한편으로 불교적인 윤회전생관이나 정토왕생의 신앙이 있고, 또 한편으로 「이에」(가)의 영속을 바라고 조상을 신주로 모시는 일본적인 조상숭배의 영향이 보인다. 그러나 「이에」의 영속에 참여하면서 조상에게 보호받아 현세의 안녕을 얻으려고 하는 것보다도, 「악의 사바세계」를 떠나서 사후 「좋은 곳」(정토)으로 가려고 하는 데에 주안점이 있었다. 이것은 정통적인 정토교淨土敎에 가까운 내세주의적 구제관을 기본으로 하여, 「이에」를 둘러싼 영의 신앙에 채색된 것으로 볼 수 있을 것이다.

윤회전생이라는 것에 연결시키면, 여기에서는 개개 존재의 생사의 무한한 되풀이의 그릇인 시간, 즉 과거와 미래로 연장되어 가는 유구한 시간은 그다지 의식되고 있지 않다. 「이에」와 「정토」라는 두 개의 그릇에 안정을 찾아내려고 하고, 거기에서 밀려나버리는 개인이나 영이 구원의 대상이다. 정토라는 그릇에 영원한 안정처를 찾아내는 것이야말로 구원이며, 이 세상에 다시 환생하는 것은 전망되고 있지 않다. 윤회전생을 벗어나 정토에의 왕생을 바라는 신앙으로 설명하는 것도 가능하지만, 그것으로는 누락되어버리는 것이 많다. 윤회전생의 관념을 강하게 간직하면서도, 오히려 「이승」과 「저승」의 두 세계에 확고한 실재성(리얼리티)을 찾으려고 하는 이원론적이고도 내세지향적인 세계관 쪽에 기조를 두고 있는 사상으로 볼 수 있을 것이다.

천리교와 영우회의 현세구제신앙

나카야마 미키中山みき(1798~1887)의 1838년의 접신에 연원을 가지는 천리교에서는 이 세상과 다른 또 하나의 세계, 즉 내세가 완수하는 역할은 대단히 작은 것이다. 창조신親神이 인류의 조상을 만들어낸 이래, 생명체는 무수한 환생을 되풀이하여 왔다. 그러나 환생이라고 해도 사후의 세계, 즉 「저승」이나 「유명계幽冥界」나 「영계靈界」에는 이야기가 미치지 않는다. 혼은 신에게 「머물러」 있다가, 빠른 시기에 신으로부터 육체를 빌려 환생하게 된다. 죽음은 「다시 태어남」이라 불리며, 곧 다시 이 세상에 태어나는 것으로 통한다고 생각되고 있다.

이 세상이야말로 압도적인 실재성을 가지는 세계이며, 신과 인간 양쪽에 있어서 중요한 모든 것은 이 세상에서 일어난다. 개개의 인간은 이 세상에서 「성인成人(인간이 이 세상과 인간을 창조한 신의 의도에 맞도록 마음을 키워나감-옮긴이)」을 이루고, 「밝고 쾌활한 생활陽氣ぐらし」을 실현하는 것이 인생의 목표이다. 신은 그 밝고 쾌활한 생활을 지켜보

고, 함께 즐거워하기 위해서 인류를 창조했다는 것이다. 신과 인간과의 「신인화락神人和樂」의 세계를 실현하기 위해서 인간은 몇 번이나 이 세상에 태어난다고 한다. 이것은 윤회전생의 신앙을 함축하고 있지만 불교적인 것과는 다르며, 오로지 환생에 긍정적인 의미가 들어 있다. 윤회전생에서 벗어나는 것이 구원이 아니라 윤회전생 속에서야말로 구원은 달성된다고 믿고 있다. 현세일원론적이고 현세구제적인 윤회전생관이다.

1920년대에 구보 가쿠타로久保角太郎(1892~1944)가 창시한 영우회에 이르면 다시 「저승」이 중요한 역할을 하게 된다. 다만, 여기에서 「저 세상」은 「영계靈界」라 명명되며, 현세에 인접하여 현세와의 깊은 상호관계를 유지하고 있는 세계이다. 영계에는 서열이 있으며, 최고의 경지인 부처佛에서부터 성불하지 못한 영이나 악령·마魔와 같은 것까지 다양하다. 신앙생활의 주요한 목표는 이 영계에 작용하여 영계의 조화를 높이고, 그 영향력에 의하여 현세에도 높은 조화와 행복을 가져오려고 하는 것이다. 행불행幸不幸은 최종적으로는 영계의 불佛이나 마魔로부터 유래하는 것이지만, 신앙생활에서 가장 강한 관심을 기울이게 되는 것은 사자의 영, 넓은 의미에서의 조상의 영이다. 올바르게 모셔지고 있지 않아 자손이나 관계자를 지킬 수 없는 영을 찾아서, 그 혼령을 올바르게 모시는 선조공양의 실천이 매우 중요시된다. 그렇게 함으로써 현세의 행복을 실현할 수 있으며, 거기에야말로 신앙생활의 목표가 있고 구원이 있다고 믿고 있다.

여기에서는 사후 세계의 존재가 확실히 상정되고 있다. 그러나 사후의 영혼의 운명에 대해서는 「성불했는지 아닌지」 라고 하는 단 하나에만 관심이 모아지고 있다. 사후, 영계에서 다시 이 세상으로 돌아오는 것인지, 즉 윤회전생하는 것인지 영원히 정토의 극락을 얻게 되는 것인지 설명되는 것은 많지 않다. 오히려 전통적인 민속종교와 같이 현세의 자손의 수호자로서의 「조상이 된다」고 하는 표상이 우위에 있다. 구원이라고 하는 단어에서 연상되는 것은, 우선은 현세의 행복이다. 따라서 영계에 있으면서 현세의 「이에」의 존재와 함께 살아가는 것이야말로 사후의 삶의 주된 의의가 된다. 윤회전생의 신앙은 약하며, 이원론적인 그러나 현세지향적인 영혼신앙을 기조로 하는 세계관 · 사생관이라 할 수 있을 것이다.

이상, 발전기에 반세기 정도의 차이가 있지만, 둘 다 근대일본을 대표하는 신종교라고 해도 될 천리교와 영우회의 예를 다뤄 보았다. 천리교의 세계관 · 타계관他界觀은 일원론적이며, 영우회의 경우는 이원론적이다. 사생관으로 보면, 천리교에서는 윤회전생의 신앙이 큰 의미를 가지며, 영우회에서는 민속적인 영신앙靈信仰을 이어받으면서 영계의 관념에 의하여 교의화教義化가 진행되고 있고 윤회전생의 신앙은 그다지 강조되지 않는다. 이와 같이 세계관 · 타계관이나 사생관에서 대조적이라고 할 수 있는 특징을 가지는 두 교단이지만, 현세중심적이라는 점에서는 서로 비슷하다. 현세의 행복 실현에 큰 관심을 가지며, 거기에서 구원이라는 신앙생활의 주요 목표를 찾으려 하고 있다.

GLA 이후의 이원론적 · 현세이탈적 윤회전생신앙

1970년대 이후, 신종교 가운데 현세지향적인 측면이 다소 후퇴한다. 현세에서의 행복 실현이라는 목표에서 관심이 벗어나는 예가 늘고 있다. 이것은 현세중심적이던 근대적 종교성이 후퇴하고, 근대 이후적(포스트모던적)인 종교성이 힘을 얻게 된 결과로 볼 수 있다. 이 경향을 대표하는 앞선 시기의 교단으로, 다카하시 신지高橋信次(1927~1976)가 창시한 GLA가 있다. 현재의 GLA는 대교단이라고는 할 수 없지만, 초기의 GLA나 다카하시 신지의 저작이 신종교의 세계에 미친 영향은 적지 않다. 80년대 말 이후에 급격한 발전을 이룬 옴진리교나 행복의 과학은 GLA의 영향을 받고, 근대적인 사생관과는 다른 사생관을 내세워서 젊은이들의 지지를 얻었다. 여기에서는 다카하시 신지의 생존 당시, 즉 60년대 말에서 70년대 전반 시기의 GLA를 들어, 이들 신신종교 제 교단의 일부에 보이는 새로운 사생관 · 윤회전생관의 특징을 대강 보기로 한다(제8장 참조).

다카하시 신지는 개개의 혼이 긴 윤회전생의 과정을 겪고 현재에 이르고 있다고 한다. 「영도靈道를 연다」는 체험에 의해서 과거의 혼의 기억이 되살아나는 일이 있다. 그때, 현대의 일본인이 고대 이스라엘이나 고대 인도에 예수나 불타 생존시의 장면으로 시간역행하게 된다. 그런 먼 과거, 먼 장소에서의 혼의 경험에 있어서 현재의 가족이나 조상은 그리 대단한 지위를 가지지 않는다. 과거의 자신의 혼이 소중한 경험을 함께한 동료는, 현재의 사회에서는 먼 타인으로 태어나 있다. 태어날 때마다 사람들은 전혀 다른 종류의 혼과 시간을 함께 해왔다. 그와 같이 개개의 혼은 고독한 시간의 여행자로서 영원한 윤회를 되풀이하고 있다.

윤회전생을 되풀이하는 것은 그 과정에서 혼을 깨끗이 하고 영적으로 향상해가는 것, 즉 깨달음과 사랑의 질을 높여가기 위함이다. 이 세상에 태어나는 것은 이 세상에서 괴로움을 겪고 인간으로서 깨끗해져 가기 위함이며, 그 시련을 거치는 것으로 영원한 생의 본거인 또 하나의 세계에서의 혼의 지위가 높아진다. 또 하나의 세계(영의 세계 · 사후의 세계)는 「영계」라고는 불리지 않고 「실재계」로 불리며 이 세상, 즉 「현상계」와 대치된다. 그리고 그 실재계는 명상이나 의식변용에 의하여 실감될 수 있다. 실재계에는 영상미디어나 약물에 의하여 펼쳐지는 불가사의한 환상세계(가상적인 세계)와 서로 비슷한 데가 있다. 게다가 종종 현상계보다도 확실한 실재성을 가지는 것처럼 받아들여지는 세계이다.(2)

여기에서는 현세에서의 생활, 특히 현세에서의 가족이나 공동체의 의의가 작아진다. 70년대의 GLA나 80년대 후반에서 90년대에 걸친 옴진리교에 있어서 「이에」나 조상과의 관계의 의의는 매우 작은 것으로 여겨지고 있다. 인생의 목표는 실재계에 있어서, 유구한 시간 속에서 고독한 여행을 계속하는 혼에 의하여 실현되어 간다. 현재인 현상계의 생은 그 긴 여로의 한 토막에 지나지 않는 것이다. 그와 같이 현세의 의의가 약해지고 현세이탈적인 의식이 높아지게 된 것과 윤회전생에 대한 관심이 높아지고 있는 것과의 사이에 뭔가 관련이 있다. GLA 이후의 신종교(신신종교) 사이에 윤회전생관은 상당히 넓게 보이지만, 그 윤회전생관은 현세(이 세상)와 저 세상의 이원론적 세계관에 따르며, 또한 현세이탈적인 경향을 강화한 윤회전생관이다. 덧붙여서 말하면 세계적인 신영성문화新靈性文化(뉴에이지, 정신세계)나 티베트밀교의 유행은 일본 속의 이 경향과 서로 보조가 맞다.(3)

현대일본의 신신종교도 근대 이전 일본의 종교적 전통을 깊이 계승하고 있다. 그러나 일본의 종교사 가운데 이 같은 배합의 세계관(타계관)·사생관이 널리 지지를 받은 시기는 지금까지 한 번도 없었다. 그러나 무엇 때문인지 근대화 이전 시기의 여래교와 근대 이후를 전망하는 시기의 신신종교(GLA 등)의 세계관·사생관에 상통하는 것이 많다. 이 절의 서두에 약술한 잇손뇨라이키노의 고독한 생애를 돌이켜보면 그 이유를 조금은 이해할 수 있을 것이다.

2. 종말관의 심각성

옴진리교와 노스트라다무스

옴진리교가 도쿄의 지하철에서 무차별 테러를 행했을 때, 배후에 「하르마게돈」이나 「최후전쟁」의 관념이 있었던 일로 「종말관」에 대한 관심은 한층 높아지게 되었다. 「한층」이라고 쓴 것은 옴사건 이전부터도 「세기말」과 관련하여 「종말관」이 많이 언급되고 소비되고 있었기 때문이다. 옴진리교는 시대의 유행에 편승하여 인기 있는(대중문화 속의) 「종말관」을 받아들여, 극한적인 형태로까지 증폭시켰다고 할 수 있다.

대중문화 속의 종말관이라고 하면, 바로 머리에 떠오르는 것이 노스트라다무스이다. 1980년대, 90년대의 일본인에게 있어서 「노스트라다무스의 예언」은 대단히 친숙한 「이야깃거리」이고, 「상상의 날개」였다. 그런데 그 「노스트라다무스의 예언」을 일본인의 마음에 심어 준 주인공은 누구인가. 그것은 도호쿠東北대학 법학부 졸업의 직함을 가지고 있는 고토 벤五島勉이라는 인물이며, 1973년 간행의 『노스트라다무스의 대예언 I 다가오는 1999년 7의 달, 일류멸망의 날』과 79년 간행의 『노스트라다무스의 대예언 II 1999년의 파국을 불가피하게 하는 그랜드크로스大十字』(둘 다 祥伝社)가 중요하다고 생각된다.

야마모토 히로시山本弘의 『돈데모 노스트라다무스책의 세계』에 의

하면,(4) 고토 벤은 그 후에도 단독 저서만으로 11권의 노스트라다무스책을 썼다. 그러나 고토에 이어서 노스트라다무스책을 내거나 번역한 사람은 적지 않다. 『돈데모 노스트라다무스책의 세계』는 98년 전반까지의 노스트라다무스책의 9할을 다루었다고 하는데, 거기에는 167권의 목록이 실려 있다. 옴진리교의 아사하라 쇼코는 확실히 고토의 서적으로부터 영향을 받은 것 같다. 사린사건 후, 이 일에 재빨리 주목한 사람은 평론가인 미야자키 데쓰야宮崎哲彌이다.(5)

> 유력한 몇몇 신신종교는 고토 벤의 책에 의하여 노스트라다무스의 예언을 알고, 영향을 받고 있다. 독자적으로 신석본新釋本을 엮어 교의에 집어넣고 있는 교단조차도 있다.
>
> 옴의 『해가 뜨는 나라, 재앙이 가깝다日出づる國, 災い近し』(オウム出版. 1995)를 정점으로 하는 하르마게돈의 세계에도 고토의 대예언사관史觀이 반영되어 있음을 볼 수 있다. 그러나 무엇보다도 일종의 대본臺本이 되고 있다는 느낌이 든다. 아사하라의 저서에 앞서는 고토의 예언서에는 이미 핵병기나 세균병기, 레이저광선, 신경가스에 의한 최후전쟁이 언급되고, 「지각변동병기」(지진병기 !)나 미지의 초병기超兵器 사용까지도 언급되고 있다. 또한 아사하라 교조가 품고 있던 기독교국 대 불교국이라는 허망한 대립구도도 여기에서 직접 이끌어낸 것이 아닐까 하는 의심도 있다. (『정의의 견해』 78~79쪽)

나는 옴진리교의 위기예언적 발상은 인도 북방의 샨바라왕국의 관념이나 천리교, 대본교, 니치렌종 등의 전통을 잇는 신종교 여러 교단 가운데 위기예언의 전통 등, 다양한 원천에서 끌어내어졌다고 생각한다. 그러나 미야자키에 의한 「고토 예언해석서의 서술패턴」의 분석을 보면, 확실히 옴진리교와 고토류 노스트라다무스의 관계는 상당히 깊은 것이라고 생각하지 않을 수 없다.

⑴ 노스트라다무스 등의 예언에 나타나고 있는 것처럼 인류는 멸망의 위기에 처해 있다.
⑵ 그 위기는 주로 유대-기독교 문명을 배경으로 하는 것, 유대인·백인의 제 세력에 의해서 초래되는 것으로, 그들의 세계지배가 계속되는 한 상황은 절망적이다.
⑶ 멸망회피의 한 가닥 희망, 한 줄기 광명으로서 역시 노스트라다무스의 예언시에 등장하고 있는 「다른 것」의 가능성이 있다.
⑷ 그 「다른 것」이란 기독교문명과는 다른 가치관, 다른 종교관을 기초로 하는 문명의 모습, 인간의 생활방식이며, 그것은 우리 아시아·동양이 만들어 낸 예지叡智이다. 그 중에서도 「생명의 철학」으로서의 불법佛法이 가장 유망한 대안이다. (『정의의 견해』 79~80쪽)

아함종의 기리야마 세이유桐山靖雄와 노스트라다무스

옴진리교와 고토류 노스트라다무스의 관련은 사이에 아함종의 교조 기리야마 세이유를 넣어서 생각하면 대단히 이해하기 쉬워진다. 20대의 아사하라 쇼코가 밀교적인 자기변용의 사상에 이끌려갈 때 아함종으로부터 지극히 큰 영향을 받은 것은 옴진리교의 교의와 폭력의 관련을 고찰한 졸저⑹에서 기술했지만, 위기예언의 측면에서는 고토=기리야마=아사하라의 연관이 명백하다.

기리야마 세이유에게는 노스트라다무스의 「1999년 7의 달」을 초점으로 한 4권의 책이 있다.

- 『1999년 카르마와 영장靈障으로부터의 탈출』(1981년)
- 『1999년 지구파멸』(1988년)
- 『1999년 7의 달이 온다』(1995년)
- 『1999년 7의 달이여 안녕！』(1999년. 이상 모두 平河出版社)

『1999년 카르마와 영장靈障으로부터의 탈출』에 의하면, 기리야마가 노스트라다무스에 깊은 관심을 가지기에 이르는 계기는 1981년 4월의 일이다. 즉, 간다神田 서점가의 어느 서점에서 고토 벤의『노스트라다무스의 대예언Ⅲ』를 만나게 되고, 위기예언과 관련되는 예의 시구詩句(제2장 참조)의 페이지에 눈이 닿았을 때 기리야마는「무서운 전율과 공포를 느꼈다」. 1999년 7의 달에「하늘에서 공포의 대왕이 내려와」서「앙골모아의 대왕을 부활시킨다」고 하는 시구인데, 그「앙골모아의 대왕」과「아가마」에 깊은 관계가 있다고 문뜩 번뜩였던 것이라고 한다.

「아가마」란「아곤阿含」의 원어로「가르침의 원천」을 의미하지만, 불교에서는 붓다 직설直說의 교설教說로서 정리된 비교적 오래전 시기의 불경을 가리킨다. 아곤을 공경한다고 하는 것은 후세에 발전한 대승불교의 경전에 대하여, 원시불교 교단에 전해진 붓다 직설의 가르침을 공경하는 것을 의미한다. 이것이 기리야마 세이유의 아함종의 주요 교의 중 하나이다. 한편 고토 벤은『대예언Ⅱ』에서「앙골모아의 대왕」이란「몽골리아의 대왕」의 의미라는 설을 받아들이고 있었다. 그런데 불교연구의 태두 나카무라 하지메中村元박사가 석가족釋迦族 출신인 붓다는 몽골인이라고 말하고 있다. 그렇다고 하면「앙골모아의 대왕」이란 몽골인의 대왕이고, 붓다 석존을 가리키게 된다.

고토 벤은 노스트라다무스의 장구章句를 구미의 기독교를 기초로 한 물질문명이 쇠퇴하는 것의 예언이라 하고, 그것을 대신하는 정신문명이 일본에는 있다고 파악했다. 기리야마는 「공포의 대왕」이란 그 물질문명이 초래한 것이며, 그것을 대신하는 정신문명은 몽골인 붓다의 정신을 일본에 되살아나게 함으로써 가능하게 되며 기리야마와 아함종만이 그것을 실현하는 것이라고 주장한다. 고토가 해석하는 일본중심주의적인 위기예언과 「붓다의 맨 처음 가르침으로 돌아간다」고 하는 아함종의 교의를 연결시켜, 실은 기리야마야말로 「앙골모아의 대왕」 즉 붓다를 부활시키는 아가마의 사람이며 몽골계의 사람이라고 암시하는 것이다.

『1999년 지구파멸』은 픽션으로, 천체상의 이변이나 생태학적 위기가 고조된 지구에서 1999년 7월 27일에 세계 각국 5개 곳에서 원자력발전소가 파괴되고, 세계는 공황에 빠졌다는 설정이다. 이 파괴적 행동을 취한 것은 미국의 컬트집단이며 그 리더야말로 「공포의 대왕」에 해당하는 인물이 아닐까 시사되고 있다. 이야기는 약간 시간을 거슬러 올라가, 기독교적인 메시아신앙의 열정에 사로잡혀 종말을 희망하는 그들이 원자력발전소 파괴로 돌진해가는 과정이 그려진다. 한편 노老 타고르라 불리는 지도자에게 통솔되는 인도의 성자집단이 위기의 진행을 통찰하면서 위기극복의 가능성에 대해서 생각하고 있다는 줄거리이다.

그 노 타고르가 99년 초 무렵, 노스트라다무스의 예의 시구를 해독하고자 하여, 「앙골모아의 대왕」은 일본에 있다고 인식하고, 조사 결과 「아함밀종阿含密宗」을 세운 「다카야마 세이호高山聖峰」라는 이름을 찾아낸다(「다카야마 세이호」=「기리야마 세이유」라는 등호를 못보고 놓치는 사람은 많지 않을 것이다). 다카야마 세이호는 「구몬지소메이호求聞持聰明法를 체득하고, 석가의 해설법을 수행한 10명의 성자가 있으면 지구의 어떠한 위기도 극복해 보인다」고 말하고 있다고 한다. 노 타고르는 다카야마 세이호야말로 위기를 구할 존재라고 인식하고, 일본에 가서 그를 만나려고 생각한다. 다카야마와 함께 미국에 가서, 파괴활동을 하고 있는 「메시아」를 만나 설득하려고 하는 것이다. 만약 응하지 않을 경우는 다카야마와 함께 싸우려고 결의한다. 이 다카야마 세이호에 관계되는 50수 페이지는 밀봉된 상태로 되어 있고, 벗겨내지 않으면 읽을 수 없도록 되어 있다. 거기까지 다 읽으면 「제1부 끝」이라고 쓰여 있고, 속편(미간未刊)을 기대케 하며 끝맺음이 되어 있다.

심각하지 않는 「종말관」

『1999년 7의 달이 온다』는 지하철 사린사건 직후인 95년 4월 27일에 간행되었다. 예와 같이 기회를 포착하는데 매우 재빠른 기리야마이지만, 이때는 한신아와지다이신사이阪神淡路大震災의 충격 속에서 단숨에 완성한 책을 출판하려고 하고 있는데, 옴에 의한 대사건이 일어났다고 하는 순서가 되었다. 여기에서는 99년 7의 달에 「방사능을 띤 원자로의 재灰가 강하降下」하는 일이 일어날지도 모르지만, 「앙골모아의 대왕」이 평화와 번영을 가져오고 2001년부터는 회복, 안정을 보인다고 되어 있다. 또 99년 6월에 간행된 「1999년 7의 달이여(노스트라다무스) 안녕 !」에서는 「앙골모아의 대왕」은 기리야마 자신이라기보다 붓다의 가르침을 가리키며, 기리야마가 몽골이나 중국이나 인도에서 강연회 등의 우호활동을 행하고 있는 일이 「앙골모아의 대왕」을 부활시키는 것이라고 한다. 기독교계 문명을 대신해서 불교계 문명이 세계를 부흥시키는 시대로의 전환을, 이 우호활동이 구현하게 되는 것이라고 말하고 있다.

이상, 기리야마 세이유에 의한 「1999년 7의 달」의 해석의 변용 과정을 보았다. 기리야마의 저작들에 자극을 받아 아사하라와 같은 인물이 강렬한 종말예언, 즉 결정적 파국의 도래와 소수의 생존자라는 발상을 끌어내기에 이른 것은 그다지 이상한 일이 아닐 것이다. 아사하라가 「최후전쟁」을 위한 무차별테러에 나서는 전제가 되는 관념의 대부분이 여기에서 발견된다. 그러나 기리야마의 위기예언은 아사하라의 그것과는 상당히 다른 것이었다. 파국적인 위기가 올 것 같은 암시가 많이 보이지만, 실은 그것을 그다지 진지하고 심각하게 받아들이고 있지는 않다. 오히려 위기가 사라진 후의 평온한 일상이나 생명력의 회복 쪽에 주안점이 있는 것으로 보인다.

민속학자인 미야타 노보루宮田登는 『미륵신앙의 연구』(1970, 75년), 『민속종교론의 과제』(1977년)나 『종말관의 민속학』(1987년) 등에서,(7) 일본의 「종말관」에는 「세상종말」의 이미지가 그다지 추구되지 않고, 결정적인 종말의 관념은 적다고 논했다. 그것보다도 「세상고치기」관에 보이듯이 그 반대쪽에 새로운 소생이 전망되는 것과 같은 종류의, 농경사회적인 순환적이고 낙관적인 미래전망이 지배적이라는 것이다. 기리야마 세이유와 아함종의 노스트라다무스해석을 보고 있으면, 미야타가 이해하고 있는 것이 맞는 것 같다. 거기에서는 「종말」 「종말관」이라는 말은 적합하지 않다. 오히려 「위기예언」이란 단어가 적절할 것이다.

신신종교의 「종말관」이 모두 심각한 파국절박의식을 동반한 것이지는 않았다. 아함종의 경우, 어느 정도 파국의 위기를 말하고 공포감을 부추기기는 하지만, 그것을 심각하게 받아들이고 파국에 대처하기 위한 행동으로 옮긴다고 하는 것은 아니었다. 이런 「종말관」이 이미 노스트라다무스붐이라는 형태로 대중문화 속에 퍼져 있고, 그것에 다소 물들어졌다는 정도의 위기예언을 말하는 교단도 있었던 것이다.

그러나 그런 세계관에서 아사하라적인 절박한 파국이나 멸망과 소수자의 생존 비전에 대한 길은 결코 먼 것이 아니었다. 위기예언에서 종말예언으로는 불과 한 걸음이라고도 할 수 있다. 옴이라는 일본산의 과격한 「종말」사상은 대중문화와 아함종의 위기예언의 양쪽에서 배양되어, 80년 말에서 95년까지의 수년 동안, 다른 형태의 모습을 세상에 드러내었다. 신신종교에 널리 보이는 파국절박의식이 그런 가능성을 길렀다는 것은 부정할 수 없는 것이다.

제2부

내셔널리즘의 흥륭

제4장 반세속주의와 내셔널리즘

현대세계의 조류에 비추어서

이 장에서는 신신종교를 넓게 현대일본의 문화적 조류 가운데 위치지어 보고자 한다. 종교와 내셔널리즘의 관계를 넓게 개관하고, 그 중에서 신신종교가 차지하는 위치가 보이도록 큰 도식을 그려보고 싶다. 또 내셔널리즘만을 추려내는 것이 아니라, 제3부에서도 다루게 될 반세속주의와 관련지어 현대일본의 종교적 내셔널리즘의 위치를 명확히 하는 작업도 동시에 해두고자 한다.

이 같은 일을 시도하는 것은, 하나는 신신종교를 사회의 주변에 생기고 있는 특수한 현상으로서 보는 것이 아니라 사회의 전체적인 변동에 깊이 관계되는 것이라는 점을 나타내 보이려는 것이다. 또 하나의 이유는 일본의 독자적인 현상으로 보이기 쉬운 이 현상을, 세계의 종교나 문화의 동향에 비교하여 인식하는 관점을 얻고자하기 때문이기도 하다.

1970년대 이후, 세계 각지에서 사회생활 가운데 종교적 요소를 강화하려는 종교 세력의 움직임이 두드러지게 되었다.(1) 사회생활을 종교적 요소와 세속적(비종교적) 요소가 대항하여 싸우는 장으로 인식한다면, 후자의 요소(세속적 요소)를 축소하고 전자의 요소(종교적 요소)를 확충하려는 움직임이다. 예를 들면 임신중절이나 결혼을 둘러싼 종교적 규범을 지키려는 운동, 안식일의 룰이나 음주 금지 등의 종교적 계율의 준수를 요구하는 경향, 자식의 교육에 종교적인 내용을 포함 혹은 증대하려는 시도, 무슬림 여성이 베일을 쓰고 남성이 수염을 기르는 따위로 해서 세속사회와는 다른 공동성共同性을 명시하려는 태도 등이다. 사회제도의 원칙에 대해서는 정교분리에 대해서 부정적이며, 공적 생활에도 종교의 영향이 미치는 것을 수용하려는 자세를 내세우려고 한다.

종종 펀더멘털리즘(2)이라고 일컬어지는 이들 조류는 이슬람이나 유대교나 기독교에서 현저하게 보이는 경향이지만, 힌두교, 불교 등 다른 종교의 영향 하에서도 유사한 경향이 보인다. 이처럼 공적 영역을 포함한 사회생활의 넓은 범위에서 세속적 생활의 축소와 종교적 생활의 확대를 바라는 사고방식이나 주장을 「반세속주의」라 부를 수 있을 것이다.

한편, 이 경향을 세속적 내셔널리즘에서 종교적 내셔널리즘으로의 이행으로 인식할 수도 있을 것이다. 내셔널리즘이란 「국가와 국민문화에 대한 찬미와 헌신, 애국심을 강조하는 이데올로기」(3)인데, 19세기는 18세기에 서양에서 흥륭한 내셔널리즘이 세계 각지로 수출되고 있던 시대로 파악할 수 있다. 20세기도 그 움직임은 계속되어 20세기 말에 내셔널리즘은 세계 구석구석에까지 미치려고 하였다.

그 내셔널리즘은 다양한 종류의 것을 포함하며 시기에 따라서도 차이는 있지만, 종교적/세속적이라는 것을 규준으로 하면 20세기의 4분의 3시점까지는 전체적으로 세속적 내셔널리즘이 우위에 있었다고 할 수 있을 것이다. 「국가」나 「국민」이 성스러운 공동체로 상상되는 경우, 종교는 배경으로 물러나는 것이 통례라고 생각되었다. 물론 종교를 내세워서 국가나 국민의 성스러운 사명을 고취하는 운동은 여기저기에 일어났지만, 큰 흐름으로서는 세속적 내셔널리즘의 우위가 분명했다.

그렇지만 1970년대 말의 이란혁명에서 명료하게 나타난 것처럼, 20세기의 마지막 4반세기는 종교적 내셔널리즘의 흥륭이 세계 각지에서 현저해졌다.(4) 인도에서의 힌두내셔널리즘의 흥륭은 펀더멘털리즘이라고 하기는 부적절하며, 인도의 내셔널리즘이 반세속주의적 경향을 강화한 것으로 보는 것이 자연스럽다. 현대세계에서 반세속주의의 흥륭으로 인식되는 움직임은 종교적 내셔널리즘의 흥륭으로 인식하는 편이 이해하기 쉽다는 논자도 있다.

포스트모던적인 반세속주의와 내셔널리즘

반세속주의 그 자체는 꼭 새로운 것만은 아니다. 근대화에 의한 세속화의 영향을 위협으로 받아들인 사람들 사이에서는 항상 반세속주의의 움직임이 있었다. 예를 들면 근대화의 과정에서 발생하는 종교운동은 세속화를 받아들여가는 기성종교에 비해서, 새로운 종교성을 부흥시키려는 의도를 가지고 있는 경우가 적지 않다. 그러나 세속화나 정교분리가 강력하게 추진되기 이전에는, 반세속주의라는 동기는 두드러지지 않게 된다. 또 세속화나 정교분리가 피하기 어려운 추세라고 여겨지는 경우에는 공적제도에 새로이 종교적 요소를 들여오려는 시도는 그다지 성공 가망이 없다. 어느 경우도 세속성에 대한 공공연한 대항이라는 동기는 겉으로 나타나기 어렵다. 종교운동 · 사상운동의 형태를 취할 때, 국가를 통한 반세속주의의 지지나 사적 영역에서의 신앙생활의 강화에 전념하기 때문에 반세속주의적 동기는 눈에 띄지 않게 되기 쉽다.

포스트모던적인 시대상에서의 반세속주의는 이 같은 눈에 띄지 않는 반세속주의나 사적 영역으로의 신앙생활의 철수에 만족하지 않고, 이미 세속성이 노골화된 사회에서 적극적으로 공적 영역의 종교성 확충을 지향하는 성격을 가지고 있다. 내셔널리즘의 동향으로 파악한다면, 세속적 내셔널리즘은 진보를 목표로 하는 공격적인 이데올로기로서의 자세를 약화시키고, 대신에 반세속주의적인 성격을 가지는 공격적인 종교적 내셔널리즘이 대두하게 된다. 그런 운동이 널리 보이게 된 것이 1970년대 이후의 세계에 있어서 종교를 둘러싼 상황의 특징이다.

그러면 일본에서는 어떨까? 일본에서도 그 같은 포스트모던적인 반세속주의나 종교적 내셔널리즘의 흥륭을 관찰할 수 있을까? 대답은 예스이다. 다만, 일본에서의 특징은 하나의 종교전통이 강력히 반세속주의나 종교적 내셔널리즘을 주장하고 있다기보다도 종교전통으로서는 부정형不定形인 신도神道를 중심으로 다양한 형태를 취한 종교적 내셔널리즘이 전개되고 있고, 그 중에서 반세속주의적 경향이 눈에 띄는 상황이다. 또한 그것과 병행하여 종교적 내셔널리즘과 관련되지 않은 반세속주의도 대두하고 있다. 이처럼 복합적인 상황이므로 반세속주의나 종교적 내셔널리즘의 흥륭이라는 사태가 자각되기 어렵다.

이 장에서는 1980년대, 90년대 일본의 종교적 내셔널리즘과 반세속주의 동향의 약식도를 그려내서, 세계적인 동향 가운데 그 특징을 명확하게 하는 단서를 찾아보고자 한다. 또한 종교적인 동기에 의거한 정치 참가를 열심히 실천하고는 있지만, 반세속주의는 그다지 보이지 않는 창가학회와 같은 집단도 있다. 이것은 오히려 근대적인 시대상과 통하는 점이 많은 종교적 정치참가의 형태로 볼 수 있기 때문에 여기에선 정면에서 문제 삼지는 않는다.

1. 종교제도와 포스트모던

국가신도체제와 그 해체

1945년 이후, 일본은 점령군의 지도하에 정치체제의 근본적인 변혁을 시행했는데, 그 중에서는 종교제도의 변혁도 대단히 중요한 부분을 구성하고 있었다. 45년까지는 신도에 특별한 지위가 부여되고, 국민생활의 공적 영역에 침투하고 있었다. 그것은 일본의 종교적 내셔널리즘의 주요한 형태가 된 것이며, 넓은 의미에서의 「국가신도」라 부를 수 있는 것이다.(5)

천황은 국민의 정신적 지주로서 공경되고, 신도의 주요 신격의 하나인 아마테라스오미카미天照大御神의 자손으로 간주되고 있었다. 축제일은 모두 신도나 천황에 관계되는 것이며, 학교에서는 그것에 어울리는 의례가 행해졌다. 도덕교육(수신과修身科)이나 일본사의 교육은 천황숭경의 관점에서 이루어지고, 내셔널리즘화된 신도적 세계관이 철저히 교육되었다. 교육칙어는 그런 의례와 가르침의 양쪽의 중핵으로서 기능했다. 천황의 조상신을 모시는 이세신궁伊勢神宮에서부터 많은 수의 지역신사地域神社에 이르기까지 국고의 재정에 의한 지원이 제공되었다. 국위를 떨치기 위한 신사가 국내만이 아니라 식민지에서도 몇 개나 건설되어 중요한 역할을 다했다.

1945년 8월 이후의 몇몇 포고나 법령(특히 45년 12월의 이른바 「신도지령神道指令」)과 47년에 시행된 일본헌법에 의하여 이런 신도의 특권적 지위는 박탈되고, 신사신도는 다른 제 종교와 똑같은 한 종교의 지위로 격하되었다. 또한 교육칙어나 천황을 둘러싼 종교적 언설의 영향력은 공립학교를 비롯한 사회생활의 제 국면에서 제거되었다. 이렇게 해서 종교적 내셔널리즘의 결정적 약체화가 수행되었다.

일본의 경우, 세속주의나 세속적 내셔널리즘의 우위는 겨우 1945년에 이르러 확립되었다. 메이지유신 이후 제2차 세계대전 수습까지는 국가신도라는 종교적 내셔널리즘이 우위에 있었다. 일본의 근대를 세속주의의 우위로서 특징짓는 것은 적절하지 않으며, 1945년을 기점으로 비로소 세속주의적 근대가 시작되었다고도 할 수 있을 것이다.

근대일본의 종교나 사상의 다원성

이것은 국교체제의 종언과 정교분리의 확립을 의미하는 큰 변혁으로 해석할 수 있겠지만, 약간의 주석이 필요하다. 일본의 다수 지역주민들은 이미 16, 7세기 이후 장제葬祭나 농경의례 등의 주기적 의례생활의 측면에서도, 일상생활의 고민이나 소원 등 위기극복이나 구제추구의 측면에서도 불교나 (신불습합적神佛習合的인)민속종교나 민중종교집단(후지강富士講 등)에 많이 의탁하고 있었다. 국민생활 가운데서 신도는 신불습합적인 것 중의 일부를 중심으로 그런대로 큰 위치를 차지하고 있었지만, 그것은 기원행위나 구제추구의 일부를 점하는데 지나지 않았다. 앞에 기술한 것과 같은 형식으로 신도가 공적영역에서 국민생활에 깊은 관계를 가진 것은 근대 이후의 일이다. 국교라고 해도 공적영역에서의 어떤 기능을 독점하고 있었던 것에 지나지 않으며, 국민생활 가운데서 신도의 위치는 여러 종교 중의 하나에 그치고 있고, 사적영역에서의 종교는 이미 다원적이었다.

종교제도상에도 1889년의 일본헌법 하에서는 제 종교에 신앙의 자유가 인정되고, 종교적인 다원주의는 이 단계에서 이미 제도화되어 있었다고 할 수 있다. 내셔널리즘이라는 점에서는 국가신도 형태로서의 관제官製 내셔널리즘, 공정公定 내셔널리즘(6)의 영향이 컸던 것은 말할 것도 없지만, 그것은 다양한 형태로서의 종교적, 세속적 내셔널리즘을 충분히 허용하는 것이었다. 이 같은 유연하고 다원적인 이데올로기 질서를 낳은 것은 서양의 근대적 제도에서 익혔다는 이유만이 아니라, 오히려 이미 종교전통이나 종교교단이 다원적으로 병존하는 상태가 존립하고 있었다는 이유가 컸다. 사적영역에서의 종교·사상의 다원성과 공적영역에서의 신도에 의한 통일이라는 점에 근대일본의 정교관계의 특이한 양상이 보인다. 그 같은 형태에서, 국가신도라는 종교적 내셔널리즘에 의한 국가통합 하에서도 세속주의적인 조류나 비공식적인 종교적 내셔널리즘(그 중에서도 법화불교계의 그것)의 흥륭은 현저하게 나타난 것이다.

이처럼 세속주의적인 조류나 비공식적인 종교적 내셔널리즘이 다양하게 전개되는 한편, 국가 수준, 공적질서 수준에서의 종교적·공적 아이덴티티 강화의 요구가 신도나 천황숭경에 맡겨지는 상황은 1945년 이후에도 그다지 변화는 없다. 다만 45년 이전에는 세속성에 의거한 국가제도가 확립되어 있지 않고, 국가주도의 종교적 내셔널리즘의 영향력이 강하고 반세속주의적인 정신운동이 넓은 범위에서 국민을 끌어들이고 전개되었다. 그러나 45년 이후에는 세속주의의 우위와 신도적 내셔널리즘에 대한 강한 반대의 목소리에 저항하면서 큰 성공에 대한 전망을 가지지 않은 방위적防衛的 · 주변적인 운동으로서 진행되는데 그쳤다는 점에 차이가 있었다.

포스트모던적인 종교적 조류

그렇지만 1980년대에 들어서면, 새로이 다양한 형태의 종교적 내셔널리즘의 고양이 보이게 된다. 그것들은 전전戰前의 전통을 이어받는 것임과 동시에 세계적인 반세속주의의 조류를 반영하는 것으로도 볼 수 있다. 또한 종교적 내셔널리즘과 관련된 반세속주의와 함께 종교적 내셔널리즘과는 관계없는 반세속주의의 대두도 두드러진다. 이들은 우위에 있는 세속성에 대해서 공공연하게 대항하려는 포스트모던적인 반세속주의의 경향을 띠는 것이라고 할 수 있다.

그것은 「전전으로의 회귀」라고 하는 측면을 가지고 있고, 공공연하게 그렇게 주장되는 일도 있다. 거기에는 1945년 이후 점령군의 주도에 의해서 이루어진 세속주의의 도입에 대한 반감이 배경에 있다. 예를 들면 제2차 세계대전 후의 일본은 전통적인 정신적 가치를 잃어버렸다. 그것을 되찾아야 한다고 주장한다. 이 「회귀」의 주장은 근대적인 세속주의가 우위를 차지하고 있다는 것을 전제로 하여, 그것에 대한 대항이라는 성격을 농후하게 내포하고 있다. 그 의미에서 포스트모던적인 반세속주의나 종교적 내셔널리즘으로 이해할 수 있는 것이다.

80년대 이후 일본의 반세속주의와 종교적 내셔널리즘은 주로 세 형태로 전개되어 왔다. 종교적 내셔널리즘에 역점을 둔 것과 반세속주의에 역점을 둔 것이 포함되어 있지만, 통합된 종교운동, 정신운동으로는 다음과 같이 정리할 수 있을 것이다.

(1) 국가의례나 정신전통 옹호에 의한 국민통합 강화의 주장

(2) 신신종교(제4기 신종교)

(3) 내셔널리즘적인 영성칭송 및 영성개발운동

3자 사이에는 분명히 상호 영향관계가 있지만, 서로 대립하는 주장이나 방향성이 포함되어 있는 경우도 있어서 각기 독립된 현상군現象群으로 보는 것이 적절하다.

다음은 3자 각각에 대해서, 1990년 전후를 염두에 두면서 예를 들어 개관해 가는 것으로 하고자 한다.

2. 국가의례와 정신전통의 강화

의례적 질서를 둘러싼 쟁점

천황의 즉위와 죽음에 관련되는 의례(오니에노마츠리大嘗祭, 다이소노레이御大葬 등)나 전몰병사의 위령(수상들의 야스쿠니靖国신사 공식참배)을 국가의 주도나 적극적인 관여 하에, 가능하면 신도행사로 행해야 할 것이라는 주장이다. 지금까지 헌법에 준해서 이들 의례에 대한 국가의 관여는 제한되어 왔다. 이에 대해 신도에 의한 국민통합이나 천황

에 대한 경외의 마음을 강화해야 한다고 생각하는 사람들은 다이소노레이나 오니에노마츠리를 국가행사로서 행하고(1989년 쇼와천황昭和天皇의 죽음과 함께 이 목소리가 높아졌다), 야스쿠니신사에 수상들이 공식참배를 할 것을 요구하고 있다(1969년에 야스쿠니신사의 국가수호를 지향하는 「야스쿠니신사법안」이 발표되었지만 그것은 후에 철회되고, 75년 이후 수상들의 공식참배를 실현하는 것이 목표가 되고 있다).

정치세력 중에서는 자유민주당 및 자유민주당에서 갈라진 여러 파 가운데 국가질서 · 국가전통 중시파의 사람들과 그 지지층(신도계나 일부 신종교도 그 중에 포함된다)이 이런 입장을 취하고 있다. 학자 · 지식인 · 저널리스트 중에도 이 입장을 지지하기 위해 강력한 논진論陣을 펴는 사람들이 있다. 이 사람들은 역사교육에 있어서도 「침략」 등에 역점을 두어 국가비판을 강조하는 것이 아니라 국가의 과거, 그 중에서도 황실이나 신도적 전통에 대해서 오히려 적극적으로 언급해야 한다고 주장한다.

이런 움직임에 강하게 반대하고 있는 것은 불교도나 기독교도의 일부, 인권이나 사회정의나 국제우호를 중시하는 사람들, 또 패전 전과 같은 일본의 확장주의의 부활에 위구심을 품는 사람들이다. 정치세력으로서는 사민당, 공산당, 공명당, 그리고 민주당의 일부와 그 지지층이 이 입장을 취한다. 국가관여 반대파는 신도라고 하는 특정 종교에 국가가 적극적으로 관여하는 것은 국민의 신앙의 자유를 위협하고, 헌법의 「신앙의 자유」, 「정교분리」의 규정에 반한다고 한다. 그리고 애국주의의 강조는 패전 전의 군국주의, 전체주의의 부활로 향하는 길을 준비하는 것이라고 본다.

반대파가 보는 바는, 천황교대행사를 국가행사로 하고 천황에 대한 숭경심을 부흥시키려고 하는 것은 일본의 국가 · 국토 · 국민이 특별한 신적 성격을 가지고 다른 나라에 비해 월등하다는 오만함을 가르쳐서 일본을 고립화시키는 결과를 초래한다. 또한 천황과 국가를 위해서 한 목숨을 바친 전몰병사를 「영령英靈」으로 모시는 것은 과거의 전쟁을 미화하고, 특히 아시아의 여러 나라에 대한 침략전쟁을 정당화하는 것이다. 게다가 이들 의례 가운데는 근대국가에서 만들어진 것이 적지 않다. 예를 들면 야스쿠니신사와 같이 자기편만을 위령하거나 일반병사의 영을 신으로 모시는 것과 같은 신앙이나 습속은 근대에 시작된 것이며, 국민국가가 팽창시킨 것에 지나지 않는다. 천황의 장의葬儀도 오랫동안 불식佛式으로 행해지고 있었던 따위의 사실이 증거가 된다. 이와 같이 소위 국가 「전통행사」의 많은 것들은 역사상 장기간에 걸쳐서 계속 행하여 온 것이 아니며, 오랜 전통을 가진 것이라고는 하기 어렵다고도 주장한다.

정교분리를 둘러싼 쟁점

이에 대해서 국가관여를 찬성하는 파는 헌법의 정교분리 규정이 조금 극단적인 것이라고 보고 있으며, 헌법을 받아들인다고 하더라도 정교분리 규정을 보다 유연하게 해석해야 한다고 한다. 주로 1986년에서 90년 사이에 간행된 아소야 마사히코安蘇谷正彦의 『천황의 제사와 정교분리』, 에토 준江藤淳 · 고보리 게이이치로小堀桂一郎편 『야스쿠니논집 - 일본의 진혼 전통을 위해서』, 오하라 야스오大原康男외 『국가와 종교 사이 - 정교분리의 사상과 현실』에 따라(7) 그 주장을 조금 상세하게 살펴보도록 한다.

정교분리를 국가와 종교의 완전분리로 이해한다고 하면 그것은 반종교적인 규정이 되며, 공산주의국가를 제외한다면 지극히 특수한 예가 된다. 미국과 같이 상당히 강한 정교분리 규정을 채택하고 있는 경우에도 국가와 특정 종교단체(church)와의 분리를 요구하고 있는 것에 지나지 않는다. 국가행사 · 공적행사 중에는 종교적 성격을 면할 수 없는 것이 있으며, 그것들로부터 종교성을 완전히 배제하는 것은 불가능하다. 그렇다고 하면 그 행사들은 오랜 전통을 가지는 신도의 관례에 따라서 행해야 하며, 새로이 종교색을 벗은 행사를 만들어내거나 해야 하는 것은 아니다. 혹은 행사를 종교적인 부분과 세속적인 부분으로 억지로 나누는 것과 같은 일을 해야 하는 것은 아니라고 한다.

다이소노레이나 즉위의례에 대해서는, 황실과 관련된 신도행사가 천 수백 년에나 이르는 오랜 전통을 가지며, 세계적으로도 자랑할 만한 것이라고 한다. 또한 영국 국왕과 영국 국교회의 밀접한 결합, 미국의 대통령 취임식이나 의회에서의 기독교가 관여되는 예 등, 해외의 사례를 예로 삼아서 국가원수나 국왕이 종교의례에 의하여 그 지위에 오르는 일은 특수한 것이 아니라고 한다. 장의의 경우에는, 「무종교」로 행하는 것이야말로 오히려 특수한 예라고 한다. 일본의 경우, 헌법에도 천황은 국민통합의 상징이라고 되어 있으며, 국민의 아이덴티티에 있어서 천황은 대단히 중요한 존재이다. 그 천황의 존엄성을 높이기 위해서도 전통에 따른 신도행사를 행해야 한다고 한다.

한편 야스쿠니신사 공식참배에 대해서는, 국가의 손으로 종교행사에 의한 전사자의 추도를 행하는 것은 다른 나라에서도 당연한 일로 되어 있으며, 그것을 행하지 않는 것은 과거의 국민에 대한 망은이라고 한다. 사자의 영을 정중히 장사지내고 평안하도록 제사지내는 「진혼」의 전통은 일본문화에 깊게 뿌리를 내리고 있다. 유골이나 사자가 남긴 것에 집착하는 것도 일본의 독특한 종교적 정신의 표현이다. 『만요슈万葉集』에서 현대까지, 일본문학의 명작 중에는 진혼사상을 기술한 것이 적지 않다. 가까운 사자에 대한 진혼의 전통이야말로 야나기타 구니오柳田國男가 『선조의 이야기』(1944년)에서 일본인의 고유신앙의 핵심이라고 본 것이며, 신도의 본질에 관계되는 것이다. 이 전통에 의거한 야스쿠니신사 공식참배는 전후에도 자연스럽게 행해지고 있던 것이며, 중국 등 외국의 압력에 대한 배려는 근거가 없으며 필요없는 것이다. 특히 A급 전범이 합사合祀되고 있기 때문이라는 이유는 전승국에 의한 일방적인 강요로 이루어진 동경재판의 성격을 무시하고 있다고 한다.

천황교대행사(다이소노레이 · 오니에노마츠리)와 야스쿠니신사의 양쪽에 있어서 현대의 일본에서 이렇게까지 정교분리가 강조되는 이유를 더듬어 가면, 현행헌법(1947년) 및 그에 앞서 나온 신도지령神道指令(1945년)에 맞닥뜨린다. 신도지령의 내용은, 태평양전쟁에서 일본이 군국주의적 · 침략적인 태도를 취한 배후에는 「국가신도」(=신사신도)가 있었다고 하는 판단에 의거하고 있다. 거기에서 국가신도의 영향을 배제하기 위해서 극단적인 정교분리와 신도를 냉대하는 제도가 요구되게 되었다.

그러나 이것은 전승국의 일방적인 역사해석과 정치적 의도에 의한 것이며, 그것을 그대로 받아들일 필요는 없다. 태평양전쟁은 서양 열강의 압력에 대한 저항과 아시아해방을 위한 전쟁이라는 성격이 기본이며, 신도가 군국주의를 부추겼다고 하는 것도 옳지 않다. 국가의 과거나 전통의 경시, 멸시로 인하여 전후 일본인의 정신생활은 현저하게 빈약해져 버렸다. 이제는 신도지령의 속박에서 자유로워지고, 일본의 전통을 올바르게 인식하고 그것에 어울리는 정교관계로 전환해야 한다고도 논하고 있다.

3. 신신종교 중에서

진광의 내셔널리즘

현대일본의 종교적 내셔널리즘과 반세속주의의 제2의 유형은 새로운 경향을 내포한 신종교, 즉 신신종교이다. 1920년경에서 1970년경까지 큰 발전기를 맞은 제3기의 신종교와 1970년 이후에 큰 발전기를 맞은 제4기의 신종교를 비교하면, 제4기의 신종교(신신종교)에 자기주장적인 내셔널리즘의 경향이 눈에 띄는 것이 많다. 상세히는 제5장에서 논하기로 하고, 여기서는 다양한 방향성을 지닌 신신종교 중에 널리 내셔널리즘과 반세속주의가 보이는 것을 개관해 둔다.

세계구세교의 계통을 이어받아 이미 1959년에 성립된 진광계 교단(세계진광문명교단, 숭교진광)은 전전의 신종교와의 연속성이 나타나기 쉬운 예인데, 대본大本이나 세계구세교가 전후에는 평화주의를 강조한 것에 반해 여기에서는 일본의 우위를 주장하는 교의가 배후에 저지되지 않고 남아 있다.(8) 전후를 건너뛰어서 전전의 패턴과의 연속성이 강하다. 진광의 가르침에서는 일본이라는 나라는 세계의 발상지이며, 세계인류는 일본에서 퍼졌다고 한다. 특히 일본은 인류의 영적인 자질의 근원이 되는 나라이며, 일본어는 모든 언어의 토대이다. 그런 의미에서 세계의 중심인 일본의 중심은 신화시대 이래 만세

일계万世一系의 천황으로 계속 존재해 왔다. 천황을 가리키는 일본 고유의 말인 스메라미코토スメラミコト란 「세계인류교화의 중심자」라는 의미이다. 일본문화는 다양한 외래문화의 영향을 받은 잡다한 것이라고 하는 것과 같은, 일본인의 주체성을 놓친 역사관은 잘못된 것이다. 앞으로 세계를 파국으로부터 구하는 역할이 일본인에게 맡겨져 있다. 고도경제성장기의 일본의 물질적 발전은 새로운 「영주靈主」의 문명이 일본에서 전개해가기 위한 전제가 되는 현상이라고 한다.

월드메이트의 영적 국방론

다음으로 1986년에 성립된 월드메이트의 예를 살펴본다. 월드메이트의 지도자 후카미 도슈深見東州는 시사적인 문제에 재빠르게 대응하고, 예언적 신시神示를 말하는 일이 적지 않다. 1995년 2월 3일에는 진무천황神武天皇과 구니토코타치노오카미國常立大神의 강림에 의하여, 「금년은 일본국이 시작된 이래 위급존망의 시기이다. 몽고내습 때보다 두 배 더 위험한 사태가 된다」는 통보를 받았다고 한다.(9) 이 위기란 전쟁을 의미하며, 이대로는 50만 명의 사람이 목숨을 잃고 「최악의 경우, 2650년 계속된 일본국은 금년 멸망해버린다」고 한다. 그러나 이것을 막아낼 수단은 있다. 우선은 「일본의 아직 잠자는, 나라를 수호하는 신역神域을 즉시 열어 그 신령을 깨울 것」. 즉, 「긴급특별국방신업緊急特別國防神業」으로서 구마노타이샤熊野大社, 이세신궁伊勢神宮, 아시베츠다케芦別岳, 자오藏王, 이와키산岩木山, 게히신궁氣比神宮, 무나카타타이샤宗像大社의 7개의 신역에서 잠자고 있는 신을 「열성 기도」로써 흔들어 깨우자고 한다. 그렇게 함으로써 「일본을 지키는 신력神力이 강하게 시현示現되고」, 「국난을 막고, 대역전해서 전부 길吉」하게 되는 것도 가능하다.

긴급특별국방신업의 시초로서 2월 25, 26일, 이와키산에서 「긴급특별국방신법오득회緊急特別國防神法悟得會(신포고토쿠에)」가 열렸는데 바로 그날, 신이 「전쟁을 일으키는 나라」라고 했던 북한에서 제2의 실력자가 사망했다. 이것으로 인하여 북한에서는 전쟁계획을 크게 궤도수정하지 않을 수 없는 상황이 발생했다고 한다. 또 다음날에는 미국 국방성이 「동아시아 · 태평양안전보장전략보고」를 발표하고, 종래의 미군감축 방침을 전환하여 동아시아지역의 약 10만 명의 미군세력을 앞으로도 유지할 뜻을 분명히 했다. 이것은 중국의 군사력을 경계했기 때문이라고 되어 있지만, 결과적으로 북한의 개전開戰 분위기에 찬물을 끼얹게 되었다고 한다.

이러한 것들은 「우리들의 기도에 응하여 신이 여러 방향에서 북한군을 봉쇄해 주고 계시다」는 증거이다. 이처럼 일본의 국난이 임박함과 동시에 일본을 지키는 신들의 움직임으로 그것이 막아지게 되는 것은 다 「신이 세계를 하나로 하려고 하는, 미륵의 세상을 만들려고 하는 그 과정에서 일어나고 있는 것이다」고 한다.

불교계 교단의 경우 - 현정회

월드메이트도 대본, 세계구세교, 진광의 계보에 많은 것을 따르고 있는 교단으로, 신도적인 것을 기반으로 하면서 일본의 우월성을 주장하거나 그것에 의거한 세계구제의 사명을 내세우려고 하고 있어서, 일본중심주의는 선명하게 나타난다. 한편 일본문화의 우위에 대한 주장은 그렇게 강하지 않지만, 앞으로의 세계의 위기를 구할 움직임은 일본에서 일어날 것이며, 그런 의미에서 일본인에게는 세계를 구할 사명과 자격이 있다고 말하는 교단도 있다. 아함종(제3장 참조)이나 행복의 과학(제5장, 제8장 참조)에 그런 언설이 보이지만, 여기에서는 현정회(니치렌정종현정회日蓮正宗顯正會, 묘신강妙信講에서 1982년에 개칭)의 예를 든다.(10)

아사이 쇼에淺井昭衛(1931~)를 지도자로 하는 현정회는 창가학회와 마찬가지로 니치렌정종의 강講(신도信徒집단)의 전통에서 발전한 것으로, 니치렌정종의 교의에 내포되어 있는 국립계단론國立戒壇論을 내세우고 니치렌불교日蓮佛教에 의한 국가구제를 강하게 주장하는 점에 특징이 있다. 국립계단론이란 천황이 칙선勅宣을 내려서 니치렌종의 국가공인 승려수계僧侶授戒의 장을 확립하여, 그것으로 국가의 종교적 통일을 행하고 나라를 구하자는 주장이다. 창가학회가 이 주장을 내세운 적이 있지만, 장기간에 걸쳐서 그렇게 하지는 않았다. 현정회는 그런 창가학회의 자세를 비판하면서, 이 점에 초점을 한정하여 포교를 해나가는 것이다. 97년에 현정회가 중앙지의 전면광고를 이용하여 선전한 책의 제목은 「니치렌대성인日蓮大聖人에 귀의하지 않으면 일본은 반드시 멸한다」고 하는 것이다. 근대적인 세속주의적 내셔널리즘에 가까운 입장을 취해온 창가학회가 교세정체教勢停滯에 들어선 1970년대 이후, 강렬한 종교적 내셔널리즘을 내세운 현정회가 급속하게 발전한 것은 근대적인 신종교시대에서 포스트모던적인 신종교시대로의 추이를 말해주는 것이라고 해도 될 것이다.

「행복의 과학」의 반세속주의

신신종교의 종교적 내셔널리즘은 반드시 명확한 반세속주의적 정치프로그램과 결합하는 것은 아니다. 그러나 행복의 과학 같은 경우에는 교육 · 정치 · 경제에 종교적 가치관을 포함시켜야 한다는 주장, 종교비판 보도에 대한 제한을 요구하고 그 사고에 의거한 재판투쟁, 혹은 뇌사에 의한 사망 판정에 대한 비판 등에서 반세속주의의 색채를 확실히 간파할 수 있다.

행복의 과학의 반세속주의적 주장에 대해서는 제8장, 제9장에서도 검토하겠지만, 여기서는 학교교육의 문제로 좁혀서 소개하려고 한다.(11) 행복의 과학의 지도자(「주재主宰」) 오카와 류호大川隆法는 「지금의 학교제도 속에서는 인간에게 있어서 가장 중요한 것이 가르쳐지고 있지 않다」고 한다. 그러면 「인간에게 있어서 가장 중요한 것」이란 무엇인가? 첫째로 「사랑 없는 인생은 헛되다」고 하는 것, 둘째로 「인간은 영원한 생명을 유지한다」고 하는 것, 셋째로 「우리들이 무엇을 위해 현세에 생명을 얻은 것인가」 라고 하는 것이다. 이 「세 기축을 교육에 들여오길 바라며」, 「문부성에는 죄송하지만, 대신할 수 있기를 바라는 것이 본심」이라고 말한다.

두 번째 점에 대해서 좀 더 소개하고자 한다. 「영원한 생명」에 대해서 안다는 것은 영혼의 전생윤회轉生輪廻를 안다는 것이며, 영적 세계의 실재를 믿는 것이다. 그렇지만 전후 일본의 학교교육에서는 신이나 영에 대해서 가르쳐서는 안 된다는 터부가 엄연히 존재하고 있었다. 그 큰 이유는 일본의 패전에 의하여 안팎으로 다음과 같은 자세가 강해졌기 때문이다. 요컨대 국내에서는 「전쟁은 싫다는 전쟁알레르기」가 작용하고, 제 외국은 일본이 위협이 되는 원천인 정신성의 골자를 빼버리려고 기도했다. 「그 결과가, 하나는 나라의 행사, 국가적 행사로서 종교 활동을 해서는 안 된다는 헌법이 되고, 또한 모든 종교시설 등의 사용, 그것도 공공시설은 특정 종교를 위해서 사용하게 해서는 안 된다는 사고방식이」 되었다.

이것은 적극적으로 종교의 자유를 인정한다는 면도 있었지만, 국가가 승인하지 않기 때문에 숨어서 몰래 하는 방향으로 되어버렸다. 「인간으로 태어나서 정신성 없이 살아가고 있다는 것은 부끄러운 일입니다. 그 부끄럽다는 사실을 슬픈 사실로서 인식할 수 있는 힘이 우리들에게는 필요합니다. 아니, 일본국민에게는 필요하다고 나는 생각합니다」. 이처럼 반세속주의의 주장이 명확히 내세워지고 있을 뿐만 아니라, 그 가운데 외국의 의도에 대항하여 일본문화의 가치를 높이려고 하는 내셔널리즘의 주장도 어느 만큼은 담겨져 있다.

신종교 중의 새로운 경향

진광이나 월드메이트는 신도 계열에 위치지울 수 있지만, 아함종이나 행복의 과학이나 옴진리교의 경우에는 신도적 요소는 그다지 보이지 않는다. 따라서 이들 교단의 반세속주의와 종교적 내셔널리즘과의 결합은 조금 희박하다. 또한 한국에서 만들어진 신종교인 통일교에서는 신도적 요소는 전혀 없으며 종교적 내셔널리즘은 눈에 띄지 않지만, 성도덕의 강화나 반종교 보도에 대한 비판 등의 주장을 지닌 신문 간행 따위에 분명히 반세속주의를 간파할 수 있다.

70년대 이전에 발전한 신종교에서도 종교적 내셔널리즘이나 반세속주의에 관련된 요소가 보이지 않는 것은 아니었다. 그러나 그것들은 공공연하게 주장되는 것은 많지 않으며 또 자유주의 · 평화주의나 인권과 같은 근대적 가치를 지향하는 교단도 적지 않았다. 그렇지만 70년대 이후, 특히 80년대 이후에 발전하고 있는 교단에서는 후자의 요소는 대체로 미약하다.

4. 영성의 시대

영성칭송과 영성개발

종교적 내셔널리즘과 반세속주의의 제3의 유형은 내셔널리즘적인 영성칭송의 언설(일본인론日本人論, 일본문화론)이나 그것과 종종 관련되는 대중적인 영성개발운동이다. 일본문화의 특징을 단순화한 형태로 정식화하고, 그 독자성을 매우 두드러지게 하는 많은 언설군言說群을 「일본인론」이라든지 「일본문화론」이라고 부르고 있다. 그 일본인론 중에서 주로 일본의 종교전통, 특히 신도를 논하고 여기에 높은 긍정적 평가를 부여하는 것이 80년대부터 90년대 전반에 걸쳐서 현저하게 증대하였다. 「자기주장적 일본종교론日本宗敎論」이라고 부를 만한 것이다. 그리고 또 그런 일본적인 종교성(고신도古神道, 애니미즘)을 현대사회에서 살리고 실천하려는 사람들도 늘고 있다.(12)

옴진리교사건 이후 팔림새가 큰 서적의 수준에서는 이 같은 언설이나 실천은 눈에 띄지 않게 되고, 내셔널리즘의 주장은 역사인식이나 국기國旗, 국가國歌 중시나 전사자의 추도행사 등을 초점으로 한 정치적 방향으로 화살을 돌린 감이 든다. 그러나 일본의 영성에 대한 기대는 사회생활의 여러 국면에 뿌리내리고 있고, 오히려 널리 침투해오고 있다. 90년대 후반 이후 정치적 내셔널리즘의 재고양의 배경에는 80년대부터 90년대 전반에 걸쳐서 길러진 「일본의 영성」에 대한 자랑이나 기대의 심정이 내재해 있다고 할 수 있을 것이다.

그렇지만 「영성의 시대」에 대한 기대는 일본에 한정된 현상은 아니다. 교의나 교단이라는 틀을 가진 전통종교나 서양기원의 근대합리주의나 주객이원론에 기초한 실증과학의 한계를 지적하고, 그것들을 대신하는 새로운 「영성」을 칭송하고 개개인의 영성도야를 이끌면서 영성시대의 도래를 주장하는 조류는 선진국을 중심으로 세계 각지에서 기세가 대단하다. 미국에서는 「뉴에이지운동」, 일본에서는 「정신세계」 등으로 불리고 있는 이 조류는 하나의 세계적인 동향의 다양한 지역적 표현이라고 봐도 되는 것이므로, 나는 「신영성운동」 혹은 「신영성문화」라고 부르는 것이 적절하다고 생각한다(제7장 참조). 일본의 경우, 이 신영성운동(문화) 가운데 국가주의적인 요소가 혼입된 것이 많이 보인다(그렇지 않은 것이 다수일 것이지만). 근대합리주의를 초월하고 종래의 「종교」를 초월한다고 주장하는 개인주의적인 영성의 탐구가 일본적 종교성의 칭송이나 일본적 영성의 개발이라는 형태를 취하는 것이다.

자기주장적 일본종교론

자기주장적 일본종교론이 일본인론, 일본문화론의 역사적 추이 가운데 어떻게 위치지어질 것인지는 제6장에서 상세히 살펴보기로 한다. 여기서는 두 개 정도의 예를 들어서 그 개략을 제시해 두고자 한다. 먼저 구리타 이사무栗田勇의 『설월화雪月花의 마음 – 일본인의 정체성Japanese Identity』(1987년)을 들어보자.(13) 이 책은 일영 대역이며, 띠지에는 「일본문화의 테두리를 응집!」, 「국제비즈니스맨에게 필수조건! 일본을 말할 수 없는 일본인은 국제인으로서 실격」이라고 되어 있다. 이 책의 기획 · 영역은 후지쓰富士通의 경영연구소에 의하여 이루어졌지만, 구리타는 종종 후지쓰의 사원연수에 강사로 초빙되어 「일본문화론」의 강의를 해오고 있다. 이 책이 상정하고 있는 주된 독자대상은 중견비즈니스맨으로 봐도 될 것이다.

구리타에 의하면 일본문화의 특징, 그 중에서도 일본인의 자연관을 이해하는 열쇠가 되는 말이 「설월화」이다. 「봄은 꽃이요 여름은 두견 가을은 달이요 겨울은 눈 맑고 상쾌하도다」(도겐道元〈1200~1253. 가마쿠라 초기의 선승禪僧. 일본 조동종曹洞宗의 개조開祖-옮긴이〉). 「원컨대 꽃 아래서 봄에 죽고 싶어라 2월(음력) 망월에」(사이교西行〈1118~1190. 헤이안 후기의 승려 · 가인歌人-옮긴이〉). 이처럼 「설월화」는 가장 멋스러운 자연 풍물로서 좋아하여 문학이나 회화의 소재가 되는 것이다. 그러나 그것들은 단지 아름다운 자연이라는 것만이 아니라, 「그 배경에 있는 진실한 세계를 의미하며, 그것을 만나는 것이 일본인의 인생의 목적이었다」(설월화. 44쪽)고 논하고 있다.

이 자연관에 있어서는, 자연에는 신이 깃들어 있고, 진리가 숨어 있고, 하나의 조화와 질서가 있다고 여겨지고 있다. 자연은 인간이 그것과 대립하거나 정복하거나 하는 대상으로서가 아니라 애정으로써 다가가고, 더 나아가서는 그 법칙에 참여하여 살아가야할 것이다. 이 같은 감각은 고대적인 감수성에 기초하는 것이며, 역사적으로 형성되어온 신도 이전의 「고신도」의 전통을 잇는 것이다. 일본문화의 특이성으로 논해지는 일이 많은 회사에 대한 충성심이나 공동체에의 귀속의식도, 자연과 인간과의 관계에 대한 전통적인 의식과 불가분의 것으로 이해해야 할 것이다. 이와 같이 고대적인 것이 현대적인 문화나 최첨단 테크놀로지와 융합 · 병존하고 있는 점에 일본문화를 이해하는 어려움이 있다고 한다.

다음으로 스가타 마사아키菅田正昭의 『고신도古神道는 소생한다』(1988년)를 예로 들어보자.(14) 스가타에 의하면 외래문화의 영향을 받기 이전의 일본고유의 종교, 즉 「고신도」는 모든 자연에 영의 존재를 인정하려고 하는 다신교로서도 극단적인 것이며, 오히려 애니미즘에 가까운 것이다. 이 같은 종교야말로 모든 종교의 원천에 존재했던 것이며, 그 의미에서 신도야말로 만교동근万教同根의 근원에 해당하는 것이라고 한다. 또 자연에 편재하는 신들의 모든 것과 일체화하는 것, 더 나아가서는 우주의식과 일체화하는 것이 「오직 신의 뜻 그대로」이며, 고신도는 그것을 위한 행법行法을 갖추고 있다고 한다. 그다지 주목받는 일이 없는 고신도의 「행법」의 의의를 강조하는 점에 스가타의 일본종교론의 특징이 있으며, 이 점에서 스가타의 입장은 신영성운동에 공명하여 실천적으로 영성개발을 지향하는 사람들의 입장에 가깝다.

스가타는 또한 일본종교사 가운데서 신도의 변용에도 언급한다. 외래문화의 유입과 함께 고신도는 쇠퇴하고, 신들은 혼이나 요물과 같은 존재로 폄하되어 간다. 오히려 고신도적인 것은 가마쿠라불교鎌倉佛教 속에 형태를 바꾸어 출현하고 있었다. 근대에서는 주로 교파신도教派神道 가운데 고신도가 계승되어온 것이며, 국가신도는 고신도와는 다른 것이다. 그리고 자연을 정복의 대상으로 보는 서양적인 자연관의 한계가 통감되는 현대야말로 고신도 부흥의 시대라고 한다. 또한 특히 전공투세대全共闘世代(베이비붐세대)는 고신도와 영통적靈統的으로 연관되어 있다고 한다. 실제로는 전공투세대 이후의 세대 사람들 중에 스가타와 같이 「고신도」의 입장에 선다는 자각 하에서 영성개발의 실천에 관계하는 사람들이 증대하고 있다고 보는 편이 좋을 것이다.

생명윤리문제에 대한 반세속주의적 대응

자기주장적인 일본종교론이나 고신도를 표방하는 영성개발운동에 관여하는 사람들이 모두 똑같이 명확한 반세속주의적 정치성을 가지고 있지는 않다. 그러나 생태학적인 사고의 필요성과 일본적인 종교성의 칭송을 결합시켜 근대합리주의나 그것에 결부된 자연관에 엄격한 비판을 제기하는 논자의 경우, 합리주의에 기초한 사회제도 그 자체에 이론異論을 품는 데까지 나아가는 일이 있다. 일본종교의 원류로 간주되는 애니미즘을 칭송하면서, 장기이식을 위해 뇌사에 의한 사망 판정을 용인하는 일에 물음표를 다는 우메하라 다케시梅原猛 등이 그 예이다.(15)

뇌사에 의한 사망 판정에 대해서는, 영혼신앙의 입장에서 일부 신종교(대본교)나 신신종교(행복의 과학)의 교단도 반대하고 있다. 이 두 입장은 세속주의적인 근대의학 제도가 사람들의 생사를 판단하는 것을 비판하고, 종교나 종교문화에 의거한 생사관生死觀을 존중해야 한다는 입장을 공유하고 있다. (또한 나 자신도 유대관계에 있는 사람들의 「생명」을 존중하는 입장에서 뇌사판정에 의한 장기이식의 촉진에는 의문을 가지고 있다. 더욱이 뇌사에 대해서는 의사의 권위남용을 걱정하고 환자의 인권을 지킨다는 입장에서 변호사 단체인 일변련日弁連 등도 신중한 대응을 요구하고 있다는 것을 덧붙여두고자 한다.)

5. 요약

1990년 전후의 반세속주의와 종교적 내셔널리즘

1990년 전후의 일본에 있어서 유달리 눈에 띈 것은 여러 형태에서의 종교적 내셔널리즘의 고양이다. 그것들이 공적 영역에 깊은 관련을 가지기에는 아직 많은 시간이 걸릴 것이다. 따라서 80년대, 90년대의 일본에 종교적 내셔널리즘에 의한 명료한 반세속주의적 조류가 관찰된다는 것은 아니다. 그러나 다양한 형태의 종교적 내셔널리즘 가운데 반세속주의로 향하는 맹아가 보인 것도 사실이다. 게다가 또 종교적 내셔널리즘을 그다지 수반하지 않은 반세속주의를 내세우는 대중적 종교운동도 대두되고 있었다. 이런 상황 속에서 옴진리교에 의한 지하철 사린사건(1995년)이 일어났던 것이다. 그 후 종교집단(신신종교 등)에 있어서는 세간의 비난이 거세고, 발전이 쉽지 않는 정세가 되었다. 그러나 신도적인 의례나 전통의 중시, 신영성운동이나 일본적 종교성 · 영성에 대한 칭송이란 조류는 더욱 활발하다.

종교적 내셔널리즘이 대두해온 이유의 하나는 근대에 지배적이던 가치이념이 신용을 잃고 있다는 것이다. 이것을 대신하는 가치이념을 찾아서 다양한 모색이 이루어지고 있다. 그런 모색 가운데는 전통적인 질서나 위계서열의 대체물을 찾으려고 함과 동시에 포스트모던적 · 생태학적인 가치를 지향하는 것이 있다. 구미에서는 이 두 방향이 대립하기 쉽지만, 일본의 경우 이 양자가 공통기반을 가질 수 있는 것이 적지 않다. 그것은 넓게는 반서양 · 반근대의 지향이며, 더 좁히면 종교적 내셔널리즘이다. 그것만으로 종교적 내셔널리즘은 크게 두터운 지지층을 가진다.

종교적 내셔널리즘의 지지층이 많이 두텁다는 것은 그 저변이 넓고 다양하다는 것을 의미한다. 생태학적인 지향을 지닌 사람들의 경우는 내셔널리즘적인 경향과 코스모폴리탄적인 경향(국가나 국민보다도 개인이나 인류, 혹은 지구나 자연에 가치를 두고자 하는 경향)이 복잡하게 얽혀있어서 분류하기가 곤란한 경우도 적지 않다. 일본의 반세속주의적 조류는 70년대 이후, 이 같은 조금 막연하게 퍼지고 있는 종교적 내셔널리즘의 배후에 보였다 안보였다 하면서 서서히, 그러나 확실히 성장하여 21세기로 흘러들고 있었던 것이다.

제5장 신신종교의 내셔널리즘

근대일본의 내셔널리즘 중에서

이 장에서는 신신종교의 내셔널리즘 가운데 보이는 새로운 경향을 확인하는 것을 목표로 한다. 그렇지만 그에 앞서 신종교의 내셔널리즘의 역사를 개관하고, 그것과의 대비로 신신종교의 내셔널리즘적 특징을 파악하고자 한다.(1)

초기 습합신도계의 신종교는 일본의 국토와 불가분하게 연관된 신을 최고신으로 함으로써 내셔널리즘과 통하는 성격을 띠고 있었다. 그러나 그것은 근대국가와 관련된 것이 아니다. 메이지유신 이후, 구미의 근대국가에게 배우면서 천황중심의 국민국가 형성이 진행되면 종교적 세계관의 틀도 변화하게 된다. 국체론적인 교의나 국가신도의 의례질서가 근대일본의 정통적 내셔널리즘으로서 확립하게 된다. 그리고 머지않아 국체론적 내셔널리즘은 공격적 자기주장적인 성격을 띠며 침략주의나 군국주의와 결부되게 된다. 당초 신도계 신종교의 내셔널리즘은 이 정통적 내셔널리즘과는 별개의 민속종교적(습합종교적)인 원천을 지니는 것이며, 그것과의 사이에 긴장관계를 가지는 것이었다. 그러나 교육칙어의 발포에서 국가신도의 확립에 이르는 시기 이후, 신종교는 점차 정통내셔널리즘의 지배하에 편입되어가서 그것과 합체하고, 공격적 자기주장적인 색조를 높여간다. 그와 같은 상황 하에서 이른바 만주사변 이후의 15년 전쟁기를 맞는다.

제2차 세계대전 후에 신종교는 다시 국가로부터의 자율성을 회복하려는 태도를 강화했다. 물론 거기에서도 내셔널리즘은 큰 위치를 차지하고 있다. 또한 천황숭경도 유력하다. 그러나 전후 신종교의 내셔널리즘은 공격적 자기주장적인 성격을 지니는 것은 많지 않다. 국제사회 속에서 독자적 공헌을 하기 위해 일본의 전통에 따른 평화를 내세우는 경우라도 그 주장은 조심스레 소극적이며, 일본의 나라나 문화의 우위를 다른 나라에 대해서 자랑으로 여기는 성격을 가지는 예는 많지 않았다. 전전戰前과 전중戰中에 공격적인 주장을 내세웠던 교단은 그런 주장을 배후로 물리는 듯한 자세를 취했다.

그런데 1970년대 이후에 발전하게 되는 신신종교 중에는 그런 공격적 자기주장적인 내셔널리즘을 겉으로 내세우고 있는 것이 보인다. 경제부흥을 완수하고, 경제력을 배경으로 국제사회에서 높은 지위를 얻었다는 긍지가 거기에 반영되어 있다. 이상과 같은 전망 하에, 신종교의 내셔널리즘적 흐름을 따라서 신신종교에 나타난 내셔널리즘의 특징을 따져보기로 한다.

1. 신도계 신종교의 내셔널리즘 – 전전에서 전후로

천리교의 신화적 세계

메이지유신 이후 1960년대에 이르기까지의 신종교와 내셔널리즘의 관계를 논하는 데는 많은 사례에 대해서 기술하지 않으면 안 된다. 이 장에서는 한정된 공간 안에서 급히 더듬어가기 위해 수양단봉성회修養團捧誠會라는 교단을 예로 든다. 이 교단은 1941년, 이데이 세이타로出居清太郎(1899~1983)에 의해서 창설된 신도계의 교단이다. 이데이 세이타로는 1920년대에 천리교의 분파인 혼미치(당시 천리연구회, 후에 천리본도天理本道)에 소속해 있던 적이 있으며, 천리교나 혼미치의 신앙을 토대로 하면서 1930년대에 독자의 종교적 세계를 구성한 인물이다.(2) 그래서 이데이 세이타로에 대해서 말하기 전에 먼저 천리교나 혼미치와 내셔널리즘의 관계에 대해서 아주 개략적인 것을 기술해 둔다.

천리교는 나카야마 미키가 신으로부터 얻은 신화적 계시에 기초하며, 독자적인 인간창생신화人間創生神話를 가진다. 『고후키古記』라고 불리는 그 이야기는 월일창조신月日親神(쓰키히)에 의한 인간의 출산적인 창조에 대해서 이야기하고 있지만, 월일창조신과 그 다양한 기능에 붙여진 신명神名은 기기신화記紀神話와 중복되는 것이 많다. 십위十位의 신이라고 불리는 그 신명은 〈구니토코타치노미코토, 오모타리노미코토, 구니사즈치노미코토, 쓰키요미노미코토, 구모요미노미코토, 가시코네노미코토, 다이쇼쿠텐노미코토, 오후토노베노미코토, 이자나기노미코토, 이자나미노미코토〉이다. 요컨대 근대일본의 정통내셔널리즘교의教義인 국가신도의 기초가 되는 기기신화와 유사한 부분을 가지는 이단적 신화를 내세우고 있었던 것이다.

거기에는 천황은 등장하지 않으며, 국체사상에 해당하는 것도 보이지 않는다. 공격적 자기주장적인 내셔널리즘은 「가라から(타국-옮긴이)」의 지배에서 「일본にほん」의 지배로의 전환을 호소하는 부분에 보이지만, 그것은 구체적인 정치적 프로그램에 관련되는 것이 아니라 아주 막연한 것이었다. 그렇긴 하지만 거기에 다른 신화에 의거하는 다른 국민적 공동체의 비전이 있었다. 천리교가 좀처럼 독립교파로서 공인받지 못한 이유의 일부분은 이 교의의 이단성에 있었다.

1908년, 독립교파로서의 공인을 얻기에 이르는 과정에서 천리교는 천황숭경의 사상을 받아들인 「천리교교전天理教教典」을 내세우게 되었다. 그 「제2 존황장尊皇章」은 다음과 같이 쓰여 있다.(3)

> 신은 만물을 주재하고 황상皇上은 국토를 통치한다. 국토는 신이 경영하시는 곳. 황상은 다름 아닌 신의 자손으로 하여 황상이 이 땅에 군림하시자 실로 천신天神의 명命에 의하여 그 생성시키는 백성을 사랑으로 기르심에 있으며, 세계의 모든 동서고금의 나라를 세우는 것이 무수해서 그 천황의 사람도 또한 많다고는 하나 우리 황실과 같이 신통神統을 계승하고 천우天祐를 보유하고 국토수무國土綏撫의 천직을 가지고 계시는 것은 어디에 있겠는가. 즉 이것을 아는 우리들이 황실은 군주 중의 참군주로 해서 보위의 천양天壤과 함께 무궁한 까닭으로, 고로 모름지기 우리들은 황상은 하늘이 정한 군주임을 확신하고 조화생육造化生育의 은혜를 신에게 감사함과 동일한 성심으로 충성을 황실에 다하지 않아서는 안 된다.

말할 것도 없이 국체론 그 자체이며, 천리교 본래의 교의에는 전혀 포함되어 있지 않은 내용이다. 이처럼 천리교 교단은 국체론적인 정통내셔널리즘을 받아들여 국가에 인정받는 것으로 겨우 존속할 수 있었던 것이다. 천리교의 내셔널리즘이 국가주의적인 성격을 띠고, 외국에 대해서 자신의 우위를 자랑하는 공격적인 성격을 띠는 것은 이 같은 국체신화國體神話의 수용을 통해서였다.

혼미치와 이데이 세이타로出居清太郎

그러나 천리교 신앙자의 신앙세계에서는 여전히 본래의 천리교의 쪽이 우세하며, 그 같은 신앙세계를 기반으로 1910년대에 새로이 천황제에 대항적인 신화를 내세우는 운동이 등장하게 된다. 혼미치는 그러한 운동이었다. 오니시 아이지로大西愛治郎(1881~1958)는 자신이 천리교의 계시문서가 예언하는 구세주(「인간 감로대人の甘露台(닌노칸로다이)」)라는 신념을 가지고, 천리교 내에 그것을 호소하여 최고지도자가 되려고 하였다. 물론 천리교로부터는 이단으로 배제되고 신도를 빼앗아 가서 천리교의 사회적 신용을 손상시키는 교단으로서 경계되었지만, 그래도 1920년대의 짧은 기간에 상당한 규모로 발전했다.

그 과정에서 혼미치는 일본의 국가는 지금의 천황에 의해서는 다스릴 수 없으며, 그것은 천황에 통치자로서의 자격이 결여되어 있기 때문이라고 주장했다. 천황 지배의 정통성을 정면으로 부정한 것이다. 이것은 오니시 아이지로 자신이 천리교의 성전聖典이 가리키는 미래의 이상세계의 체현자體現者이며, 세계의 지도자가 되어야할 존재라는 것이다. 오니시 자신을 국체론적 내셔널리즘이 그려내는 의당한 천황과 동등한 성격을 갖는 존재이며, 세계를 구제하는 국가지도자의 지위에 놓으려는 것이었다. 정통내셔널리즘을 부정하면서 그것을 대신하는 일본중심의 신화를 내세워 공격적 자기주장적 내셔널리즘을 증폭하려 했다고 할 수 있을 것이다.

청년 이데이 세이타로는 이 혼미치의 가르침에 공명하고 1928년, 「연구자료」라는 문서를 정부요인들에 배포하는 행동(「우치다시打出し」)에 가담하여 경찰에 붙잡혔다. 이후 이데이 세이타로는 차차 혼미치를 떠나게 된다. 그 후에도 경찰의 단속을 받지만, 1930년대 후반에는 결국 실제적인 천황의 지배 정당성을 받아들이는 입장으로 전환한다. 가르침이나 신앙생활의 내용도 천리교 색깔을 벗어나 독자적 신앙세계가 구성되어 간다. 그 시기에 유력한 신도도 증대하고, 1941년에는 독립된 정신수양단체로서 수양단봉성회가 공인을 얻을 수 있었다. 국체론적 내셔널리즘을 받아들이고, 그 아래에서 개인의 정신수양을 담당하는 단체라는 위치를 부여받아 발족한 것이다.

다만 전쟁 중의 수양단봉성회는 전쟁에 대해서 전면적으로 협력하여 적개심을 부추기는 행동을 하지 않고, 오히려 한 사람 한 사람 매일의 마음의 평안을 유지하도록 설득한다는 자세를 관철하였다. 그 시기에 세이타로가 신으로부터 얻은 계시에 의거하여 정해진 「서사誓の詞(이노리노코토바)」도 전체주의나 호전적인 성격을 가지는 것은 아니지만, 이 시기의 수양단봉성회가 국체론적 내셔널리즘을 받아들인 사실을 분명히 나타내는 것이다. 서두 부분을 인용하면 다음과 같다.

> 말하기조차 황송하오나 천황의 조상이신 신에 신국神國의 자子로서 삼가 배례하오며, 도요아시하라노미즈호노쿠니(豊葦原の瑞穂の国 일본국의 미칭-옮긴이)는 하늘의 징표가 빛나는 오직 신 그대로의 나라, 신

의 말씀에 의하여 행복과 번영이 이루어지는 나라, 황공하옵게도 신민인 내가 진정으로 사는 보람을 느끼며 ……

그러나 신앙실천의 핵심에 관계되는 것은 다음 부분이다.

…… 마음의 문을 열고 조금도 불평을 하지 않고 불만을 말하지 않고, 부모자식 형제자매 일가친척 모든 사람들에 이르기까지 자기를 희생하여 싸우는 일 없이 친밀감을 나누고, 덕을 하나로 하여 마음을 얽매지 않고 흩어지게도 하지 않고 변함없이 신의 말씀대로 가르침을 지키면서 오늘부터 먼저 진정한 도리를 행하고 진정한 기량技倆을 기꺼이 힘쓰며 ……

전후의 수양단봉성회

제2차 세계대전 후, 이데이 세이타로는 이 서사를 철회하지 않았다. 점령군에 대해서 일본의 문화나 신앙의 입장을 넘겨줄 수 없다는 생각을 가지고 있었다. 1946년 1월부터 교단의 집회에서 일본 국기를 걸고, 기미가요를 부르고 나서 이 일을 계속 일관했다. 일본국민으로서의 긍지를 잃지 않을 것을 강력하게 호소하고, 천황에 대한 숭경도 유지하려고 했다.

1945년 8월 18일에 초안이 작성된 것으로 생각되는 「봉성회회원 제군의 앞으로 살 길」에는 신앙에서 비롯된 국민적 긍지의 지속이라는 색조가 짙게 드러나 있다. 그런데 그것을 「세계평화」라는 주제로 전환한다. 정통적인 국체론적 내셔널리즘이 군국주의와 결부되어 있던 것에 반해, 수양단봉성회의 경우는 천리교의 전통에서 유래하는

「타인을 해치지 않는다」고 하는 신앙적 토대가 견고한 것만으로 그 평화주의적 내셔널리즘으로의 전환은 순조로운 것이었다는 것을 알 수 있다.

> 황공하옵게도 황조황령皇祖皇靈의 신령을 숭경하고, 황국수호를 믿으며, 간난신고艱難辛苦를 계속하여 황국의 초석이 되신 영령英靈에 감사의 정성을 바치고, 신국神國 일본인으로서의 인격을 존중하여 함부로 인간의 도리를 그릇되게 하지 않고, 아무리 인종이 다르더라도 사리사욕을 위해 싸우지 않고 봉성감사捧誠感謝의 마음으로 맞이하고, 서로 돕고 서로 화합하여 각자의 덕을 널리 베풀고 물심양면으로 구해내 가야할 것을 잊어서는 안 됩니다.
>
> (『이데이 세이타로 훈화집訓話集』 제3권.(4) 68쪽)

그리고 8월 20일에 초안이 작성된 것으로 생각되는 「세계평화」라는 문장에는 이미 일본인의 사명을 세계평화의 건설로 보려는 평화주의적 내셔널리즘의 원형이 보인다.

> 세계 인류의 평화를 희망하는 것은 인간으로서 바라야할 일입니다.
>
> 누가 말한 것처럼 「사해동포」라는 말이 있듯이, 전세계 인류는 형제자매이며 이들이 서로 믿고 화합하여 도움을 받으면서 생활해가야 하는데, 이 세상이 개벽한 이래 오늘에까지 크든 작든 전쟁은 끊이지 않고 그때부터 고통을 받으며 살아가지 않으면 안 되는 것은 무엇 때문일까요? 평화를 희망하고, 원만한 국가를 조직하여 명랑화락明朗和樂한 인생을 살아가야하는데도 서로 무기를 가지고 싸우는 것은 양쪽 모

두가 대죄인이 아니겠습니까?(중략)

태평양전쟁도 동양평화를 위해서이고 대동아건설을 목적으로 시작한 것입니다만 뜻하지 않게 여기에서 항복하지 않으면 안 되는 것은 세계 인류의 평화를 위해서이며, 동양평화보다도 더 중대한 문제입니다. 세계의 평화, 평화세계가 건설된다면 이로써 한층 더 중대한 문제와 책임이 없으면 안 됩니다.

(『이데이 세이타로 훈화집』 제3권. 71~72쪽)

이 같은 수양단봉성회의 평화주의적 내셔널리즘의 모습은 전후 신종교의 내셔널리즘적 특징을 전형적으로 보여주고 있다. 거기에서는 일본이 우수한 문화를 가지고 있으며, 세계평화에 공헌해가야한다는 것이 주장되고 있다. 그러나 그것은 전전의 공격적인 대외정책에 대한 반성과 같은 맥락이다. 이데이 세이타로는 전전의 군국주의에 대해서 의문을 가졌던 이유를 1960년대에 다음과 같이 말하고 있다.

인간 세상의 법에서도 다른 사람의 물건을 빼앗으면 죄를 묻게 된다. 하물며 타국의 인민이 정착하고 있는 영토를 위협하여 제 것인 양 가로채는 것이 용납될 리가 없다. 그런데도 세계의 현실은 타국침범만이 누구에게도 비난받지 않고 버젓이 통하고 있다. 그 행위를 원조하는 것이 군대라고 보면, 세계 각국은 대량의 강도를 양성하고 있는 것이 되지 않는가? 국가의 행동을 제한하는 법이 없다고 하면 누가 그 나라를 처벌할 것인가? 그것은 신이다. 신 밖에 그것을 행할 수 있는 것은 없다.

(『경영기敬靈氣』 제1권.⑸ 67쪽)

일본의 대만이나 한국의 식민지화도 물론 이 대죄에 해당한다. 원폭 등 일본의 전재戰災는 신의 벌에 해당하는 것이라고 이해되고 있다. 이와 같이 15년 전쟁의 과오에 대한 반성을 중시하면서도 또한 국체론적인 내셔널리즘의 성격을 끌고 가는 입장이, 전후에는 특수한 것은 아니었다. 천황에 대한 숭경을 옳은 일이라고 생각하지만, 천황이 세계를 지도해야할 존재라든가 일본의 천황숭경이 세계 속에서 특별히 뛰어난 것이라는 사상은 없다. 공격적인 자기주장은 되지 않는 것이다.

천황숭경을 내세워서 일본의 정신적인 우위를 자랑하고, 그것으로 국제적인 경쟁이나 투쟁에서 이기고 세계의 맹주가 된다고 한 생각은 1920년대 이후의 급진화하는 정통국체론적 내셔널리즘의 핵심에 있었다. 그리고 그러한 생각은 동시대의 종교운동에서도 공유되고 있는 경우가 많았다. 그러나 전후는 그 같은 자기주장적이며 공격적인 신도내셔널리즘은 후퇴했다. 전쟁 중부터 적개심을 싫어한 수양단봉성회와 같은 교단에서는 전후의 평화주의적 내셔널리즘이야말로 그들에게는 편안한 것이었다. 천황숭경을 유지하고, 일본의 신신앙神信仰이나 평화애호의 전통을 우수한 것이라고 믿는다고 해도, 일본의 우위를 외국에 과시한다고 한 의도는 보이려고 하지 않았다. 조심스레 소극적이며 온건한 내셔널리즘이 우세한 시대가 30년간쯤 계속되었다고 해도 될 것이다.

2. 월드메이트의 경우

「세계의 작은 모형」 일본

1993년 5월 15일, 후카미 도슈深見東州(1951~ , 당시는 후카미 세이잔深見青山이라고 칭했다)를 스승으로 받드는 신도계 신신종교인 월드메이트(당시는 「코스모메이트」라는 명칭이었다)의 한 단체가(6) 도와다호반十和田湖畔에서 「도와다신선十和田神仙 밥티스마십자수법十字修法」을 행했다. 4월에 배포된 그 안내 팸플릿에는 「한정 3백 명 정도의 맨투맨이므로 8만 5천 엔 이상」의 헌금이 필요하다고 되어 있다. 그렇지만 이 장의 맥락에서 중요한 것은 이 팸플릿에 적힌 이 수법修法의 의의이다.

> 이번의 수법은 선생께서 천안天眼으로 보시게 된 고대유대 영법靈法. 원시기독교의 흐름을 잇는 콥트파나 경교景教 등에 일부 전해지고 있던 고대유대교의 비의秘儀가 근원이 되고 있습니다. 참가자 한 사람 한 사람의 손가락 끝 · 정수리 · 발끝의 3개 곳에 후카미 선생이 도와다호의 물을 뿌려 세례를 행하여, 「영원한 생명」을 의미하는 특별한 신기神氣를 지닌다……고 하는 도와다가 아니면 행할 수 없는 신비의 수법입니다.

후카미는 어떻게 해서 이 비의를 알게 된 것일까? 실은 일찍이 유대교에서 흘러 유대교와 기독교를 일본에 전한 사람들이 있고, 그들이 정착한 곳이 도와다호 주변이었다고 한다. 그들에 의하여 고대유대교의 「신인일체神人一体의 비의」가 일본으로 들어오게 되고, 신령에 의해서 후카미에게 전해졌다. 이 경위는 태고부터 「세계의 작은 모형」의 역할을 담당하고 있던 일본에 기독교 · 유대교의 진수를 가져오기 위해 신이 만든 시나리오에 의한 것이라고 한다.

왜 「신도」를 표방하는 월드메이트에서 유대교 · 기독교의 세례를 행하는 것일까. 신도 및 일본은 전세계의 정신적 가치를 받아들여 발전해가는 성질을 가지고 있기 때문이다. 그 하나의 증거를 들자면, 불교와 유교의 성전聖典이 현재 가장 활발하게 출판되고 있는 나라는 인도도 중국도 아니고 일본이다.

> 이것들은 교의가 없는 종교인 「신도」라고 하는 바탕이 없다면 생각할 수 없는 것입니다. 오직 신 그대로의 나라 일본에는 최고 차원의 신계神界가 내려와 있기 때문에 전세계로부터 모을 수 있는 모든 좋은 진수를 받아들여 융합시키고, 또 독자의 것으로 남길 수 있는 것입니다.

이번 수법은 도와다에 유럽신계를 「불러들여」서 도와다의 안드로메다신계를 「완전히 여는 것」이라고 한다. 그리고 또 유럽신계에는 「종적 사회인 일본의 정신」과는 이질적인 「횡적 확대」의 요소가 있으며, 그것을 받아들이면 대인관계나 다른 사람 앞에서의 배짱이나 밀어붙이는 강인함, 큰 도량이란 것을 갖출 수 있다고 한다.

일본의 우수성

또한 92년, 후카미가 이스라엘에 여행하여 시나이산의 신인 구니토코타치노오카미國常立大神를 이세신궁으로 권청勸請(93년에는 월드메이트의 본사인 이즈伊豆의 고타이신사皇大神社에 권청)하였는데, 이번에는 그것이 현현顯現하기 시작하게 된다. 구니토코타치노오카미는 「나라를 영원히 세워간다」고 하는 신명神名이 가리키듯이 정치를 새로 세우고 고쳐 세우는 엄격한 신이다. 그래서 차후의 일본에서는 정치의 세계에서 큰 변혁 · 업적을 기대할 수 있다고 한다(이 「예언」은 당시 정치과제로서 큰 화제였던 「정치개혁」이나 「정치재편성」을 가리키고 있는 것인지도 모른다).

일본은 경제면에서는 그 우수함을 세계에 실증해 왔다. 후카미 자신이 스승으로 받드는 다치바나橘 카올과 후카미가 공동으로 「신업神業」을 시작한 것은 오일 쇼크 후인 1977년이다. 그때, 다치바나는 「지금은 경제적 동물이라는 말을 듣고 있지만, 이제부터는 일본이 실로 세계제일의 우수한 나라라는 것이 경제 고쳐 세우기에 의해서 입증되며」, 그것은 하쿠산신사白山神社의 제신祭神인 구쿠리히메菊理姫의 구상에 의한 것이라고 말했다. 그 후의 사태는 실로 다치바나가 말한 대로 추이해 왔다. 일본의 특허출원건수는 세계 제일. 일본이 흉내를 낸다는 말을 듣는 시대는 끝나고 독창성에 있어서도 세계 제일로서의 두각을 나타내고 있다. 이런 것들은 버블시대의 우월감을 이끌어가는 발언이다.

> 이렇게 해서 일본의 오직 신의 뜻 그대로의 정신이 정말로 우수하다는 것이 경제 분야에 남겨진 족적으로 실증되고 있습니다. 오직 신의 뜻 그대로의 정신은 이론이나 관념이 없는 감성의 세계. 그러나 그것으로는 많은 외국인들에게는 그 훌륭함이 이해되지 않습니다. 이렇게 해서 하나하나 실증해 가는 것으로 비로소 전 세계의 사람들을 감탄시키는 설득력을 가질 수 있는 것입니다. 사실 경제에서 성공했기

때문에 일본어를 배우는 외국인도 늘고 일본문화도 서서히 세계로 퍼지고 있는 것입니다…….

이제부터는 경제력만이 아니라 정치와 문화의 세계에서, 전 세계가 오직 신의 뜻 그대로의 정신의 훌륭함을 인정하는 날이 올 것이다. 먼저 정치의 새로 세우고 고쳐 세우기立て替え立て直し가 급속히 일어날 것이다. 그 때문에 한동안 정치가 혼란해지고, 흑백이 분명하게 될 것이다. 월드메이트 내부의 혼란(93년 초의 간부들의 탈퇴 소동)도 고쳐 세우기에 즈음한 필연적인 혼란에 지나지 않는다고 한다.

그러나 훌륭한 신이 나타나게 될 때에는 그만큼 악질인 요물도 또한 방해를 하는 것이지요. 거꾸로 말하면, 코스모메이트가 이토록 방해받는 것도 이 앞날의 신업神業의 영광을 보증하는 사건이라고 할 수 있겠지요. 일본이라는 나라도 마찬가지입니다. 얼마만큼 공격받아도 그로부터 또 적잖이 크게 되살아나는 힘이 있습니다. 대국주명大國主命과 같은 탈피력과 오직 신의 뜻 그대로의 정신에 결국은 전 세계의 나라들이 존경하는 눈빛으로 보게 되는 신적 구조입니다. 그때야말로 사랑과 융화로 가득 찬 오직 신의 뜻 그대로의 정신으로 전 세계가 서로 인정하고 칭송하는 미륵의 세상이 도래할 것입니다. /이것이 「21세기, 일본은 세계의 왕이 된다」고 하는 데구치 오니사부로出口王仁三郎의 예언의 진실입니다. 지금은 그 토대를 만드는 때이며, 미륵 세상의 발판을 다지는 시기인 것입니다(「/」는 원문의 행을 바꾸는 장소를 나타낸다).

새로운 신도적 내셔널리즘

장황하게 인용하고 요약해온 것은, 여기에 1990년대 전반 일본의 자기주장적 · 대외공격적인 신도내셔널리즘의 다양한 요소가 인상적이고도 집약적으로 표현되고 있다고 생각하기 때문이다. 전전의 국체론적 내셔널리즘 가운데 있던 스스로의 우월을 호소하는 자기주장적인 내셔널리즘의 패턴이 반복되고 있는 것을 알 수 있다.

창시자인 후카미 도슈는 세계구세교의 신앙을 가진 어머니에게서 종교심을 기르게 되고, 청년기에는 스스로 대본교를 익히는 한편 도시샤同志社대학 재학 중에는 영어회화 서클의 리더로서의 역할도 하였다. 그가 지도를 받고 있고, 또 월드메이트의 고문격 지도자의 위치에 있는 다치바나 카올은 세계구세교계인 진광계 교단에 관계했던 적이 있다. 1910년대부터 30년대에 걸쳐서 폭발적인 발전을 이룬 대본계의 교단이 그 당시 지니고 있던 국가주의적인 사상의 틀을 이어받아 형성된 것은 분명하다.

그렇지만 내셔널리즘을 조심스레 소극적인 것으로 전환시킨 패전과 전후의 체제에 대한 자세가 「구」신종교교단과 월드메이트에서는 다르다. 대본계의 「구」신종교 제 교단은 전쟁에 대한 「반성」과 평화주의의 강한 영향 하에서 재발족의 수십 년을 경험해 왔지만, 월드메이트를 인솔하는 후카미 도슈는 그런 「전후적인 것」에 대해서 비판적이다. 1970년대에 고등교육을 받은 후카미는 전후 민주주의에 대한 비판을 충분히 흡수하여 그 사상형성을 하였다. 거기에서 내셔널리즘의 모습에도 전후에 발전한 신종교와는 다른 요소가 편입되게 된다. 오히려 격세유전해서 전전의 내셔널리즘과 유사한 특징이 드러나게 된 것처럼 보이는 것이다. 눈에 띄는 두 가지 점에 대해서 요약해 둔다.

⑴ 일본중심적인 위기극복의 시나리오에 대해서 – 일본정신의 우수성, 일본의 발전에 대한 외부로부터의 공격, 투쟁과 혼란, 일본정신의 승리에 의한 그 극복, 그 결과로서 세계의 융화통일, 따라서 일본에는 위대한 사명이 부여되어 있다는 자각 등. 이 줄거리의 패턴은 전전과 같지만, 각 국면의 소재에는 차이가 있다 – 경제적인 우위에 대한 강한 자신, 경제에서 정치나 문화의 우위로 라고 하는 목표, 문화에 대해서도 우위의식이 농후하게 보이는 것, 정치력의 수준이 낮다는 점에서의 약점에 대한 자각 등. 투쟁과 혼란은 군사적인 것으로서보다도 경제 · 정치 · 문화에 관계되는 것으로 여겨지고 있다.

⑵ 일본인의 정신적 지주는 신도이며, 그것은 최고의 종교적 가치를 지닌다는 주장에 대해서 –「일본신계日本神界야말로 모든 신계의 근원인 신계」이며,「우주에 있는 가장 깊은 신계로부터의 연결고리가 일본에 내려와 있다」. 또 그 가치는 천황으로 대표된다는 관념도 있다.「천황」이라는 문자는 영적으로는「하늘에 대해서 순백인 왕」이라는 의미이다. 요컨대 천황이란「사심, 사욕이 없이 순수하며, 하늘에서 오는 모든 공덕을 그대로 돋보이게 하여 국민에게 반영시키고 자신은 모든 백성이 하늘로 향하는 다양한 빛을 총합시키는 궁극의 한 사람이라는 입장에 있게 된다」(『기적의 개운開運』⑺ 241~250쪽).

그러나 편협한 일본절대주의를 좋아하지 않고, 일본정신의 우수성을 포용성이라는 점에서 찾아내려는 점이 특징적이다. 국학이나 국가신도의 노선보다도 대본의 노선에 가까우며, 그 측면은 더 강조되고 있다. 의례에도 만트라(진언眞言)를 주장하는 등 밀교적, 신불습합적 측면이 두드러진다. 또 후카미는 영어를 잘하여 기독교나 구미의 사정에 잘 통하고, 불교나 유교에 대해서도 지식이 풍부하여 또한 중국 선가禪家의 어록에서 능숙하게 인용하는 등의 재주도 갖추고 있다. 게다가 다음에 기술하는 바와 같이 일본인론의 영향이 농후하게 보인다. 일본인론을 오로지 일본문화나 신도의 우수성 · 우월성이라는 측면에서 수용하고 있다.

3. 신신종교의 내셔널리즘적 특징

비신도계 신종교의 내셔널리즘

월드메이트는 신신종교 중에서 신도내셔널리즘을 대표하는 교단이다. 신사계神社界나 신도학계神道學界와도 밀접하게 연계하고 있고 1994년, 신도국제학회도 운용하고 있다. 이 학회는 2001년 현재, 신사본청 교학敎學 고문인 나카니시 아키라中西旭가 회장을 맡고 있다. 세계 각지의 일본종교연구자를 초청하여 해외 · 국내에서 심포지엄을 개최하고 있는데, 그때마다 후카미 도슈가 등장하는 것이 보통이다. 그 밖에도 신도내셔널리즘을 속에 간직하고 있는 신신종교교단에 진광이 있으며,(8) 신도계와 밀접한 연계를 하고 있는 신신종교교단에는 야마토노미야가 있지만, 이들은 일반적인 경향을 대표하는 것은 아니다. 그리고 예를 들면 진여원이나 옴진리교나 행복의 과학은 신도계라고는 할 수 없다. 오히려 불교에 친근감을 갖고 있는 교단이 많을지도 모른다. 여호와의 증인이나 통일교와 같은 외래의 신종교도 시기적으로 신신종교라고 해도 되지만, 이들은 일본의 문화나 종교에 적극적으로 의미를 부여하는 일은 없다.

그러나 일본우월의식이나 일본중심적 사고는 신도계가 아닌 교단에도 보이는 것이 적지 않다. 옴진리교는 오히려 자기를 불교의 계보상에 위치지우는 경향이 강하였으며, 천황에 대한 숭경심을 나타내는 일은 전혀 없었다. 그렇지만 그 옴진리교가 부추긴 「하르마게돈=최후전쟁」은 「미일美日대결」로서 그려지는 일도 있었다. 일본의 파멸위기가 언급됨과 동시에 일본 주도에 의한 미래가 그려지는 일도 있어서 수미일관하고 있지 않지만, 다음과 같은 것이 언급된 것은 사실이다.

문명의 발전에는 이 비쌍곡선자장이 얼마나 강한가 하는 것이 하나의 요지가 되지 않을까, 라고 나는 생각하고 있다. 이 자장이 완전히 일본을 정중심으로 하는 것은 지금부터 43년 후이다. 그리고 이 일본을 중심으로 아시아대륙 등에 큰 영향을 주게 되어 있다.

요컨대, 이제부터 미래는 일본을 중심으로 새로운 문명의 발전 · 발달이 약속되고 있다고 나는 생각하고 있다.(92년 12월 25일 마쓰모토松本지부에서)

그리고 이 일본이 완수해야할 역할이라는 것은 대단히 중대하다. 그 이유는 조금 전에 말한, 인간이 완전히 금성의 법에 의해서 욕망의 짐승으로 화하고 그리고 삼악취三惡趣로 떨어진다. 그 혼에 대해서 제동을 걸고 그리고 높은 세계에 이르게 하기 위해 – 요컨대 태양의 법에 따르게 하기 위해 이 일본은 존재하고 있기 때문이다.(93년 3월 27일 교토京都지부에서) (『해가 뜨는 나라, 재앙이 가깝다』[9] 342~343쪽)

행복의 과학의 오카와 류호大川隆法(1956~)는 신도의 민족신을 중심으로 한 민족종교의 역할은 끝났다고 보고 있다. 일본의 민족신은 서양이나 다른 지역의 신들에게 패했다. 그러나 바야흐로 일본에서 생겨난 새로운 종교가 세계의 종교를 통일할 때가 왔다고 한다.「그렇습니다. 세계는 새로이 하나가 된다는 것이지요. 이 일본에서 흘러나온 가르침에 의해서 종교대립을 초월하고 정치대립을 끝내고 하나가 된다고 하는 것입니다」.「잠시 일본적 논리는 그들 앞에서 굴욕을 당한 것입니다만, 지금 제2탄으로서 일본적 논리가 한 번 더 세계를 제패하는 시대가 오고」 있다고 한다(『알라의 대경고』(10) 160~169쪽).

고조되는 세계의 위기 속에서 예언대로 소련은 몰락하고 이어서 미국이, 또 유럽이 몰락할 것이다.「인류 54억의 운명이 지금 /일본인의 손에 맡겨져 있다」고 한다(『행복의 과학』 1992년 2월호). 행복의 과학의 경우는 국체론적 내셔널리즘이나 신도내셔널리즘은 아니지만 일본정신 내셔널리즘, 일본교 내셔널리즘의 범주에는 넣어도 될 것이다.

자기주장적인 일본의식

이 같은 신신종교의 종교적 내셔널리즘의 배후에는 한편으로 경제적 우위에서 길러진 민족적 우월의식이 있고 다른 한편으로 국제화, 세계화 속에서의 냉혹한 대외관계에 대한 인식이 있다. 강고한 종교적 · 문화적 아이덴티티에 기초하여 명확한 사상 · 태도를 내세우지 않으면 안 된다는 자각이 있다. 여기에 보이는 강렬한 적대의식과 고립감에는 제국주의 열강과 대치하면서 식민지 쟁탈전에 의한 궁경 돌파를 지향하고 있던 20세기 전반 일본의 의식구조를 생각하게 하는 바가 있다. 80년대 후반부터 90년대 전반에 걸쳐서는 냉전구조가 해체된 데다 질질 끄는 미국과의 경제마찰이나 걸프전쟁의 영향이 더해져서, 이런 적대의식과 고립감이 현저하게 조장되었다. 게다가 그 배후를 살펴보면, 70년대 이후 근대나 진보의 이상이 붕괴되고 보편주의적인 규범이 위신을 잃게 됨으로써 민족적·종교적 아이덴티티가 강화되고 펀더멘털리즘이나 종교적 내셔널리즘이 흥륭하게 되었다는, 보다 장기간의 세계적인 정신상황이 있다.

후카미 도슈나 오카와 류호는 유수한 대학교를 졸업하고 서적의 독해나 음미에 대단히 유능한, 또 분절화된 문자 미디어세계에 익숙한 같은 세대의 사람들을 설득하는 것을 목표로 하는 종교지도자이다. 그들은 텔레비전에도 등장하고 있고, 매스미디어를 강하게 의식한 요즘의 언론계로부터 또한 상당한 영향을 받고 있다. 일본인의 정치적 자립에의 호소라든가 전후 민주주의에 대한 비판 등은 70년대 후반부터 80년대에 걸쳐서 두드러지게 된 언론계의 조류를 부각시키는 것으로 볼 수 있다. 또한 신도나 일본정신에 대한 발언은 80년대에 들어서 눈에 띄게 된 자기주장적인 종교적 일본인론(일본교론日本教論)에서 크나큰 영향을 받고 있는 것 같다. 상세히는 다음 장으로 넘기지만, 여기서는 그곳에서 다루지 않는 예를 하나만 들어 신신종교의 내셔널리즘과의 연관을 시사해 두고자 한다.

영어학자이며 평론가이기도 한 와타나베 쇼이치渡部昇一(1930~)의 『이리하여 역사는 시작된다 – 역설의 나라 일본의 문명이 지구를 휘감다』(11) 라고 하는 책이다. 와타나베는, 오카와 류호가 그와의 대담에서 「저서는 거의 다 읽었다」「저서의 영향이 컸다는 것만은 틀림이 없다」고 말하고 깊은 경의를 표명하고 있는(12) 인물이다. 이 책의 제7장은 「"세계의 스승"으로서의 일본 – 일본이 후세에까지 전해야할 메시지란」 이라고 제목이 붙어 있다. 거기에서 와타나베는 「일본의 세기世紀」가 앞으로 수세기에 걸쳐서 계속된다고 말하고, 만일 다른 문명에 배턴을 넘긴다고 해도 "세계의 스승"으로서 후세에 다양한 선물을 남길 수 있다고 한다. 백인우월주의를 타파하여 사실상 인종차별을 부정한 것은 그 하나로, 전전戰前의 일본에 대한 재평가도 이 관점에서 이루어질 것이라고 한다.

종교로 본 일본문화의 우월성

또한「일본적 정신」으로 이야기를 옮겨,「일본이 장래, 세계에 자랑으로써 전해질 메시지」로「세 가지 일본문화의 정신」을 들고 있다(300~326쪽). 제1의 정신은「일본인이 가지고 있는 자연관 혹은 자연과의 공존의 지혜」이다. 세계사 중에서 문명을 발달시켜도 삼림을 잃지 않은 것은 일본뿐인데,「그것은 일본인의 자연감각의 원점이 신사에서 출발하고 있기 때문」이다.「산이 있고 숲이 있는 곳에는 반드시 신사가 있다는 것이 일본 고래의 풍경이었으며」「이 상태가 2000년의 긴 세월에 걸쳐서 한 번도 끊이지 않고 이어진 결과, 숲을 보면 거기에 신성함을 느낀다는「제2의 천성」이라고도 부를만한 것이 일본인의 마음속에 정착했다」.

와타나베가 말하는 일본이 장래, 세계에 자랑할 만한 메시지로서 남겨야할 일본문화의 제2의 정신은「일본인의 상대화된 종교관」이다.「내 부처님만 존귀하다わが佛、尊し」라는 속담에 표현되어 있듯이, 일본인은 자신이 믿는 대상만을 절대시하는 것에 비판적이다. 자신의 종교에 헌신하고, 어떠한 희생도 마다하지 않는다는 것은 그 종교에 있어서는 더할 나위 없는 일이겠지만, 여러 종교가 그런 태도를 취한다면 수습이 되지 않게 된다. 종교전쟁은 피할 수 없게 될 것이

다. 일본에서는 쇄국시대에 작은 공간에 함께 사는 지혜를 기르고, 상대화된 종교 감각을 갖추었다. 지구가 좁아지게 된 지금, 이 일본의 종교 감각이 세계에 받아들여질 필요가 있다고 한다.

후세에 전할 만한 일본문화의 제3의 정신은 「일본인의 노동관」이다. 유대교, 기독교, 이슬람교는 에덴동산의 신화를 공유하고 있지만, 거기에서의 노동은 벌이고 고통이다. 불교에서도 극락의 이미지는 연화蓮花 위에 정좌靜坐하고 있는 모습이다. 후에 프로테스탄트는 신의 노여움을 두려워하여 일을 잘 하였지만, 이와 같은 경건한 신앙은 오래 계속되지 않는다. 「이에 반해서 일본에서는 다카마가하라高天が原에서 신들이 노동을 하고 있었던 것이다」. 신들은 극히 보통의 사람들이 하는 것과 같은 노동을 하고 있었다. 노동은 신도 하는 것이며, 노동이 천하다든가 벌이라는 발상은 없다고 한다. 일본의 종교적 전통과 관련해서 일본문화의 우월성을 나타내려고 하는 시도로, 자기주장적인 일본교론이라고 불러도 좋을 것이다.

신신종교의 자기주장적, 대외공세적인 일본문화론이나 신도내셔널리즘은 분명히 이런 일본교론 · 신도론의 영향을 받아 무의식적이라고는 해도 그것을 이론적인 뒷받침으로 해서 형성되어 왔다. 이들 신신종교교단 성원의 모집층과 일본교론 · 신도론의 독자층도 그렇게 차이 나지는 않을 것이다. 양자의 공통 기반에는 그저 표면상의 방침으로 계몽하는 지식인층에 대한 의구심이 있으며, 고립을 느끼면서 위기에 대처하고 안정을 되찾으려고 하는 많은 사람들의 염려가 있다. 이윽고 90년대 후반이 되면 이런 국가주의적인 심정에서 보다 정치적인 문제로 향하려는 주장이 강해지게 된다. 전몰자 위령의 문제나 역사관의 문제가 종교적 주장을 대신하여 주요한 논제의 위치를 차지하게 된다.

제6장 일본인론과 종교

1. 신신종교와 일본문화론

신신종교의 내셔널리즘을 이해하기 위하여

제4장, 제5장에서 보았듯이 신신종교 중에는 종교적 내셔널리즘이라고 부를 수 있는 그런 방향성을 지닌 것이 포함되어 있으며, 그것은 1980년대에서 90년대에 걸친 일본의 문화동향과 서로 밀접하게 관계되는 것이다. 신신종교교단이 일본인의 종교적 사명을 강조하거나 일본의 종교적 · 정신적 전통에 대한 긍지를 고취하는 경우, 그것은 일반사회로부터 고립해서 극단적인 언설을 말하려고 하는 것이 아니라 오히려 현대일본의 큰 문화조류에 보이는 내셔널리즘의 동향을 민감하게 반영하면서 증폭시키고 있는 것으로 파악하는 편이 좋을 것이다.

패전 후부터 90년대에 이르기까지 내셔널리즘은 항상 일본문화의 주도적인 모티브였다고 해도 될 것이다. 그렇지만 그 사이 국민적인 자기평가의 변화는 참으로 대단한 것이었다. 패전 직후의 「일억총참회一億總懺悔」의 구호 소리와 함께 자신의 결점을 발견하여 반성하는 분위기가 한동안 압도적 우위를 차지하며, 후에까지 영향이 남게 된다. 당시의 언론에서는 일본의 종교전통에 대한 저평가가 일반적이었다. 한편 한국전쟁기의 호경기에서 60년대의 고도경제성장의 시기를 지나고 얼마 안 있어 「재팬 에즈 넘버 원」(1)의 평가를 듣는 가운데 패전 후의 굴욕감에서 벗어나 다시 일어서는 반동처럼, 일본문화의 우월성을 주장하고 싶은 의식도 고양되었다. 그리고 그 가운데 일본의 종교를 우수한 것이라고 인식하는 언설도 급속히 기세를 강화하고 있었다.

이 장에서는 신신종교의 내셔널리즘을 이해하기 위하여 그 배경이 된 70년대 이후의 「일본인론」「일본문화론」의 동향에 눈을 돌리려고 한다. 양자 사이에 눈에 띄는 관계는 그다지 선명하지 않지만, 아이덴티티를 지지하는 것, 즉 종교적 내셔널리즘의 기반이라는 관점에서는 양자 사이에 아주 긴밀한 관련이 있다고 여겨지기 때문이다.

우월의식의 근거

단순한 앙케이트 조사에 의한 통계자료에서부터 이야기를 시작하려고 한다. 1953년에 행해진 어떤 여론조사에서는 「일본인과 서양인 중 어느 쪽이 우수한가」 라고 하는 질문에 「일본인」이라고 응답한 사람은 20%, 서양인이라고 응답한 사람은 28%라는 결과였다. 1986년의 조사에서는 세계의 다양한 민족 가운데 일본인은 「가장 우수하다」고 응답한 사람이 28%, 「우수하다」고 응답한 사람은 51%에 달한다(도쿄 주민)고 한다.(2) 어떤 질문을 던짐으로써 드러나게 되는 숨은 국민적 우월의식이라고 해도 될 것이다. 20년 정도 가졌던 앙양감이 이후 지금 다시 한 번 떨어지는 일이 일어났다. 2001년 5월, 평론가인 야마자키 마사카즈山崎正和는 84%의 지지율을 얻은 고이즈미 준이치로小泉純一郎 수상의 압도적인 인기에 대해서, 「국민이 자기혐오에 싫증나서 지쳤던 것」이라고 논평하고 있다(아사히朝日신문. 2001년 5월 29일 「84%의 풍경1」). 90년대를 거치는 동안에 우월의식에서 비하의 의식으로 진자는 크게 흔들렸다.

그러나 한번 높아진 긍지에 대한 자각은 그 후의 경제적 침체로 죄다 무너져버린 것은 아닐 것이다. 1970년대 이후 90년대 전반까지 축적된 경제적 우위의 경험과 그것을 정당화하는 언설은 21세기에 들어선 일본에서도 여전히 그 영향을 계속 미치고 있는 것 같다. 1980년대에서 90년대 초에 걸친 시기는 일본인이나 일본문화의 「우수한 특징」에 대한 언설을 계속 생산했다는 점에서, 일본의 근대사에서도 눈에 띈 시기이다. 「일본인론」 「일본문화론」은 긴 역사를 가지고 있다. 특히 패전 후는 큰 영향력을 계속 유지하며 현재에 이르고 있지만, 80년대부터 90년대 초에 걸쳐서는 우월의식이 강조되었다는 점에서 특징적이다. 그래서 한번 형성된 지평은 「자기혐오」의 시대에도 여전히 꿋꿋하게 유지되고 있다. 그리고 지금부터 논하는 것처럼 이 시기는 또한 일본인론, 일본문화론 중에서 종교에 중점을 두는 언설이 높은 지지를 얻었다는 점에서도 주목할 만한 시기인 것이다.

서양 여러 나라들의 압력 하에서 필사적으로 근대화를 이루려고 한 메이지유신 이후의 일본에서, 서양과 다른 자국 문화의 기반에 대해서 열정을 가지고 말하는 언설이 널리 왕성하게 생겨난 것은 이상하지 않다. 그것은 또한 국민이라는 「상상의 공동체」로 일체화하려는 심정이 세계적으로 흥륭하고 있던 시대이기도 하였다. 「일본의 국체」나 「일본정신」이나 「일본 고유의 것」에 대해서 논하는 것을 자신의 지적 · 학문적 과제라고 생각한 지식인은 적지 않았다. 다른 나라와 비교하여 일본에서 그런 욕구가 특히 강했다고 하면, 서양열강에 따라붙으려고 하는 위치에 있다고 자각할 기회가 많았다는 것과 동시에 자국의 주요한 종교적 전통이 무엇인가를 단순히 지시하기 어렵다는 사실이 작용하고 있었는지도 모른다.

국체론(천황숭경)이 우세하였던 전전은 국체나 천황숭경의 전통을 일본전통의 핵심으로서 자각할 수 있었다. 신도나 불교, 유교라는 종교전통과는 달리 견고한 실체를 가지는 「일본의 전통」을 상상할 수 있었던 것이다. 패전 후는 거기에 큰 공백이 생겼다. 이 공백을 메우는 것으로서 일본인론, 일본문화론에 새롭게 대단히 큰 역할이 주어지게 되었다. 그러나 그 일본인론, 일본문화론 중에서 「종교」가 큰 위치를 차지하게 된 것은 1970년대 이후의 일이다. 그리고 그것은 신신종교의 발전기와 합치하고 있다. 「일본인론과 종교」라고 하는 이 장의 물음은 이 같은 「시대정신」의 특징을 명확히 하고, 신신종교 발전의 시대적 배경의 일면을 조금이라도 조명해내려고 하는 것이다.

2. 일본인론과 일본교론

일본인론과 그 변화

일본의 문화나 사회, 국민성의 특징을 주제로 한 것을 정리한 언설을 총칭하여 「일본인론」이라든가 「일본문화론」이라고 부르고 있다. 전후의 여러 시기를 통해서 서점에는 많은 일본인론의 저작들이 진열되었고, 그 중의 몇몇은 베스트셀러에 이름을 줄지어 올려놓는 것이 보통이었다. 그 중 많은 것은 일본인에 의한 것이지만, 외국인에 의한 것도 있다. 대학교의 강의에서도, 기업연수에서도 일본인론은 인기 있는 소재였다.

일상생활에 있어서도, 일본인이 국제정세나 사회문제를 화제로 할 때에는 일본인론의 어휘나 상투어가 자주 이리저리 쓰여지고 있다. 예를 들면 「응석」이라든지 「종적 사회」라든지 「관계」란 단어를 사용하거나, 「일본인은 자기주장이 서툴러서」 라고 결론짓는 식으로. 상당히 넓은 범위의 국민들에게 있어서 일본인론은 일본 국민으로서의 아이덴티티를 확인하기 위한 근거 내지 편리한 재료가 되고 있다.

넓은 의미에서의 일본인론은 긴 역사를 가지고 있다. 에도시대에 이미 그 원형이 보이며, 1900년경부터 국민도덕론 등의 형태로 널리 퍼지고, 1930년대부터 패전까지의 시기는 대단히 활발하여 공식 교화의 언설로서 지배적인 이데올로기가 되기도 하였다.(3) 메이지기에 확립된 「국가신도」에 있어서 일본인론은 그 중요한 구성요소였다고 해도 될 것이다. 공식교화사상과는 약간 다른 방향의 것으로는 니토베 이나조新渡戸稲造의 『무사도武士道』(1899년)나 와시루 데쓰로和辻哲

郎의『풍토風土』(1935년) 등이 지금도 유명한 것이다. 그러나 일본인론이 넓은 범위의 독자를 얻고, 하나의 정리된 것을 가진 언설체계의 장르로서 성립되고, 그 논문이나 저작이「대중소비재」로서의 성격을 가지게 된 것은 제2차 세계대전 후의 일이다.(4)

1990년에 간행된 저작에서, 문화인류학자인 아오키 모타쓰青木保는 전후의「일본문화론」의 전개를 네 개의 시기로 나누어 논하고 있다.(5)

(1) 부정적 특수성의 인식(1945~54년)

(2) 역사적 상대성의 인식(1955~63년)

(3) 긍정적 특수성의 인식(1964~83년)

(4) 특수에서 보편으로(1984년~)

(1)의 시기에서 (3)의 시기에로, 즉 일본을 부정적으로 인식하는 경향에서 긍정적으로 인식하는 경향으로 변화되어 간다. 패전의 충격을 받아들이려고 하고, 과거의 일본을 반성하고, 구미라는 모델을 향하여 전진하지 않으면 안 된다고 생각하던 시기에서 경제적인 부흥을 달성하고 일본의 문화나 사회에 대한 자신을 회복하고, 구미에 비해서 오히려 우수한 특징이 있다고 주장하는 시기에로의 변화이다. (3)의 시기 이후는 자기를 미화하는 나르시시즘적인 폐쇄성의 경향이 있다고도 할 수 있다.

그렇지만 그 중간인 (2)의 시기에는 오히려 비교문명론에 의한 상대화의 과정이 있었다. 일본만을 응시하는 것이 아니라 다른 지역이나 문화의 특징에도 주의를 기울이고, 각각을 상대적인 눈으로 보려는 자세가 성장하고 있었다. 제4의 시기인 1990년 전후前後는 긍정적인 특수성의 강조에 대한 외부로부터의 강한 비판이 두드러지게 된 시기이기도 하다. 앞으로는 자국의 문화든 서양의 문화든 각각에 장점이나 단점을 가지는 것으로 받아들이는 상대적인 관점을 강화해야 한다. 자문화의 특수성을 즉, 독자성이나 순수성을 과도하게 강조하는 일이 없는 절도 있는 일본문화론으로 향해 가야 한다고 아오키는 논하고 있다.

사회 · 문화 · 심리적인 논점

시대에 따른 일본인론의 변화는 분명히 존재하지만, 한편 시대를 초월하여 반복 등장하는 전후의 일본인론에 공통하는 테마나 논점도 존재한다. 아오키는 그런 논점의 원형이 루스 베네딕트의 『국화와 칼』(1946년, 일역. 社會思想社. 1948년)에 발견된다고 하고, 그 논지를 두 가지 점으로 요약하고 있다.

하나는 일본의 사회관계의 특징에 주목하는 것으로, 베네딕트가 「집단주의」라고 부르는 것이다. 이 관점을 발전시킨 것으로서 가장 잘 알려진 것은 가족이나 회사 등의 「테두리」 속에서의 단결과 그것을 유지하는 상사부하, 선후배관계 등의 상하관계의 규범에 주목하는 나카네 지에中根千枝의 「종적 사회」라고 하는 정식화이다(『종적 사회의 인간관계』 講談社. 1967년). 이 논점은 곧 일본의 조직의 특징으로서 논해지게 된다. 특히 일본의 기업조직의 특징과 일본의 경제적 성공을 관련지우는 「일본적 경영」이론이 큰 역할을 다하게 된다.

또 하나는 일본의 문화적인 특징에 주목하는 것으로, 베네딕트의 경우는 「수치의 문화」로서 요약하고 있다. 「수치의 문화」란 타자와 집단과의 관계 속에서 자기가 열등감을 느끼는 「수치」의 가치의식이나 규범의식에 일본문화의 특징을 찾으려는 것이다. 서구처럼 절대자에 의하여 명령되어진 절대적 규범과의 관계에서 자기를 인식하고, 열등감을 「죄」로 느끼는 경우와 대조되고 있다. 언어나 논리보다도 비언어적인 커뮤니케이션이나 미묘한 뉘앙스를 중요시하는 표현의 미의식美意識 등도 문화적인 특징으로서 강조되는 점이다.

이상이 아오키가 들고 있는 주요한 두 논점이지만, 사회론적인 논점과 문화론적인 논점에 더하여 일본인의 심리나 퍼스낼리티의 특징을 강조하는 심리학적인 논점도 중요하다. 예를 들면 모자관계가 긴밀하고 모성적인 심리적 요소가 강하다는 것(가와이 하야오河合隼雄 『모성사회 일본의 병리』 中央公論社. 1976년), 또 타자에의 의존을 억제하지 않고 표현하고 살피는 「응석」의 심리가 현저하다는 것(도이 다케오土居健郎 『응석의 구조』 弘文堂. 1970년)이 주장되어 왔다.

일본인론의 종교적 내지 종교대체적 기능

일본인론이 학문적인 인식으로서 얼마만큼의 타당성을 지니는지에 대해서는 개개의 경우에 대해서 검토하지 않으면 안 된다. 그 중에는 일본의 사회나 문화, 심리의 특징에 대해서 적확하고 정밀도가 높은 분석을 행하거나 신선하고 계발적인 전망을 연 업적도 있다. 그러나 그와 동시에 전체적으로 일본인론이 어떠한 사회적 기능을 완수해왔는가 하는 점에서의 고찰도 필요하다. 일본인론을 일본사회 전체의 통합이나 국민적 단결을 촉구하는 이데올로기로 보거나 일본인의 어떤 자아 불안이나 자기확인(아이덴티티 확립)의 욕구에 답하는 것, 즉 심리적 보상물의 제공자로서 볼 수도 있다.

일본인론에 대한 비판자가 지적해온 것처럼, 일본인론에는 사실과 다른 점이나 한쪽 면만을 과장하고 있는 것도 포함되어 있는 것이 적지 않다.[6] 특히 다음의 두 점이 중요하다. (1) 일본 전체를 단일한 것으로서 논함으로 인해 본래 존재하고 있는 다양성을 경시해버리는 경향 (2) 구미 등 일부 비교대상과의 차이만을 강조하고 일본의 독자성을 과도하게 강조해버리는 경향.

이 같은 오인이나 과장이 적잖이 포함되어 있음에도 불구하고 많은 일본인론이 계속 인기가 있는 것은 그 언설을 요구하는 강한 욕구가 있기 때문이다. 자신은 어떤 사람인가, 자신이 속한 일본이란 무엇인가에 대해서 명확한 관념을 가지고 그것을 공유함으로써 연대감이나 안정감을 얻으려고 하는 것이다. 그런 연대감이나 안정감에 참여할 수 없는 부외자部外者가 그것을 지나친 자기언급으로 이해하거나 집단이익을 지키기 위한 이데올로기로서 이해하는 것은, 거기에 일본인 다수의 집단적인 응집욕구와 자기주장을 간파하기 때문이다.

일본인론의 이 같은 기능에 주목하여, 윈스턴 데이비스는 일본인론을 「시민종교」에 준하는 것으로 파악하고 있다.[7] 시민종교란 국민사회의 존재 근거나 신성한 목표, 세계사적 사명에 관한 신화적 관념과 그런 관념에 관련되는 의례의 집합체를 가리키는 것이다. 메이지유신부터 패전까지의 일본에서는, 일본은 아마테라스오미카미天照大御神의 칙명에 의하여 그 자손인 만세일계万世一系의 천황이 지배하는 나라이며, 그렇기 때문에 평화롭고 권력지배가 없는 역사가 이어져왔다는 국가신화가 공식 교설로서 교육되었다. 게다가 앞으로는 세계가 천황의 지배에 복종함으로써 세계적인 평화가 실현된다고 하고, 거기에 일본국가의 세계적 사명을 찾는 사상이 퍼지고, 태평양전쟁과 그것을 위한 대중동원을 정당화하는 이데올로기가 되기도 하였다. 또 천황을 둘러싼 축제일이나 천황의 초상화 · 교육칙어 등을 둘러싼 의례가 정돈되고, 학교에서는 그런 의례가 일상적으로 행해졌다. 이것이 데이비스가 일본의 시민종교라고 부르는 것이다.

전후, 이 시민종교는 붕괴되었다. 그러나 데이비스에 의하면, 그것은 세속화된 형태로 남아 있었다. 그것이 일본인론이라고 한다. 결국 일본인론에는 종교적 내지 준종교적인 국민통합의 기능이 있다는 것이 된다.

만일 어느 나라에 지배적인 종교전통이 있다면, 그 종교가 아이덴티티의 유력한 제공원이 될 것이다. 러시아인이라면 러시아 정교도일 것이며, 태국인이라면 태국 상좌부불교도上座部佛教徒일 것이며, 미국인이라면 기독교나 유대교의 어느 디노미네이션(교파)에 소속하는 것이다 - 그렇지 않은 사람이 늘어나더라도 그것이 정통적인 아이덴티티의 상像인 것은 명확하다. 일본인론은 그런 명확한 국민적 종교가 결여해 있는 상황 하에서 그것을 보완하여 집합적 아이덴티티를 제공하는 기능을 다하고 있다. 일본인론의 언설체계에 의하여 자기의 아이덴티티를 확인해가는 것은 종교의 언설체계에 의하여 자기의 아이덴티티를 확인해가는 것과 유사하다고 볼 수 있다.

일본인론과 일본교론

물론 일본인론 전부를 비유로 하지 않고 「종교적」이라고 부르는 것은 망설여진다. 일본인론 중에는 분명히 종교적인 것과 그다지 종교적이지 않는 것이 있다. 예전의 국체론은 종교적인 것이었지만, 전후의 「부정적 특수성의 인식」이나 「역사적 상대성의 인식」단계의 것은 종교적인 측면은 적다. 그러면 일본인론에 있어서 종교적 성격이 현저하게 되는 것은 어떤 경우일까?

일본인론 중에는 일본문화나 「일본인」의 특징을 그것에 고유한 종교(혹은 종교 이상의 것)적 특징으로 인식하는 것이 있다. 그런 일본인론을 「일본교론」이라고 부를 수 있겠다. 실제, 일본에 고유한 종교(초종교超宗教)를 「일본교」라고 부르는 견해도 있다. 일본에 고유한 종교에 대해서 말하고, 그 가치를 칭송하고, 그것을 미래의 희망으로서 예시하는 일본인론이 그 전형이다. 이것은 강한 자기주장을 지닌 일본교론이다. 또 그 가치에 대해서는 중립적 내지 부정적이지만, 일본 고유의 종교를 말하는 일에는 열성적이라는 자기주장이 약한 일본교론도 존재한다.

자기주장이 약한 부정적(내지 소극적) 일본교론은 어떤지 모르지만, 강한 자기주장을 지닌 긍정적 일본교론은 그 자체가 종교적 언설이다. 데이비스가 말하는 패전 전의 일본 시민종교의 언설은 매우 자기주장이 강한 긍정적 일본교론의 어떤 것으로 간주할 수 있을 것이다. 그것과 비슷한 자기주장적 일본교론은 전후의 일본인론에는 그다지 눈에 띄지 않았다. 일본인론 중에서 종교에 대해서 논하고 있는 것은 그다지 많지 않고, 논하는 경우에는 근대사회에 있어서 적절하지 않는 부정적인 것으로서 논해지는 것이 많았다.

그렇지만 전후 35년을 지나 1980년경부터 다시 긍정적 일본교론이 힘을 더하게 되었다. 그리고 그 기세는 1990년 전후에 정점을 맞이한 것 같다. 이후는 크게 고조되는 것은 보이지 않지만, 이미 통설적인 언설로서 일정의 시민권을 얻어 일본문화론이나 현대문화론에 일정한 지반을 공고히 한 것처럼 보인다. 「일본교 아이덴티티」라고 부를만한 것에 의하여 응집하고, 위력감이나 안정감을 얻으려고 하는 경향이 1980년대에 급속히 강해져 새로운 내셔널리즘적인 아이덴티티 양식을 확립했다고 해도 될 것이다. 이하에서는 그런 일본교 아이덴티티의 성격에 대해서 고찰한다. 그렇지만 그 전에 일본교론이 역사적으로 어떠한 변천을 겪어왔는지에 대해서, 즉 데이비스가 논한 전전의 정통적 「시민종교」의 주변에 대해서 대강 기술해 두고자 한다.

3. 일본교론의 원형과 근대화 과정에서의 다양화

일본교론의 원형으로서의 국학國學

긍정적 일본교론의 원형은 근세의 국학에, 그 중에서도 모토오리 노리나가本居宣長(1730~1801)의 「고도古道」론에서 발견된다.(8) 국학은 일본의 고전을 연구하고, 중국이나 인도의 문화나 종교의 영향을 받기 이전의 순수한 일본문화나 일본정신인 것을 포착하여 그 가치를 칭송하려고 하는 것이다. 고전의 가치를 통해서 주장되는 긍정적 일본인론이라는 성격을 지니고 있다. 고전연구의 기초는 고대의 언어에 대해서 정확한 이해를 얻는 일이다. 언어의 정확한 지식에 기초하는 고전연구를 크게 진전시킴과 동시에 일본인론으로서의 국학을 체계화하고, 더욱이 최초의 체계적인 일본교론을 구축한 사람이 모토오리 노리나가이다.

노리나가는 유교나 불교와 같은 외래 종교의 교설이나 사고법을 엄하게 비판한다. 그것들은 「야마토고코로(大和心)」에 대한 「가라고코로(漢心, 漢意)」를 대표하는 것이다. 가라고코로는 인간의 작위에 의하여 외압적, 억압적인 규범을 세워서 그것을 도道라고 칭한다. 도란 무엇인가, 선악이란 무엇인가, 라고 하는 것에 대해서「영리한 척」 왈가왈부하고, 이론적이기만 한 말을 구사하여「거창하게」「들추어 내어 말하고」, 거기에 진리가 있다고 믿고 있다. 그러나 그 같은 교설적 언어는 인간의 삶이나 감정의 진실, 특히 지성이나 논리에 의해서 왜곡되기 전의 마음의 진실(실정實情, 사물의 정념)에서 아득히 멀리 떨어져 있다.

가라고코로에 왜곡되기 이전의 인간의 진실과 그것에 의거한 질서의 모습은 무엇보다도『고사기古事記』에 기록되어 있다. 거기에 일본 고래의 신신앙神信仰이 있으며, 고도古道가 있다. 신에는 선신善神이 있으면 악신惡神도 있으며, 절대적인 선 따위는 존재하지 않는다. 선악의 심판에 의해서 인간의 사후 운명이 좌우되는 일도 없다. 선악에 의해서 질서가 정해지는 일이 없다면 모든 것이 무질서 상태가 되어버리는 것처럼 보이지만, 그렇지 않다. 이 세상은 아마테라스오미카미天照大御神가 처음 시작하여 다스리고 있는 나라(시초의 나라)이기 때문이다. 그리고 또 이치를 내세워서 서로 비판하고 정권을 탈취하거나 하지 않고, 항상 천황을 정점으로 하여 상하의「자연적」질서에 따르는 평화로운 국가적 특색(후에「국체」로서 확장되는 일본국유의 특징)이기 때문이라고 한다.

여기에서는 일본 본래의 종교적 정신(고도=일본교)과 외래의 교설종교(유교, 불교)적 정신이 엄격히 대치되며, 후자에 비판적 시선이 쏟아진다. 부정적 타자상他者像을 선명하게 그려냄으로써, 역으로 그 반대의 극에 있는 민족적 원천의 우월성, 신성성이 강조된다. 그 민족적 원천은 종교적인 지상가치至上價値이지만, 교설적 언어에 의해서 제시되는 것이 아니라 지성이나 개념이나 이론을 초월한 신성한 구승적口承的 언어 속에 표현되는 것으로 인식된다. 또 천황을 중심으로 한 일본의 사회질서가 타국에 비해 뛰어난 우월성을 지닌다는 것이 강조되고 있다. 이것이 노리나가에 의해서 확립된 고전적 일본교론의 개략이다. 노리나가는 개인의 구원이란 것에는 그다지 관심을 보이지 않고, 오히려 국가의 질서나 문화의 우월성이란 점을 중심으로 언설을 전개하였다. 그러나 그것은 그의 관심이 구제종교라고 하기보다도 시민종교(정치종교)에 있었다는 것을 가리키는 것이다.

노리나가 이후, 국학은 다양한 전개를 보였다. 개인의 구제에 관심을 두는 히라타 아쓰타네平田篤胤 등의 흐름은 복고신도復古神道라고 하는 교단적 성격을 지니는 신도운동으로 발전하였다. 또 「국체」의 신성성을 주장하면서 유교적인 언설에 의거하는 수호학水戶學과 같은 흐름도 성장하게 된다. 그들 에도기江戶期의 천황숭경사상의 몇몇 흐름을 받아들여 근대국가의 형성이라는 과제에 답하는 형태로, 데이비스가 말하는 일본의 시민종교, 즉 국가신도와 근대적인 천황숭경의 양식이 형성되어간다. 교육칙어(1890년)는 도덕적인 방면을 강조하면서 그 후의 정통일본교론의 기본적 틀을 만들게 되었다.(9) 널리 보급된 이 정통일본교론은 태평양전쟁 중에는 명확한 체계성을 가진 종교적 교의로서 제시되게 된다. 『국체의 본의本義』(1937년)나 『신민臣民의 도道』(1941년)는 단기간이라고 하지만 정통적 종교교의서宗敎敎義書로서 유포되었고, 『일본교전日本敎典』(야마모토 노부키山本信哉 감수. 하라 마사오原正男편. 1941년)과 같은 성전서聖典書도 편집되었다.

그렇지만 일본교론적인 사고의 큰 흐름이 정통일본교론에 전부 통합되어버린 것은 물론 아니다. 정통일본교론의 지배력을 지나치게 과장하지 않기 위해서는 전전의 일본교론의 다양성도 충분히 살펴

볼 필요가 있을 것이다.

상대화된 일본교론의 전개 - 일본민속학

교육칙어를 핵으로 전개해가는 전전의 정통적 일본교론에 대한 가장 유력한 대안적인 조류는 민속학적인 일본교론이다. 이것은 메이지 말에서 쇼와초기(1910~30년경)에 확립된 것으로, 그 대표적인 추진자는 야나기타 구니오柳田國男(1875~1962)와 오리쿠치 시노부折口信夫(1887~1953)이다.(10) 그들은 「신국학新國學」의 수립을 주장했다. 일본문화의 본래의 모습을 명확히 하는 것을 목표로 하고, 일본문화의 핵심은 일본고유의 종교(고유신앙)에 있다고 보았다. 그 고유신앙이란 역사를 초월하여 고대부터 계속되어온 것이며, 넓은 의미에서의 신도이다. 여기까지는 노리나가 이후의 고전적 일본교론과 전제를 같이 하고 있다.

그렇지만 그들은 『고사기古事記』나 『일본서기日本書紀』의 신이나 신화 중에 일본교의 본질을 찾는 일은 없었다. 오히려 현존하는 국내 각 지역의 민속종교 중에, 특히 오키나와沖縄의 민속 중에 「고유신앙」(민족논리)으로 불리는 일본교의 원형이 발견된다고 생각했다. 그렇다면 기기신화와 국체론은 반드시 일본인이 원래 가지고 있던 종교적 표현이라고는 말할 수 없게 된다. 특히 천상의 주신主神인 아마테라스오미카미天照大御神와 천황이 조상과 후예관계로 맺어져 있으며, 그래서 천황은 신적인 국가지배자라고 한 관념은 일본인의 신앙에 있어서 본래적인 것이 아니라 후세적인 창작물이라고 간주되게 된다.(11)

야나기타 구니오를 예로 한다면, 일본인의 신앙의 원형은 농민의 우지가미신앙氏神信仰이라고 생각된다. 우지가미란 그에 봉사하는 사람들의 조상의 영을 신으로 모신 것이다. 우지가미는 일상생활 전반에 걸쳐서 씨족 성원을 보호해주는 신이다. 특히 우지가미는 농업생산에 관계되며, 「논의 신」으로서 벼를 중심으로 농작물의 풍요를 가져다준다. 사람들은 씨족인으로서의 일생을 마친 후, 잠깐 동안의 시간을 거쳐 우지가미에 융합한다. 즉 「조상이 되는」 것으로 믿어지고 있다. 대개의 경우, 사후의 영은 산으로 간다고도 여겨진다. 조령祖靈=우지가미는 산에 있으며, 「산의 신」이기도 하다. 「산의 신」이며 「논의 신」인 우지가미는 산과 논을 오간다. 이 내방來訪이나 배웅과 연관되어 제사가 행해진다. 제사 때에는 신과 인간과의 공식共食이 행해진다. 씨족인은 벼의 영을 신과 함께 먹고, 생명력의 근원으로 하려고 한다. 제사에 임하여 신을 맞이할 때 중심이 되는 것은 여성이었을지도 모른다. 여성이야말로 신에 가까우며, 신의 힘을 매개할 수 있는 존재라고 믿어지는 일도 적지 않다.

이와 같이 민속종교는 지역사회 내부의 신앙체계이며, 직접 국가와 관련되는 것은 없다. 민중(상민常民)의 생활 속의 신앙은 국가적인 정치질서에 관련되는 신화와는 관계가 희박하며, 정치성이 적다는 것이 야나기타와 오리쿠치의 견해이다. 정치성을 강화하면 본래의 신도는 왜곡되어버린다고 그들은 생각했다. 데이비스가 말하는 패전 전의 일본의 시민종교에 대해서 그들은 조금 부정적인 입장을 취했다. 같은 일본교론이기는 해도, 의당한 일본인의 모습을 규정하고자 하는 규범적인 일본교론의 정통 조류를 상대화하려는 방향성이 거기에 얼마쯤 내포되어 있었다.

전후의 민속학에서는 신도적 내셔널리즘과 민속종교와의 분리는 더 강화된다. 호리 이치로堀一郎(1910~74)나 사쿠라이 도쿠타로櫻井德太郎(1917~), 미야타 노보루宮田登(1936~2000)가 그 대표이다. 그들에게 있어서도 정치적으로 만들어진 신도가 아니라 지역사회에 뿌리내린 민속종교야말로 일본인 본래의 신앙(일본교적인 것)이며, 깊이 탐구하고 설명해야할 연구목표였다. 그러나 그것에 대한 평가는 야나기타 구니오나 오리쿠치 시노부보다도 더 낮다.(12) 그것들은 기독교나 불교와 같은 외국에서 발전한 교설적 종교, 보편주의적 종교보다 뛰어난 것으로는 간주되지 않는다. 야나기타나 오리쿠치에게는 외래종교인 불교나 유교에 대해서 민속종교를 우위에 두고자 하는 자세가 보이지만, 전후의 민속학자에 있어서는 오히려 열등한 것으로 여겨지기조차 하는 것이 적지 않다. 이 경우, 민속학적 일본교론은 이미 부정적인 일본교론으로 전환하고 있다.

상대화된 일본교론의 전개 - 전후의 비판적 논조

전후 1970년경까지의 시기에 부정적인 일본교론을 전개한 것은 민속학자만이 아니다. 이 시기에는 일본인론이 일본 독자의 종교성을 화제로 할 경우, 부정적 일본교론으로 기우는 것이 일반적이었다. 또 이 시기에는 일본문화의 부정적 특성을 확고한 종교전통의 결여로 돌리거나 일본교의 약점으로 돌리는 논조가 적지 않았다. 예를 들면 마루야마 마사오丸山眞男의 『일본의 사상』(岩波新書. 1961년)은 일본의 사상이 논리적인 구조성을 결여하고 있고, 잇따라 외래의 것을 받아들여 형식만 흡수해가는 점에 특징이 있다고 논하고 있는데, 그것을 「「고유신앙」 이후의 무한정적인 포용성」과 결부시키고 있다.

상세한 데까지 다루고 있는 부정적 일본교론의 대표적인 저작은 나카무라 하지메中村元의 『동양인의 사유방법』의 제4편 『일본인의 사유방법』(春秋社. 1947년)일 것이다. 이 저작은 일본고유의 종교, 혹은 신도에 대해서 논한 것이 아니라 오히려 외래종교인 불교나 유교(특히 전자)의 일본적 수용의 특징을 주제로 하고 있다. 그러나 그것은 일본인의 종교적 사유의 특징을 논하는 것이어서, 일본교론의 한 형태로 볼 수 있다.

나카무라가 강조하는 것은 본래의 불교(나 유교)가 지니고 있던 논리성이나 현실초월의 지향성이 일본에서는 약해져버렸다는 점이다. 그것은 우선 첫째로, 자연 그 자체를 절대자로 하거나 인간의 자연적 성정性情을 긍정하거나, 타자와의 대결을 회피하는 태도로 나타나고 있다. 그것을 한마디로 정리하여 나카무라는 「주어진 현실의 용인」으로 특징짓고 있다.

제2의 특징으로서, 종교적인 규범을 경시하고, 이에라든지 신분계급이라든지 국가의 질서를 중시하는 「인륜중시적 경향」도 강조되고 있다. 이 경향은 종조宗祖, 교조教祖와 같은 「특정 개인에 대한 절대귀환」이나, 천황이나 장군에 대한 「제왕숭배」와 같은 인물숭배(인물신화人物神化)에도 나타나고 있다. 역으로 승려와 사원으로 대표되는 종교적 대리인의 고귀함에 대한 무자각도 일본적 사유의 특징이다. 인물숭배는 또한 샤머니즘의 연장에 있는 것으로도 인식되고 있다.

나카무라가 드는 일본적 사유의 제3의 특징은 「비합리주의적 경향」이다. 일본인은 추상적인 개념이나 논리를 구축하는 것을 좋아하지 않고, 직관적 · 정서적인 사고를 좋아한다. 염불과 같은 「단순한 상징적 표상」에 의해서 불교신앙의 핵심을 받아들이려고 하는 것도 그런 경향으로 인한 것이다. 이들 모두는 일본인의 종교적 사유가 충분히 성숙하지 못하고 주술적인 단계에 머물러 있는 것과 관련되어 있다고 나카무라는 생각하고 있다. 대체로 일본교에 대한 부정적 내지 소극적 평가인 것은 분명하다.

천황숭경을 기축으로 하는 일본교론의 어려움

1960년대 무렵까지는, 일본교를 둘러싼 언설 중에서는 이 같은 부정적 일본교론이 압도적인 우위를 차지하고 있었다. 물론 이 시기에도 긍정적 일본교론이 없었던 것은 아니다. 일본교적인 정신의 부흥에 의해서만이 일본국민의 통합과 일본인의 사는 보람의 회복이 가능하게 된다고 논하는 사람들도 소수이지만 존재했다. 그러나 그들이 묘사하는 일본교의 모습은 많은 경우, 천황숭경을 중심으로 하는 모토오리 노리나가本居宣長 이후의 신도내셔널리즘에 있는 전전적戰前的 패턴의 테두리 내에 머무는 것이었다.

미시마 유키오三島由紀夫의 「문화 방위론」(1968년)은 그런 구래의 일본교 패턴에 의거하여 일본교 부흥을 호소하고 널리 많은 주목을 받았던 최후의 언설이라고 말할 수 있을지도 모른다.(13) 이 논문에서 미시마는, 현대일본의 문화는 문화를 평안하고 태평한 일상생활을 위한 수단이나 위안의 도구로 여기는 휴머니즘적 문화주의로 빠지고 있다고 경종을 울린다. 그것에 대해서 그가 부흥시키고자 하는 것은 문화 본래의 포괄성, 전체성을 목표로 할 수 있는, 또 절대적 · 윤리적 가치를 동반하는 국민수준의 「문화공동체」이다. 그와 같은 일본의 문화공동체를 지지하는 가치이념으로서는 천황뿐이다. 천황을 절대가치로 하는 문화공동체야말로 일본문화의 미래의 희망이라고 한다.

저명한 소설가인 미시마의 논설은 상당한 주목을 끌었지만, 동의

하는 사람은 그다지 많지 않았다. 이 같은 천황중심주의에 입각한 긍정적 일본교론은 이젠 대중적인 지지를 얻기가 어려워졌다. 굳이 주장한다면 특수한 우익적 이데올로기를 내세우는 주변적인 세력의 대표자로 간주되는 것을 각오하지 않으면 안 된다. 전후부터 오늘에 이르기까지 「천황제」를 둘러싼 엄청난 양의 언설의 대부분은 천황제의 장점을 찬미, 칭송하는 것보다도 그 단점을 역설하는 것이다. 그러나 그것은 긍정적 일본교론 그 자체의 쇠퇴를 의미하는 것은 아니다. 70년대 이후, 지금까지의 긍정적 일본교론과는 얼마쯤 취지를 달리하는 새로운 유형의 긍정적 일본교론이 등장하여 점차 세력을 강화해간다. 다음 절에서는 그러한 새로운 긍정적 일본교론의 성격을 밝혀가고자 한다.

4. 새로운 긍정적 일본교론의 흥륭

야마모토 시치헤이山本七平와 아이러니컬한 일본교론

명확히 긍정적인 색조를 지닌 일본교론의 연구가 크게 반향을 불러일으키기 시작한 것은 1980년대에 들어서부터이다. 70년대의 긍정적 일본교론의 반향은 아직 조용하고 산발적이다. 70년대에 많은 주목을 받고, 널리 지지를 얻은 것은 야마모토 시치헤이山本七平(1920~91)의 일본교론이다. 야마모토는 1970년에 이사야 벤다산(Isaiah BenDasan)의 이름으로 간행한 『일본인과 유대인』(青山書店, 후에 角川文庫)이 히트하고 나서 「일본교」에 관한 저작을 연이어 발표했다. 『일본교에 관하여』(文藝春秋社. 1977년), 『일본교의 사회학』(고무로 나오키小室直樹와 공저. 講談社. 1981년) 등이 그것이다. 이들 저작에 의해서 「일본교」라는 용어가 저널리즘에 통용되는 용어가 되었다.

야마모토가 「일본교」라고 할 때, 그것은 본래의 의미에서의 「종교」가 아니라는 뉘앙스가 들어 있다.(14) 무엇보다도 그것은 초월자와 초월적 규범을 인정하지 않는다. 신이 아니라 「인간」을 최고개념으로 한다. 그렇다면 인간 개개인의 자유를 존중하는 것인가 라고 하면, 그렇지 않다. 엄연한 법도가 있으며, 그것에 따르지 않는 사람은 일본인으로 인정되지 않을 뿐만 아니라 대등한 인간적 존재로도 인정되지 않는다.

일본교의 법도 중에서도 으뜸가는 것은 집단의 의사결정 방식에 관계되는 것이다. 회의나 회합에서 뭔가를 결정하려고 할 때, 일본인은 대립하는 의견을 서로 표명하고, 공개적으로 토의하고, 마지막은 다수결로 정한다는 방식을 취하지 않는다. 항상 전원 합의, 즉 만장일치라는 형식으로 결정하려고 한다. 그 경우, 논의가 귀결되는 곳은 어떤 원리와 그것에 의거하는 논리에 의해서가 아니라 그 곳에 있는 사람들이 자아내는 「공기」에 의해서 결정된다. 그 자리의 「공기」를 파악하여, 모두가 어쩐지 그 방향으로 결론을 가져가도록 노력한다. 이 「공기」야말로 일본교의 도그마이다. 이 전체적인 「공기」에 역행하여 자신의 의견을 말할 때, 그것은 집단의 조화와 의사결정을 곤란하게 하는 것으로 간주된다. 그것은 「찬물을 끼얹는」 행위가 되며, 일본교의 법도에 반하는 것으로서 처단된다.

이와 같은 일본교의 모습에 대해서 야마모토가 비판적이라는 것은 틀림이 없다. 그렇다면 이것이 전후의 부정적 일본교론의 패턴을 그대로 이어받은 것인가 라고 하면, 그렇다고도 할 수 없다. 야마모토는 기독교도로 자라서, 기독교나 유대교에 대해서 깊은 지식을 가지고 있었다. 그런 자기 형성에 의해서 일본교적인 문화에 위화감을 가지고 있었다. 그러나 그렇다고 기독교나 유대교를 일본교보다 우위에 있는 것으로 보지는 않았다.

비평가인 다니자와 에이이치谷澤永一는, 야마모토의 일본인론은 외국인에 대한 열등의식에서 해방되고, 몰가치적으로 일본인의 사고방식과 처신방식을 명확히 했다는 점에서 여태까지의 일본인론과는 다르다고 말하고 있다.(15) 야마모토는 일본의 기독교도는 기독교도라기보다도 일본교 기독교파라고 부르는 것이 적절하다고 논하고 있다. 일본인으로서 타자와 화합하면서 일상의 생활을 보내고 있는 한, 일본교의 규범이나 행동양식에서 벗어나기란 어려우며, 스스로가 그것으로부터 자유롭다고 생각하는 것은 자기기만이다. 야마모토는 일본교보다 높은 곳에 위치하여, 서양이나 중국이나 인도의 종교나 사상이라는 지점에서 일본교를 내려다보고 비판한 것은 아니다.

야마모토의 일본교론의 특징은 긍정적이라고도 부정적이라고도 말할 수 없는 아이러니컬한 자세를 가지고 있는 점에 있다. 그것은 일본인의 가치관이나 행동양식에 비판적이기는 하지만 동시에 국민적 아이덴티티를 강화하고, 「국제화」(조금 후의 시대의 개념으로 말하면 「세계화」)에 대처할 수 있는 체계적인 자기개념을 제시하려고 하는 것이다. 그것은 외국의 종교와는 종류가 다른 것이지만, 그런대로 장점이나 결점을 지닌 포괄적인 세계관이며 가치체계라고 간주되고 있다. 일본인론을 「일본교」라는 개념으로 제시함으로써, 야마모토는 전후의 부정적 일본교론과 관련된 일본인론에서 국민적 아이덴티티를 뒷받침하는 긍정적 일본교론으로 일보 전진했다고 할 수 있을 것이다.

원시신도적 일본교론의 대두 - 우메하라 다케시梅原猛

1980년대에 들어서면 새로운 긍정적 자기주장적 일본교론이 대두하게 된다. 그것은 긍정적 일본교론이라는 점에서는 모토오리 노리나가本居宣長에서부터 태평양전쟁기의 전체주의적 신도내셔널리즘에 이르는 고전적 일본교론과 통하는 것이지만, 그 내용은 상당히 달라서 새로운 유형의 것으로 볼 수 있을 것이다. 그 중에서 가장 명확한 형태를 취하고 있는 것은 원시신도적 일본교론으로도 부를 만한 것이다.

이 원시신도적 일본교론의 대표적 논객은 우메하라 다케시梅原猛(1925~)이다. 우메하라는 1960년대부터 일본의 종교나 사상문화의 역사에 강한 관심을 보이고 있었는데, 1980년 무렵부터 아이누Ainu나 오키나와, 혹은 조몬시대繩文時代의 종교문화에 대한 관심을 강화하여 그 성과로서 자기주장적인 일본교론의 저작을 차례로 간행하게 된다. 『일본의 심층』(佼成出版社. 1983년, 신판. 1985년), 『일본인의 종교』(카세트. 新潮社. 1987년), 『일본인의 「저승」관』(中央公論社. 1989년), 『「숲의 사상」이 인류를 구하다』(小學館. 1991년), 『일본인의 혼』(光文社. 1992년) 등이다.

우메하라는 일본의 문화나 종교의 근저에는 조몬문화繩文文化가 있다고 한다. 야마토大和국가가 판도를 넓혀감에 따라서 야요이문화彌生文化 이후의 도작농경문화稻作農耕文化가 전국에 미치게 된다. 지금까지의 많은 학자들, 특히 일본의 민중신앙에 대해서 논해온 민속학자들은 전형적 일본인은 도작농경민이었다는 것을 대전제로 해왔다. 이 때문에 일본의 문화나 종교의 주류는 도작농경민에 의하여 구축된 농민의 문화, 농민의 종교로 간주되어 왔다. 이 견해를 대표하는 학자가 야나기타 구니오이다.

그렇지만 우메하라는 수렵채집문화인 조몬문화야말로 본래의 일본문화이며, 도작농민의 문화는 조몬문화 위에 이차적으로 쌓아올려진 부수적인 것에 지나지 않는다고 본다. 일본인의 종교도 그 뿌리는 외래의 불교나 유교나 도교, 혹은 그것들에 영향을 받은 후세의 신도가 아니다. 일본고유의 신앙은 조몬인繩文人이 믿고 있던 애니미즘이다. 그리고 그것은 일본열도의 주변부에 보존되어 있다. 아이누나 오키나와의 문화나 종교에야말로 원일본原日本의 문화나 종교, 즉 고도로 발달한 수렵채집문화와 그 종교가 보인다고 한다.

그러면 수렵채집민이었던 원일본인의 애니미즘 내지 신도는 어떠한 것인지, 우메하라는 그 주요한 특징을 두 가지 점으로 보려고 한다. 첫 번째는 인간만이 아니라 동물이나 식물, 더 나아가서는 존재하는 모든 것에 영을 인정하려고 한다는 점이다. 예를 들면 숲신앙이다. 일반적으로 수렵채집민은 수목과 숲에 깊은 경외심을 가진다. 조몬시대의 일본은 숲으로 덮여 있었고, 조몬인은 숲과 수목의 영을 공경했다. 농경민은 대지를 인간의 생활에 이용하기 위해 수목을 쓰러뜨리거나 태웠다. 농경문화는 자연에 대한 지배의 충동에 의거하고 있지만, 숲을 소중히 하는 수렵채집민의 문화는 자연에 대한 경외심에 기인하고 있다. 숲신앙에는 자연의 생명을 소중히 하고, 인간과 자연이 공생해가려고 하는 태도가 있다.

원일본인의 신앙, 즉 일본고유의 신도의 두 번째 특징은 생사를 가까운 곳에 있는 저승과의 왕래로 본다는 점이다. 일본인에게 있어서

생이란 혼에 의하여 부여된 것이며, 죽음이란 혼이 육체를 떠나는 것이다. 육체를 떠난 혼은 저승에 간다. 이승과 저승에 큰 차이는 없다. 원일본인은 극락이라든가 지옥과 같이, 이 세상과 전혀 다른 세계를 믿은 것은 아니었다. 고등종교가 말하는 것처럼 이 세상에서의 행위의 선악에 의하여 판가름되고, 또 상벌로서 사후의 세계가 정해진다는 신앙은 자신은 좋아하지 않는다고 우메하라는 말한다. 그와 같은 신앙은 결국은 하나의 종교를 믿는 사람만이 구원된다는 배타적 사상으로 연결된다. 일본인의 신앙은 그런 것이 아니다.

저 세상에는 조상이 기다리고 있다. 그리고 따뜻하게 사자를 맞이해준다. 저 세상으로 간 혼은 이 세상의 자손의 생활을 지켜보고 있다. 그리고 정월이나 오본お盆(음력 7월 15일에 일본에서 행하는 조상의 영을 기리는 행사–옮긴이), 오히간お彼岸(춘분이나 추분을 중심으로 전후 각 3일간을 합한 7일간을 피안彼岸이라 하며, 이때 성묘 등 선조공양을 행하는 서방극락정토신앙과 결부된 일본의 독특한 불교식 연중행사 –옮긴이)에는 자손이 살고 있는 집으로 돌아온다. 저 세상에 간 혼은 한동안 있다가 다시 태어나기도 한다. 누군가의 배속에 살고는 다른 사람으로서 이 세상에 돌아오는 것이다. 그때까지의 길이는 수년에서 수십 년이다. 다만, 선한 일을 한 인간의 혼일수록 빨리 돌아올 수 있다고 우메하라는 말한다.

우메하라는 「일본의 종교란 무엇인가」에 대해서 말하고 있지만, 그것은 동시에 농경문명 이전 단계의 세계 여러 문화에 보편적으로 보이는 것이라고도 한다. 그것은 또 그 자신이 신봉하고 싶은 종교의 모습이며, 또한 인류의 미래를 가리키는 종교의 모습이기도 하다고 생각하는 것이다. 우메하라는 일본교를 논하면서 앞으로의 인류를 위해서 갖추어야할 의당한 종교의 모습을 그려내려고 하고 있는 것이다.

새로운 긍정적 일본교론의 여러 모습과 영성지식인 - 사에키 쇼이치佐伯彰一

우메하라 다케시梅原猛는 새로운 긍정적 일본교론의 제창자 가운데 가장 영향력이 큰 인물이지만, 외에도 긍정적 일본교론을 제시하고 있는 저술가나 학자가 많이 있다.

예를 들면 사에키 쇼이치佐伯彰一(1922~)의 『신도神道의 마음』(日本教文社. 1989년, 후에 中公文庫)은 기독교나 공산주의와 대비하여 신도의 장점을 늘어놓고, 지금이야말로 「신도복권神道復權의 시기」라고 소리높이 호소하고 있다. 사에키는 영문학자 · 비교문학자이며, 미국에서 배우고 가르친 적도 있는 서양통의 지식인이다. 사에키에 의하면 전후 오랜 동안, 신도를 제 악의 근원이라고 하는 부정적 신도관이 통용되어 왔다. 이것은 점령 하에서 확대된 것이며, 미국인의 점령지배의 의도에 기인하는 잘못된 신도 이해를 그대로 받아들인 것이다. 분명히 전시 중에는 공격적인 이데올로기와 신도가 결합했지만, 이것은 메이지기의 지도자가 계몽주의의 나쁜 영향을 받아 신도를 기독교처럼 만들려고 했기 때문이며, 본래의 신도는 그렇게 위험한 것이 아니다. 오히려 그런 이데올로기적 경직성으로부터 자유로운 점에야말로 기독교 등과 다른 신도의 장점이 있다.

신도의 과거에는 기독교와 이슬람이 서로 싸운 십자군 종교전쟁과 같은 것은 없다. 신도의 특징은 강력한 외래 종교의 유입에 대해서 배제하려고 저항하거나 하지 않고 유연하게 그것들을 받아들여, 지배당해버리지 않고 살아남아 신불습합이라는 교묘한 복합체를 만들어낸 점에 있다. 건축을 봐도 기독교의 교회에 보이는 위압하는 듯한 공격성은 없으며, 신사의 신전은 간결 담백하며 자연 속에 파묻혀서 고요한 풍취를 보이고 있다. 주신이 여신인 것에서 보여주는 것처럼, 여성적인 수동성과 유연성을 특징으로 하고 있다. 자연과의 일체감을 중시하는 점은 현대의 생태학적 정신과 통한다. 또 조령신앙에 보이듯이 사자와의 유대를 소중히 하는 진혼의 정신도 세대를 초월한 연대를 지향하고 있으며, 재평가의 가치가 있는 것이다. 신도적인 것은 결코 좁은 의미에서의 종교 영역에 머물러 있지는 않다. 일본의 문예 등, 과거의 많은 문화유산은 신도적인 것의 발로로 인식할 수 있다. 이렇게 사에키는 논하고 있다.

사에키의 신도옹호론, 신도부흥론은 80년대부터 90년대 초에 걸쳐서 성행하고 있던 일본교론 중에서도 가장 내셔널리즘이 농후하고, 자기주장적인 성격도 강한 부류에 속할 것이다. 한편 긍정적 일본교론에 가까운 입장을 취하면서도 자기주장적인 내셔널리즘에 경계적이며, 일본교적인 것이 보편적인 인류의 종교성으로 연결된다는 점을 강조하는 논자도 있다.

가마타 도지鎌田東二의 신신국학新新國學의 구상 등 - 신영성운동과의 연관

예를 들면 전후에 출생한 종교학자이며, 신도사상에 조예가 깊고 동서양의 신비주의적인 종교사상에도 정통한 가마타 도지鎌田東二(1951~)는 외래문화에서 분리된 순수한 일본교로서의 신도가 아니라, 외국의 종교전통과도 통하는 것으로서 신도를 활성화하는 것을 지향하고 있다. 가마타는 「순수국학이성비판 – 신신국학을 위하여」라는 글(16)에서, 국학의 정신을 현대에 재생시키기 위해서는 야나기타 구니오 등이 지향한 신국학을 초월한 「신신국학」 내지 「제3차 국학」이 필요하다고 설명하고 있다. 그것은 「다국 국학을 포함한 국학」이며, 인류의식의 진화라고 하는 공통의 움직임에 따른 것이다. 한국의 「한살림(종합생활)」운동과의 교류 경험을 말하면서, 그는 지금 국경을 초월한 국학운동이 가능해지고 있다고 주장한다.

이와 같이 긍정적으로 신도 혹은 일본교에 대해서 말하는 사람들도 그 입장은 다양하며, 그 중에는 서로 대립하는 견해도 포함되어 있는 경우가 있다. 사에키의 경우는 국가주의적인 동기가 강하며, 일본인으로서의 아이덴티티를 확인하고 싶은 욕구가 농후하게 나타나고 있다. 사에키만큼의 공격성은 없지만, 오로지 신도의 특징을 논하는 것에 주안점이 있는 도요타 아리쓰네豊田有恒(1938~)의 『신도와 일본인』(ネスコ. 1988년) 같은 것도 이 계통에 속한다. 한편, 가마타의 경우 그런 동기는 약하다. 그는 오히려 세계 각지에 보이는 애니미즘, 샤머니즘이나 신비주의의 일본적인 표현으로서 신도에 관심을 가지고 있다. 앞에서 든 우메하라 다케시나 『조몬의 신과 유대의 신』(徳文書店. 1989년)의 저자인 사지 요시히코佐治芳彦(1951년~) 등은 양자의 중간에 위치지어진다.

1980년대부터 90년대 전반에 걸친 시기는 가마타와 같이 신도에 한하지 않고 다양한 영성의 전통에 관심을 가지거나, 더 모던하게 심리요법적 기법에 매료되어서 자기 확립을 지향하는 사람들이 급속히 증대했다. 명상이나 바디워크나 세미나 등을 통해서 영적인 자기변용을 이루고, 그것을 실마리로 해서 인격적 성장을 이루려고 하는 것이다. 제4장에서도 논한 「신영성운동」의 조류이다. 이 조류에 속하는 사람들은 지금까지의 교단종교(기독교나 불교, 신종교)와 같이 고정적인 언설을 강요하고, 교단조직에서 구속하는 모습은 바람직하지 않다고 생각하고 있다. 개개인의 자유로운 자기탐구를 통해서 높은 영성에 달하려고 하는 방식이 현대에는 어울린다. 그런 사람들의 영적 성장에 의하여 인류는 지금, 새로운 의식진화의 수준으로 나아가려고 하고 있다 – 이같이 생각하는 사람들도 있다. 제4장에서도 논했듯이 이와 같은 신영성운동의 조류에 편승하는 영성지향적인 지식인이 다수 배출되었다. 그리고 그런 영성지식인의 언설 가운데 일본교적인 내용이 포함되는 일이 적지 않다.

5. 새로운 긍정적 일본교론의 특징과 흥륭의 배경

새로운 긍정적 일본교론의 특징

새로운 긍정적 일본교론의 저작은 제4장, 제5장에서도 그 일부를 소개했지만, 1980년대가 되어 간행되기 시작하여 점차 그 수를 늘리고, 신신종교와 마찬가지로 90년대 전반에 절정을 맞았다. 그것들은 외국에서 기원하여 세계 각지로 확대되어온 교설적 종교를 비판하고 일본교, 신도, 애니미즘 등을 칭송함으로써 일본인의 아이덴티티 확인에 공헌하려고 한다. 이 점에서 모토오리 노리나가本居宣長 이후의 고전적 일본교론의 패턴을 계승하는 것이다.

그러나 고전적 일본교론과는 다른 점도 있다. 먼저, 일본교를 정치적인 기능에서 파악하여 탁월한 국민통합의 역사 때문에 높이 평가한다는 관점은 적다. 천황숭경을 일본교의 핵심으로 내세우는 일은 그다지 없다. 그렇지만 천황에 의한 평화로운 정치통합이라는 점에서 신도적인 가치를 칭송하지는 않는다고 하더라도, 외래종교나 보편주의적 종교의 비판에 있어서는 그 투쟁지향이나 배타성을 문제 삼는 일이 많다. 「일본의 평화지향 대 외국의 투쟁지향」이라는 대비가 없어진 것은 아니지만, 일본교의 장점은 정치적 단결이나 평화라고 하기보다 문화적인 관용이나 수용성 가운데 있다고 한다. 일찍이 국체론을 대신해서, 일본의 종교문화사의 특징에 의거하여 일본교의 우위를 주장하려고 하는 것이다.

공격성 대 수용성이라는 대비를 사회질서나 정치에서보다도 자연에 대한 태도에서 보는 경향이 많아지고 있는 것도 새로운 점이다. 요컨대 자연과 인간을 분리하고 인간의 지성에 의하여 자연을 지배하려고 하는 서양근대에 대해서, 자연과 인간을 연속적인 것으로 보고 자연과 인간의 생태학적인 조화를 구하는 신도 내지 일본교라는 대비이다.

또 일본교의 특징을 일본에만 고유한 것으로 보지 않고, 널리 세계 각지에 있는 것으로 보려고 하는 점도 종래의 긍정적 일본교론과는 다르다. 일본 국내에서도 우메하라의 예와 같이 아이누나 오키나와의 문화를 칭송하고, 다수파 일본인의 공통문화를 상대화하는 것으로 혁신적인 입장과의 연대를 도모하고 있는 경우도 있다. 일본 다수파 문화의 고유성과 우위성을 단순히 강조하는 언설에 대해서는 국내외로부터 냉혹한 비판이 퍼부어질 가능성이 높다. 일본교의 독자성이나 우위성을 주장하면서도, 그것이 그다지 큰소리로는 울리지 않도록 애쓰는 것이 요즘 일본교론의 특징이다.

여하튼 긍정적 일본교론이 80년대에 부흥하여 일정한 지지층을 가지게 되었다는 것은 분명하다. 70년대에는 아오키 모타쓰青木保가 말하는 「긍정적 특수성의 인식」을 특징으로 하는 일본인론이 유력하였지만, 그 중에서 종교를 긍정적으로 제기하는 것은 그다지 없었다. 「일본교」의 개념을 적극적으로 제시한 야마모토 시치헤이山本七平의 경우는 일본교론으로서는 긍정적이라고도 부정적이라고도 말할 수 없는 아이러니컬한 것이었다. 윈스턴 데이비스가 말하는 「세속화된 일본의 시민종교」인 일본인론이 다시 종교적인 경향을 강화한 것은 80년대의 일이다.

펀더멘털리즘과의 연관

이런 변화의 배후에, 80년대에 강하게 자각하게 된 경제적 우위에 입각한 우월의식의 정당화라는 동기가 있다는 것은 이 장의 서두에서 논한 대로이다. 그러나 자기주장적인 일본교론이 부흥할 수 있었던 이유를 단지 세계화 속에서의 경제적 우위의 정당화라는 점에서만 설명하는 것으로는 불충분하다. 70년대 이후, 세계적으로 종교가 민족 집단적 · 국민적 단결에 관계되는 경향이 강해졌다. 아랍 여러 국가나 중앙아시아에서의 이른바 이슬람원리주의(펀더멘털리즘)의 흥륭이나 인도에서의 힌두내셔널리즘의 흥륭은 그 대표적인 예이다. 이들은 종교적 내셔널리즘의 흥륭이라 부를만한 경향이며, 제3세계만이 아니라 선진국의 내부에도 간파할 수 있는 것이다.

이런 종교적 내셔널리즘의 흥륭 배경에는 근대화와의 관계라는 점에서의 자기인식, 혹은 합리성의 정도라는 관점에서의 자기확인이 그다지 절실하게 느껴지지 않게 되었다는 사태가 있다. 「근대」나 「진보」를 참조 축으로 하는 아이덴티티가 매력적이지 않게 된 것이다. 또 서양 근대의 소산인 「자유주의 대 사회주의」라는 대립의 입장 중에 어느 쪽인가가 인류의 미래를 대표한다고 믿었던 시대(냉전시대)가 지나감과 동시에 이 경향은 한층 명료하게 된다.

한편, 세계적인 도시화나 교통통신의 발달로 사람들의 이동이 격심해지고, 문화의 다양화와 가치의 상대화가 급속히 진행되고 있다. 이 추세에 따르는 한, 어느 지역에서라도 주민들이 공동의 가치관이나 취미를 서로 나누고 있다는 의식은 적어지게 된다. 특히 제3세계의 도시에서는 자본주의적 소비경제의 확장에 의해서 수미일관한 생활 질서의 붕괴가 버티기 어려울 정도에 달했다고 여겨지고 있다. 이런 아이덴티티의 확산 속에서 한편으로는 국가나 민족 집단이, 다른 한편으로는 종교가 아이덴티티의 기반으로서 새롭게 빛을 발휘하게 되고 있다. 현대세계의 「종교부흥」의 조류에는 국가나 민족 집단의 통합을 강화하는 아이덴티티의 기반으로서 종교가 유익하다는 이유도 적잖이 작용하고 있다.

언뜻 보기에 펀더멘털리즘 따위와는 좀 멀게 보이는 일본이지만, 70년대 이후 그런대로 종교에 의하여 국민적 아이덴티티를 확인하려는 욕구가 강해졌다고 볼 수 있다. 그리고 거기에는 분명히 종교가 관련되어 있었다. 이 점에서는 제3세계를 비롯한 세계 여러 나라와 보조를 맞추고 있다. 다만, 일본의 경우 이슬람권이나 인도나 중앙아시아에서 보이는 것과 같은 일원적인 종교운동의 형태는 취하지 않는다. 제4장에서 기술한 것처럼 국가의례의 강화나 전통옹호의 언설, 다양한 신신종교교단과 함께 여기서 기술해온 것과 같은 종교를 주제로 한 자기주장적 문화언설로서 전개한 것이다. 90년대 후반 이후, 세계 속에서의 경제적 우위는 후퇴하고 있었다. 종교운동에 대한 공격도 강해졌다. 21세기 초두에는 자기주장적 일본교론은 그다지

요란스럽지는 않다. 그러나 종교적 내셔널리즘을 전체적으로 보면, 21세기에 들어서도 쇠퇴하고는 있지 않다. 그것이 어떻게 변용해갈 것인지, 더 관찰을 계속할 필요가 있겠다.

제3부

모던에의 대항

제7장 종교부흥 속의 신신종교

신신종교의 위치

제3부에서는 제2부에 이어서 신신종교를 일본과 세계의 광범위한 종교상황의 맥락 속에 다시 위치지우는 작업을 계속하고자 한다. 서장과 제1부에서는 신신종교를 주로 일본 신종교의 흐름 속에서 파악하려고 했다. 근대일본의 종교사 가운데 신종교가 차지하는 위치는 대단히 크다. 신종교를 살펴감으로써 근대종교사의 제 문제의 많은 부분을 이해할 수는 있을 것이다. 그러므로 신종교 역사의 흐름에 현재 무엇이 일어나고 있는지를 고찰하는 것으로, 현대일본의 종교의식의 동향에 관해서 어느 정도의 전망을 가지려는 것도 반드시 무모한 일은 아닐 것이다.

그러나 신종교에만 주목하는 것은 시야가 좁다고 할 수 있다. 세계의 종교동향과의 관계를 보기가 어려운 것이다. 그래서 제2부에서는 반세속주의와 관련지우면서 내셔널리즘에 눈을 돌려보았다. 이 시도에 의해서 얻어진 확대된 시야를 제3부에서는 더 확대하면서 현대의 정신상황 가운데 신신종교가 차지하는 위치를 고찰하고자 한다.

먼저 이 장에서는 현대일본과 세계에 「종교부흥」의 기운이 있다고 인식하고, 그 종교부흥의 기운 중에서 신신종교가 어떠한 위치를 지니는지를 생각해보고자 한다. 종교부흥은 근대에 지배적이던 세속주의에 대한 의식적인 대항의 움직임을 가진다. 이 제7장에서는 종교부흥의 여러 모습을 살펴보면서, 그 가운데 반세속주의가 차지하는 위치를 확인한다. 그리고 이 장에 이어지는 제8장, 제9장에서는 세속주의나 근대적 가치에 대항하려고 하는 의지를 신신종교 중에 어떠한 형태로 간파할 수 있는지를 고찰한다. 이렇게 해서 제7~9장에서는 포스트모던 현상으로서의 신신종교를 모던=근대에 대항하려고 하는 의식과의 관계로 고찰하기 위한 실마리를 찾는다.

1. 종교붐과 신신종교

종교교단만이 아닌 「종교붐」

신신종교라는 말이 통용하게된 것과 거의 때를 같이하여 「종교붐」이라는 말도 자주 사용되게 되었다. 막말幕末 유신기의 제1차 종교붐, 다이쇼기 내지 쇼와초기에서 패전 후의 제2차 종교붐에 이어서 70년대 중반 이후 제3차 종교붐으로 들어섰다는 것이다. 사람에 따라서는 메이지 말부터 다이쇼시대와 쇼와초기부터 패전 후의 두 시기를 나누어, 70년대 이후는 제4차 종교붐이라고 하는 경우도 있다. 1995년의 옴진리교사건 이후에는 종교붐이 계속되고 있다고 주장하는 사람은 없다. 그렇지만 1980년대 말부터 90년대 초에 걸쳐서 옴진리교나 행복의 과학이 급속한 발전을 이룬 시기에는 이 말에 일정의 진실미가 있다고 여긴 사람들이 많았던 것 같다.

이런 인식방식에는 그런대로 의의가 있다고 생각하지만, 약간 오해를 불러올지도 모르는 점이 있다. 막말 유신기나 제2차 세계대전 후의 종교붐은 주로 신종교의 발전이 그 내용이었다. 요컨대 제1차 종교붐이란 흑주교(구로즈미)黑住教, 천리교, 본문불립강(혼몬부쓰류코)本門佛立講 등의 발전을 의미하며, 쇼와초기부터 전후의 종교붐이란 영우회, 세계구세교, PL교단, 생장의 가, 창가학회 등의 발전을 의미했다. 그들 종교집단의 발전은 정말 놀라운 것이었으며, 종교사의 정경情景을 일변시키는 의의를 가지고 있었던 것이다.

그렇지만 1970년대 이후의 종교붐은 아무래도 종교집단의 발전, 즉 신신종교의 발전이 중심이라고는 할 수 없는 것 같다. 확실히 옴진리교나 행복의 과학은 큰 규모를 가진 교단으로 발전했지만, 그래도 다른 신종교교단의 총체에 비하면 그다지 힘을 가지기에는 이르지 못했다. 니시야마 시게루西山茂는 이 같은 상황을 근거로 하여 메이지 말부터 다이쇼초기의 「제2차 종교붐」과 70년대 이후의 「제3차 종교붐」에 해당하는 것은 둘 다 신종교의 발전과 동시에 「신비 · 주술붐」이라는 성격이 강하다는 것을 지적하고 있다.(1)

나도 니시야마의 관찰에 동의한다. 그러나 그 「신비 · 주술붐」의 성격에 관해서 아직 많은 것이 해명되지 않으면 안 된다고 본다. 신신종교라는 현상의 위치를 명확히 하는 데는 동시대의 좀 더 광범위한 대중종교의 상황을 확인해둘 필요가 있다. 니시야마가 「신비 · 주술붐」이라고 부르고 있는 현상이나 그 주변에 이 시대 사람들의 종교적 관심을 파악하는 실마리가 있다고 생각되는 것이다. 그리고 그것들은 신신종교와 함께 현대세계에서 널리 일어나고 있는 「종교부흥」 현상과 서로 조응하는 현상으로서 인식할 수 있다고 생각한다.

종교통계의 재검토

1960년대까지의 신종교의 발전을 종교분포도 가운데서 보면, 그 배후에는 전통불교교단이나 지역사회에 기반을 가지는 민속종교집단의 쇠퇴가 있었다. 막말부터 1960년대까지 총체적으로 신종교는 그 이득을 계속 늘려왔다고 해도 될 것이다. 그렇지만 1970년대 이후는 그것이 계속될지 어떨지 분명하지 않다. 제1장에서도 기술한 것처럼, 신신종교 발전의 배후에는 「구」신종교의 정체 내지 쇠퇴라는 사실이 있었다. 게다가 전통불교나 민속종교 세력의 쇠퇴가 계속되고 있다고 하면, 종교집단이라는 측면에서 보면 종교붐이라고는 말할 수 없는 정세일지도 모른다.

장기간의 종교통계를 면밀히 분석하고 있는 종교사회학자인 이시이 겐지石井研士는 NHK방송여론조사소가 『현대일본인의 의식구조』(1979), 『일본인의 의식구조』(1984)에서 주장한 「종교회귀」라는 것에 대해서 의문을 제기하고 있다. 충분한 확증이 없이, 통계적으로는 「종교회귀」현상을 보이고 있다고 말하는 것은 정확하지 못하다는 것이다.(2) 집단적인 종교에 관계되는 행동이나 의식을 보는 한, 이것은 타당한 견해이다. 옴진리교사건 이후, 「교단종교를 싫어하는」 기분은 더 넓고 깊게 침투해 있으며, 「당신은 종교를 믿고 있습니까?」란 물음에 「예」라고 응답하는 사람의 비율이 올라가는 조짐은 없다.

그러나 70년대 후반부터 90년대 초에 걸쳐서, 넓은 의미에서의 종교적인 것에 관심을 가지거나 그런 행동에 참여하는 사람들이 늘었다고 하는 징후는 발견할 수 있다. 예를 들면 「요 1, 2년 사이에 일신의 안전이나 장사번창, 입시합격 따위를 기원하러 간적이 있습니까?」 라고 하는 물음에 「예」라고 응답한 사람은 1973년에 23.0%, 78년 31.2%, 83년에 31.6%, 88년 32.2%, 93년에 28.4%, 98년 29.1%이다. 또 「부적 등 마귀를 쫓거나 길조를 비는 물건을 자기 주위에 두고 있습니까?」 라는 물음에 「예」라고 응답한 사람은 1973년 30.6%, 78년 34.4%, 83년 36.2%, 88년 34.6%, 93년 32.8%, 98년 30.6%가 되고 있다. 그리고 이들 일련의 물음에 응답한 다음에, 「종교라든가 신앙에 관계된다고 여겨지는 것은 아무것도 행하지 않는다」고 하는 사람은 1973년 15.4%, 78년 11.7%, 83년 9.6%, 88년 9.9%, 93년 8.8%, 98년 11.4%가 된다.(3) 넓은 의미에서의 주술=종교적 행위에 관한 한, 80년대는 확실히 높은 비율을 나타내고 있다고 해도 될 것이다.

그러면 이와 같은 종교행위의 상승은 어떠한 종교현상의 앙양을 반영하고 있는 것일까? 80년대를 중심으로 「종교붐」이 확실히 있었다고 하면, 그 내막은 어떠한 구성요소로 이루어진 것일까? 나는 그것을 「신신종교」 「주술=종교적 대중문화의 흥륭」 「신영성운동」의 세 현상으로 구성되는 것으로 보고자 한다. 따라서 신신종교란 무엇인가를 생각할 때에는 「종교붐」의 다른 두 요소인 「주술=종교적 대중문화의 흥륭」과 「신영성운동」을 살펴볼 필요가 있다고 생각한다. 순서대로 설명해가기로 한다.

매스미디어를 통해서 흐르고 있는 오컬트문화

70년대 이후, 매스미디어를 통해서 퍼진 대중문화 가운데 주술=종교적 테마가 점점 인기를 더해왔다. 이것은 세계적인 현상이지만, 특히 일본에서 현저하다. 영화로는 「엑소시스트」(1974) 전후부터의 심령·호러물, 텔레비전에서는 유리 겔러의 등장(1974) 전후부터의 심령현상이나 초능력에 관한 프로그램의 유행이 눈에 띄는 예다.(4) 만화의 세계에서는 데즈카 하루무시手塚治蟲나 미즈키 시게루水木しげる가 일찍부터 종교적 소재를 다루고 있었지만, 70년대 이후 만화문화 전체의 발전과 함께 종교만화, 심령만화도 융성하고 있다.(5) 애니메이션이나 컴퓨터 게임 중에서도 종교적 테마는 인기가 있다. 오컬트잡지도 잇따라 창간되었다. 소년용 오컬트잡지인 「무」와 소녀용 점술잡지 「마이 버스데이」는 모두 1979년에 창간되었지만, 1991년 4월 당시의 발행부수는 각각 35만부와 42만부였다.

이렇게 현대적인 미디어를 통해서 주술=종교적 테마가 퍼지는 한편, 전통적인 어떤 민속종교들도 재활성화되어 왔다. 길거리의 점쟁이에다 빌딩안의 상점가에도 점집이 등장하고, 그 인기는 21세기에도 이어지고 있다. 효험이 있는 것으로 유명한 일부 신사나 절도 성황이다. 입시가 걱정되는 연말부터 2월경에 걸쳐서 덴진天神을 모신 경내는 크게 붐비게 된다. 현대의 아이들은 매일의 생활 중에서 심령현상이나 초능력, 신불의 관념이나 이미지에 접촉할 기회가 상당히 많다.

꼭 아이들만이 아니라 이런 주술=종교적 대중문화에 관계되는 사람들이 그것들을 어느 정도로 진지하게 받아들이고 있는지에 대해서는 간단히 답을 낼 수 없다. 단순한 오락의 대상으로서 즐기는데 지나지 않는 사람이 많은 것은 분명할 것이다. 영현상靈現象에 관한 만화를 애호하면서 영현상의 실재를 전혀 믿지 않는 사람도 상당히 있을 것이다. 그러나 여론조사 결과를 보면, 많은 젊은이들이 영이나 초능력의 실재를 믿고, 점도 신뢰하는 경향이 나타나고 있었다. 1983년의 NHK 조사에서는 「영혼은 분명히 존재한다」고 응답한 사람은 10대에서 57%, 40대에서 23%가 되고 있다. 주술=종교적인 신념을 기르는데 70년대 이후의 일본 대중문화가 크게 공헌해온 것은 틀림이 없다.

개인주의적인 「신영성운동」

다음으로 내가 「신영성운동」(신영성문화라고도 부른다)이라고 부르는 것에 대해서 기술하고자 한다.(6) 이미 제4장, 제6장에서도 언급한 사항이지만, 여기에서는 「종교부흥」 가운데 신신종교와 대비한다는 관점에서 좀 더 설명을 보태기로 한다. 이것은 종교교단으로서 명확한 집단적 조직형태를 취하는 일이 없기 때문에 신신종교와는 일단 구별된다. 그러나 매스미디어에서 정보로서 판매되고 소비되어 금방 잊혀져가는 비정형인 주술=종교적 대중문화와 비교하면 세계관으로서 더 조직적이기도 하고, 개개인의 사상이나 의식적 태도의 형성에 직접 영향을 미칠 수 있는 것이다.

이 운동의 목표를 한마디로 말하면, 자기 자신의 의식이나 심신을 좀 더 자유로이 하고 본래의 자기를 회복하여, 영적 · 정신적으로 고차원적인 것을 기른다는 것이다. 가장 널리 보이는 사고방식으로는 스스로의 의식을 높은 수준으로 변용시켜서 「우주적 의식」이나 「위대한 자기」에 합일하는 것을 지향한다. 더 나아가서는 인류가 새로운 의식 수준으로 변화해가서, 고차원의 인류로 진화해간다는 사상을 가지고 있는 사람들도 적지 않다. 구미에서 이런 운동을 「뉴에이지」라고 부르는 것은 새로운 시대의 도래를 기대하는 운동으로서 이해되고 있기 때문이다.

그러나 이 운동을 지지하는 사람들은 명확한 윤곽을 가진 집단을 만들어, 그 규범에 복종하고 서로를 속박하는 것을 좋아하지 않는다. 느슨한 네트워크에 의하여 주위에 점차 의식의 변용을 넓혀가려고 하는 개인주의적인 운동이다. 운동이라고 부를 수 있을 만큼 공동의 프로젝트에 참가하고 있다는 의식을 가지지 않은 사람도 많기 때문에 「신영성문화」라고 부르는 편이 적절할 수 있다. 이 운동(문화)에 공명하는 사람들은 또한 「종교」라는 말에 부정적인 느낌을 갖는다. 자신들이 추구하고 있는 것은 속박적 · 폐쇄적인 「종교」라기 보다, 개방적인 「영성」(spirituality)이라고 불러야 하는 것이라고 한다.

70년대 말 이후, 대도시의 큰 서점에서는 종교서 코너의 인접한 곳에 「정신세계(의 책)」이라는 코너가 설치되었다. 이 코너는 신영성 운동의 존재를 나타내는 중요한 상징적인 공간이 되었다. 여기에는 동서의 신비사상에 관한 책, 여배우로 영성에 눈뜨고 『아웃 온 어 림 Out on a Limb』 등의 베스트셀러를 낸 셜리 맥클레인Shirley Maclaine의 책, 멕시코 원주민 주술사에게 제자로 들어가서 수행의 모습이나 주술사의 가르침을 기록한 책을 쓴 카를로스 카스타네다 Carlos Castaneda의 책, 꿈이나 신화에서 치유의 길을 찾으려고 한 C. G. 융이나 트랜스퍼스널 심리학 책, 영적 세계로 여행하는 의식 변용의 세계를 쓴 샤머니즘이나 채널링channeling(눈에 보이지 않는 존재와 의사소통하는 것 또는 영매술 – 옮긴이)에 관한 책, 기공氣功이나 동양사상이나 신비체험에 관한 책, 점성술이나 켈트종교나 고신도古神道나 애니미즘에 관한 책, 다양한 명상법이나 요가 등의 치유와 영적 성장의 기법에 관한 책, 「임사체험臨死體驗」 등 사후 세계나 환생 가능성에 관한 책 등이 놓여 있다. 이러한 것들은 새로운 과학에 관한 것이라고 해서, 「뉴사이언스」가 발흥하고 있다고 주장하는 책도 진열되어 있다.

이러한 사상이나 그것에 의거하는 신비주의적 · 개인주의적인 영성(종교성)은 동서 문명 가운데 오랜 역사를 가지고 있으며, 전혀 새로운 것은 아니다. 그러나 70년대 이후(미국에서는 60년대 이후), 그 흐름은 매스미디어를 타고 급속히 대중화함과 동시에 세계적인 동시대성을 강화하고, 신영성운동이라고 부를 수 있는 큰 조류가 되었다고 할 수 있다.

2. 신영성문화를 실천하는 사람들

세 영역의 관련성

주술=종교적 대중문화의 흥륭이나 신영성운동의 성장과 신신종교의 발전 사이에는 밀접한 관련이 있다. 「기氣」, ETI(지구외 지적 생명地球外知的生命), 윤회전생이라고 하면, 이 세 흐름의 어느 쪽에든 강한 흥미를 가지고 있는 사람들을 발견할 수 있을 것이다. 신신종교 중에는 오컬트정보 판매회사와 같거나, 또 부정형不定形인 주술=종교적 대중문화에 아주 약간만 내용을 가미하여 교단조직으로 한 것도 있다. 또 명상이나 「자기에 대한 자각」의 방법을 가르치는 것에 주안점을 두고 있고, 그것을 위한 조직은 교단이 아니라고 생각하는 집단도 있다.

이들은 신신종교와 신영성운동의 경계에 위치하는 것과 같다고 할 수 있을 것이다. 신신종교에 관련되어 있는 사람들 가운데 상당수의 사람들은 주술=종교적 대중문화의 소비자이며, 또한 신영성운동에 관심을 두고도 있다. 한편 주술=종교적 대중문화에 흥미를 보이고 신영성운동에 공명하면서도 신신종교는 어쩐지 의심스럽다고 생각하는 사람도 있다. 그런 사람들의 사고방식의 전형적인 예를 요네야마 요시오米山義男 등이 1980년대 후반에 행한 인터뷰집 『종교시대』에서 뽑아내,(7) 요약하여 소개한다.

A·K씨(22세, 여성)의 이야기

프로필 –「고등학교를 졸업한 후, 한동안 미국에 유학. 귀국하고 나서 디스코 바텐더, 영어판 비디오 번역 등의 아르바이트를 하고, 현재는 스타일리스트와 작가 겸업으로 잡지 일을 하고 있다」.

중학교 무렵부터 놀기 시작하여, 늘 싸우거나 이튿날 새벽에 집에 들어오는 생활이었다. 아버지는 그것을 꾸중도 하지 않았다. 고2 때, 이래서는 안 되겠다고 하여 책을 읽기 시작하고, 먼저 라마크리슈나의 『바이브레이션』이라는 책을 만나게 되었다. 거기에는 「인간은 자기 자신이면 된다」와 같은 것이 쓰여 있었고, 「그것을 읽으니 너무나 편안해져서 구원받은 것 같은 기분이 들었다」.

「그 책 속에 좋은 에피소드가 나와요. 저어, 어느 때, 그 사람이 말이죠, 읍내에 가기 위해서 마차의 짐받이에 타게 되었데요. 그렇게 해서 덜거덕 덜거덕 흔들리는 사이에 들뜬 기분이 되어 노래를 부르기 시작했어요. 응? 그러자. 마부도 함께 노래하기 시작하고, 그 사람은 이제 읍내에 가는 것도 잊어버리고 노래를 부르면서 춤추고, 거리를 누비며 천천히 걸었어요.

괜찮다고 생각하지 않아요? 괜찮지요. 너무나 자연스러운 걸요. 아주 낙천적인 걸요. 인간이란 말이지, 더 낙천적으로 살아가야 한다고 생각해요, 난.」

그 후, 단식도장의 20일 간 정도의 합숙에 참가하고 마음의 안정을 얻어, 화가 나지 않게 될 만큼 성격의 변화를 체험한다. 또 이때 「자신은 우주와 함께다」는 것도 실감했다. 「저기 말이죠. 우주란 인간 안에도 있어요. 인간은 우주의 일부예요. 머리를 비우고 자연적인 상태이면, 인간 안의 우주와 바깥의 우주가 일치해요」.

2년 전부터는 니시노 코조西野皓三의 쿵후교실에 다니고 있다. 여기서는 니시노선생이 기를 보내주며, 그것에 의해서 우주의 신비한 힘을 감지할 수 있다. 또 올바른 호흡법을 배워서, 언제라도 우주와의 일체감을 느낄 수 있게 된다. 자신이 어린아이일 때부터 보통 이상의 「기」를 가지고 있었으며, 이상한 일이 있었다는 것이, 지금은 납득된다.

섹스라도 좋고, 마약이라도 좋고, 한번 엑스타시를 아는 것이 우주와의 일체감을 아는 빠른 방법이지만, 마약보다도 사랑이라든가 섹스 쪽이 자연스럽기 때문에 더 낫다. 「누구라도 얻을 수 있다고 생각해요, 이런 감각은. 모두 깨달으면 좋겠다고 생각해요」.

그녀는 「종교」는 싫다고 한다. 「하지만 억지로 강요하는 걸요」 「나는 남에게 지시받고 싶지 않아요」. 또 무리를 하거나 금욕적인 수행을 하는 것은 소용없다. 「좀 더 즐겁게 살고, 낙천적인 쪽이 자연적이라고 생각해요」「자연 그대로가 제일이지요. 강요한다든가 하지 않는 쪽이 좋아요」.

K·S씨(39세, 남성)의 이야기

프로필 -「5년쯤 전 처음으로 발리에 여행한 이후, 한 해에 평균 두 번의 간격으로 그곳을 찾게 되었다. 그와 동시에 근무하고 있던 상사를 퇴사. 도쿄생활을 청산하고 신슈信州로 이사했다. …… 지금은 무농약 야채를 재배하면서, 펜션경영을 준비 중이다」.

상사에 근무할 무렵, 미국에 계속 있었던 적도 있고, 다양한 약물을 경험했다. 맨 처음 발리섬에 간 것도 매직 머시룸을 경험하고 싶었기 때문이었다. 그런데 발리섬에 가서 우연한 일로 명상을 하고 있는 사람들을 접했다.「그런 사람이 또한 뭐라고도 말할 수 없는 맑은 얼굴을 하고 있다. 이것은 상당히 기분 좋은 일을 하고 있음에 틀림없다는 생각이 들어, 점점 흥미가 부풀러 올랐지요」. 이렇게 해서 관심이 약물에서 명상으로 바뀌었다.

「그렇다고 해도 가치관이 바뀌었다고 하는 것은 아니다. 기분 좋은 일을 하고 싶다는 것이 살아가는 원칙이라는 점이 나에게는 있었고, 그것이 약물적인 것에서 정신적으로 자연스러운 것으로 바뀌었을 뿐이라고 생각한다」.

일본으로 돌아오고 나서, 힌두교를 책으로 연구하게 된다. 학생시절에도 야나기타 구니오에 끌린 적이 있으며, 민속적인 종교문화에 대한 관심은 많다.

「그러나 말로 이해한 지식이라는 것은 그것이 예를 들어 지구만큼의 크기가 된다고 해도, 모래알만큼의 경험에 의하여 얻은 것만도 못해요,

정말로. 그것을 깨달은 것이 와얀과 알게 되고나서 예요」.

와얀은 영어를 할 줄 아는 주술사이며, 그가 일본에 왔을 때 2주간을 함께 생활하고 그 영감이나 생활태도에 감명을 받았다. 그가 귀국한 날 밤, 전수받은 명상을 혼자서 실천하자 손가락 끝이 찌릿찌릿하고, 실신하는 등 처음 있는 일이 일어났다. 기분은 좋고 안정되어서, 그 뒤로 매일 밤 명상하게 되었다. 일주일 쯤 하고, 발리의 최고신의 환영이 보이는 신비적인 체험을 얻는다. 조금 있다가 이번에는 대단한 황홀감에 싸이는 체험이 있게 된다.「어쨌든 굉장히 기분 좋아. 정신이 들어 보면 몸이 흔들리고 있고, 너무나 기분 좋아서 입에서 신음하는 소리가 나오고 있다」.

그가 발리의 힌두교에 공명하는 이유의 하나는, 그것이「흑이냐 백이냐, 정正이냐 사邪이냐 하는 융통성이 없는 사고를 하지 않는 점」에 있다. 일본의 종교도 애니미즘에다 다양한 종교가 습합해서 이루어져 있는데, 발리의 종교도 마찬가지이다. 불교가 힌두교를 몰아냈다는 이야기를 나타낸 그림이 있다. 용(불교)이 달(힌두교)을 삼켜버린다는 예의 도안이다. 그렇지만 용의 배 속에서 달은 휘황하게 빛나고 있다. 승부에 구애되는 것은 무의미하다는 사고방식이다.「지금 일본의 종교붐에는 그러한 형태로 서로를 인정하는 관용성은 없지만, 발리에는 있다」. 발리에야말로 일본인의 종교의 원풍경原風景이 있다.

신영성운동의 사고무친

70년대 후반부터 신신종교에 깊이 관여하는 사람들과 함께, 이 같은 사고방식에 서서「종교」가 아닌「영성」의 추구에 사는 보람을 찾는 사람들이 증대했다. 옴진리교사건 이후에도 신영성운동은 종교교단만큼의 타격은 받지 않을 것이다. 「정신세계」 코너에 놓여 있는 책의 양에서 생각하자면, 80년대 말부터 90년대 전반에 걸친 시기에서조차 신영성운동에 공명하는 사람의 수는 신신종교에 참여하는 사람의 수를 상회한 것이다. 좀 더 홀가분하게 주술=종교적 대중문화에 관심을 가지고 있는 사람의 수는 그것들을 더욱 상회할 것이다. 사람들과의 유대가 약해지고 개인주의적인 태도가 퍼지고 있는 사회 환경 속에서는 종교집단에 소속해서 규율이나 권위에 복종하기보다도, 개인적인 종교정보의 소비나 영성추구 쪽이 자연스럽고 납득이 가는 것으로 생각할 수 있는 것은 충분히 이해할 수 있다. 신신종교는 그런 현대의 「종교붐」 가운데 개인주의적 내지 개인 소비적 형태와 서로 경쟁하고 지지하며 존재하고 있는 것이다.

제2장에서 지적한 것처럼, 신신종교는 현대사회에 있어서 개인주의화의 움직임을 반영하는 것이었다. 그러나 신신종교는 개인화, 개인주의화의 상황에 입각하면서 여전히(다소 유대가 약한 개인참가형의 교단에서조차) 종교적 공동체를 만들려고 하는 것이었다. 방금 소개한 예와 같은 사람들의 경우, 종교적 공동체를 만드는 것 그 자체가 성가신 일이라고 여기고 있다. 종교적 권위나 종교집단 질서의 속박을 받아들이지 않고, 개개인의 자유대로 추구할 수 있는 영성이나 신비의 세계가 마음에 든다고 생각한다. 이 같은 홀가분하고 자유롭고, 감성과 자연스러움을 존중하는 세계가 현대의 젊은이들에게 바람직하게 여겨지는 것은 쉽게 이해할 수 있는 점이다. 영성과 신비의 탐구는 현대인의 자기형성의 중요한 통로가 되고 있는 것이다.

그러나 거기에 어떤 사고무친의 분위기도 감돈다. 개인의 사적 자유만을 강조하는 태도로 일관하려는 한, 고독이나 불안이나 권태의 기미는 피할 수 없다. 어떤 심각한 어려움을 만났을 때, 눈앞에 있는 확실한 모델을 따라서 생활을 고쳐 세워갈 수도 없다. A·K씨의 예에서도, 「종교」를 좋아하지 않는다고 하면서 어떤 기법技法을 가르치는 「선생」을 따름으로써 마음의 안정을 얻는 모습을 엿볼 수 있다. 그런 영성적 기법을 가르치는 「선생」의 지도에도 성에 차지 않을 때, 교단종교(신종교나 불교, 기독교)의 부름이 매력적으로 느껴질지도 모른다.

만일 심한 실의의 밑바닥으로 떨어졌을 때, 바로 그때에 신신종교와 친밀한 친구가 나타났다고 하면 어떨 것인가? 거기에는 확고한 신념체계와 높은 목표를 내세운 집단행동과 따뜻한 동료의 지지가 있다. 그리고 거기에는 자신이 가까이해온 종교체험을 더욱 깊게 하는 빈틈없는 시스템이 준비되어 있는 것처럼 보일 것이다. 그러한 세계에 접했을 때, 자유와 감성을 금과옥조로 해온 지금까지의 생활의 근저에 잠재해 있던 「허무함」이 갑자기 사실적으로 느껴질지도 모른다. 사실, 이것은 옴진리교에 끌린 많은 젊은이들에게 일어난 일이다.

3. 세계의 종교부흥 속에서

「자유」를 둘러싼 갈등

신영성운동과 신신종교는 매우 다른 방향성을 지니고 있는 것 같지만, 한 가지 점에서 공통의 방향성을 지니고 있다. 그것은 근대합리주의나 객관화하는 태도(도구적 이성)에 의거하는 현대사회에 대한 불만과 이의異議 제기이다. 신영성운동은 그 불만을 개인의 영성 추구·심화라는 방향에서 해결하려고 한다. 그러나 처음에는 매력적으로 보였던 그 같은 길도 곧 한계가 보이게 된다. 「자유」나 「자연스러움」은 확실히 기분 좋지만, 고독이나 불확실함이나 허무함을 대가로 하고 있음을 차차 알게 된다. 그러한 때에, 다시 「종교」의 힘을 통감하게 된다. 확고한 사상체계를 가지고 생활규범과 행동의 질서를 제공하며, 신도 공동체 안에 거처를 주며, 상호 보살핌과 지원 시스템을 제공해준다. 이미 영적, 종교적인 체험이나 가치에 눈뜬 개인에게 있어서 그런 체험이나 가치를 안정된 시스템 안에 위치지어 주는 종교집단은 역시 매력적으로 느껴질 것이다.

일본에서는 「구」신종교나 전통종교(불교, 신도, 기독교)도 그런 「뿌리 내리기」의 장소로서 기능할 수 있지만, 젊은이에게는 역시 신신종교가 가깝게 느껴질 것이다. 구미에서는 같은 경우의 젊은이에게 있어서 기독교의 보수파(복음파)나 펀더멘털리스트 집단이 그 같은 「뿌리 내리기」의 장소로서 유력하다. 신영성운동은 뜻밖에도 신신종교나 펀더멘털리즘과 서로 반대 방향을 향하는 관계에 있다고 해도 될 것이다.

그러나 신신종교나 펀더멘털리즘은 같은 근대합리주의나 도구적 이성에 대한 비판이라고 해도 신영성운동과는 다른 특징을 지니고 있다. 그것은 세속주의적인 가치관(세속적 자유주의)에 대한 비판이라는 특징이다. 모든 신신종교교단이 똑같이 세속주의비판을 내세우고 있지는 않지만, 일반사회에 도전적인 경향을 나타내는 교단은 그 같은 특징을 지니는 경우가 적지 않다.(8) 이 절에서는 일부 신신종교에 보이는 이 같은 특징에 주목하여, 세계의 종교부흥이라는 맥락 속에 신신종교를 다시 위치지우고자 한다.

옴진리교가 세속주의적인 가치관을 원칙으로 하는 일반사회에 도전적인 자세를 보인 것은 기억에 새롭다. 많은 시민들을 무차별살인으로 끌어넣은 옴진리교사건은 누구도 예상하지 못했던 일이며, 일본의 종교 역사상에도 매우 특이한 사건이었다. 이 같은 범죄를 기도하고 실행하는 종교집단은 극히 특수한 예이며, 달리 이와 유사한 집단은 찾아 볼 수 없다고 말하고 싶기도 하다. 분명히 시민사회의 도덕적 가치를 바로 정면에서 부정하고, 수많은 범행을 저지르려고 하는 교단은 달리 보이지 않는다. 그러나 일반사회와의 사이에 신뢰관계를 맺는 것을 거부하고, 다수 부외자部外者와의 사이에서 장기간에 걸쳐서 적대관계나 관계단절의 자세를 취하고 있는 교단이 몇몇은 존재한다. 말하자면 「내폐적」인 태도를 취하려는 것이다. 제1장에서 행한 신신종교 공동체의 존재 형태에 의한 구별에 의거하여 말하면, 「격리형」의 교단 중에 그런 것이 많다.

통일교나 법의 화삼법행, 라이프스페이스, 여호와의 증인은 내폐적인 종교집단의 대표적인 예이다. 창가학회는 1970년 전후前後의 언론방해사건 이후 협조적인 자세를 점차 강화해왔지만, 지금도 맹렬한 선거활동이나 비판자에 대한 과잉방어적인 반응 등 내폐성이 두드러지는 때가 있다. 창가학회가 급성장을 이룬 1950년대 무렵부터 일본사회에서는 「구제」를 내세워서 사람들의 단결을 촉구하는 신종교교단은 내폐성을 보이는 경향이 있었다. 그리고 사실 내폐성을 유지하는 쪽에서 세력신장에 유리한 환경이 갖추어지기 시작했다고 생각된다.

세속주의적 가치관에 도전하는 신신종교

1980년대부터 90년대에 걸쳐서 그 경향은 더욱 강해졌다. 공격적인 자세를 가지고 있는 여러 신신종교교단의 급격한 발전이나 옴진리교사건은 이런 배경 속에서 생겨났다고 할 수 있다. 이것은 일본에서 현저하게 보인 것이지만, 미국 등 다른 나라들에서도 비슷한 현상이 보였다고 생각된다. 이 책의 서두에서 든 것처럼, 1부의 신종교교단이나 펀더멘털리스트가 폭력적인 행동으로 나오거나 집단사集團死로 치닫는 사건이 80년대, 90년대에는 세계 각지에서 잇달아 일어났다. 세계적으로 「컬트」가 문제되게 된 이유의 일부분은 이런 사정에서 찾아질 것이다.

내폐적인 구제종교교단(신종교나 펀더멘털리스트)은 세속적 자유주의에 의한 사회질서를 유지하려는 일반사회에 대해서 뿌리 깊은 불신감을 가지고 있다. 그리고 일반사회의 관습이나 도덕적 감각을 거스르는 행동으로 나온다. 여호와의 증인의 수혈거부나 무도武道수업에의 불참가 등은 그 예인데, 그런 행동을 취함으로써 이미 외부로부터 던져진 비판을 더욱 증폭시키게 된다. 교단 측은 그러한 비판을 전혀 받아들이지 않는 논리나 행동방식으로 무장을 단단히 한다. 화해로 향하는 경우도 있지만, 화해보다는 대결의 자세를 유지하는 편이 교단조직의 방어와 확장에 유리하다고 여기는 일이 많다. 그런 경우, 교단의 내폐화는 조직 확장을 위한 자기표현으로 보인다. 그러나 적어도 주관적으로는 배후에 세속적 자유주의의 도덕질서에 대한 불신감이 주요한 동기로서 존재하고 있다는 것을 이해해 둘 필요가 있다.

한편 교단이 내폐화하고 있는지 어떤지 그런 것과는 별도로, 교단이 세속적 자유주의의 도덕적 가치를 정면에서 비판하고 그것을 교의의 중요한 항목으로 하는 경우도 있다. 예를 들면 일본에서는 내폐성이 두드러지는 통일교가 세계 각지에서 보이는 현대사회의 섹슈얼리티를 도덕적 타락으로서 엄격히 비판하고, 젊은이들을 금욕적인 공동생활로 이끌고, 합동결혼식에 의하여 「축복」을 받는 것으로 「타락」을 극복해갈 것을 입신 설득의 한 항목으로 하고 있다. 임신중절에는 명확히 반대의 자세를 내세우고, 미국의 종교적 가족주의자와의 연계도 도모하고 있다. 또 행복의 과학은 매스컴이 대중의 질투심에 알랑거리면서 거대한 권력을 휘두르는 것을 비판하고, 「종교적 인격권」에 따라 그것에 대항하려고 한다(제9장). 전자는 무제한 · 무규율적인 욕망추구 · 쾌락추구의 자유에 대한 반대, 후자는 무제한 · 무규율적인 언론의 자유 · 표현의 자유에 대한 반대라고 할 수 있다.

또한 다른 곳에서 이미 언급했지만(제4장), 행복의 과학은 종교교육이 필요하다는 것을 역설하고도 있다. 현대일본의 학교에서는 인간에게 있어서 가장 중대한 「사랑」이나 「영원한 생명」이라고 하는 이념을 가르치고 있지 않다. 이것은 일본의 정신적 퇴폐를 초래하고 있다. 애초부터 점령군의 의도 가운데 이것이 포함되어 있었으며, 전후의 일본에 강요되어진 것이라고 한다. 이것은 엄격한 정교분리에 의하여 종교교육을 금하고 있는 전후 일본의 세속적 자유주의체제에 대한 정면에서의 비판이다. 종교교육이 빠진 것을 비판하는 경우, 어떤 종교적 가치를 강하게 고취해야 한다는 입장에서 이론을 내세우는 것은 강고한 반세속주의로서 두드러지게 된다.

이상에서 보게 되면, 신신종교 중에는 현대일본의 세속주의(세속적 자유주의)체제에 대해서 교단의 내폐화라는 형태로 도전하거나 세속주의비판의 논진論陣을 펴면서 그것을 뒤흔들고 있다고 볼 수 있다.

이 같은 상황은 전후부터 1960년대 무렵까지의 상황과는 크게 다른 모습이다. 전후는 세속적 자유주의의 테두리 내에서 종교적 가치를 넓히려는 자세가 우세하였던 것에 비해서, 70년대 이후는 종교적 가치를 내세워서 세속적 자유주의에 대항하는 자세가 현저해졌다. 이 같은 자세는 신신종교 가운데 보일뿐만 아니라 일부 기성종교나 「구」신종교 중에도 확인할 수 있다. 그리고 이는 일본의 종교계 가운데 명확하게 「모던에의 대항」을 나타내려고 하는 자세가 성장해온 것을 가리킨다고 할 수 있을 것이다.

세계의 종교부흥 세력과의 동시성

현대일본 종교계의 이런 움직임은 세계의 종교부흥 세력의 움직임과 병행하여 일어나고 있는 것으로 볼 수 있다. 제4장에서도 보았듯이 70년대 이후, 특히 80년대 이후 세계 각지에서 현저해진 경향이라고 할 수 있는 것은 이른바 펀더멘털리즘 등 반세속주의적인 종교 세력의 대두이다. 유럽과 북아프리카 · 중근동에 주목한 질 케펠은 이것을 「재이슬람화, 재기독교화, 재유대화」로 받아들이고 있다. 그리고 북아프리카에서 중앙아시아, 남아시아에 이르는 지역을 조사한 유르겐스마이어는 이것을 「세속적 내셔널리즘에서 종교적 내셔널리즘으로의 이행」으로 인식한다. 더욱이 각지의 가톨릭과 북미의 프로테스탄트를 대상으로 논한 호세 카사노바는 이것을 「공적 종교의 부흥」으로 파악하고 있다.(9) 그러나 어느 인식방식에나 공통으로 보이는 것은 19세기 이후, 특히 냉전체제 하에서 현저했던 「세속주의」의 방향성이 좌절되고, 사회체제나 공공 영역에 있어서 종교전통의 관여 정도가 높아지는 방향으로 기울어졌다는 것이다.

이 세계적인 종교/정치관계의 변용은 근대세계를 리드해온 「서양」의 정치적, 사상적 헤게모니의 후퇴에 의한 것이다. 세계 전체를 하나의 정신적 방향성에 의하여 이끌 것처럼 보였던 근대합리주의나 그것과 결부된 사회주의이데올로기가 후퇴하고, 대신에 각 문명권에서 그 중추가 되는 종교전통이 자기주장을 강화해가는 경향이라고 볼 수 있다. 즉, (1) 「합리주의에서 종교로」 라는 움직임과 (2) 「서양적 보편주의에서 다원적인 각 문명권의 자기주장으로」 라는 움직임이 서로 작용하여 생긴 사태라고 생각된다.

전자의 움직임의 주된 동인은 자원문제 · 환경문제 · 인구문제 · 빈곤문제 등 현대세계가 합리주의적 · 자유주의적인 가치관에 따라와서, 극복할 수 없는 문제가 무겁게 내리누르고 있는 사실일 것이다. 근대과학이나 그것을 지지해온 합리주의에 의해서 초래된 근대문명이 반드시 인류전체의 복지 증진에 도움이 되고 있지는 않다. 오히려 한편으로 자원의 낭비와 환경의 파괴를, 다른 한편으로 증대하는 빈곤층과 대도시에서의 범죄나 도덕붕괴를 가져왔다는 인식이 자명한 사실로 받아들이게 되었다는 것이다. 비선진국에서는 여전히 근대화에 기대를 건다고 해도, 서양적인 근대화와는 다른 근대화를 모색하는 태도가 강해지고 있다. 그때 이슬람, 기독교, 불교, 힌두교, 유교, 신도, 문자문명 이전의 종교(애니미즘) 등의 종교전통이 기반으로서 부상하게 된다.

후자에 대해서는 사무엘 헌팅턴의 「문명의 충돌」이라는 인식방식이 참고가 된다.(10) 이 논제는 그 정치적 의도나 논의의 애매함이 비판되어 왔지만, 거기에서 받아들이고 있는 사고방식의 틀에는 현대종교의 동향을 고려하는 데에 참고가 되는 것이 있다. 헌팅턴에 의하면, 냉전 후 세계 분쟁의 요인으로서 「문명의 충돌」이 중요해진다고 한다. 주된 문명권으로서 서구문명, 유교문명, 일본문명, 이슬람문명, 힌두문명, 슬라브문명, 라틴아메리카문명. 거기에 가능성으로서 아프리카문명이 더해져서 서로 대립한다고 한다. 구 유고나 중동은 문명의 접촉에 의한 대립 · 격발의 전형적 예이다. 문명 충돌의 위기가 증가하는 이유는, 주로 서양의 헤게모니가 약해지고 각 문명이 자기주장을 강화하기 때문이다. 또한 지구가 작아져서 문명의 차이에 의한 대립을 의식할 기회가 증대했다는 것, 문명권을 구성하는 각국 국민의 통합이 약해지게 되었다는 것, 경제적 지역주의가 대두해온 것 등의 이유를 들 수 있다. 이렇게 해서 각각의 문명이 스스로가 기대어 서는 근거가 되는 종교를 강하게 자각하고, 종교적 아이덴티티의 확인에 힘을 들이는 사태가 발생하고 있는 것이다.

일본의 내셔널리즘과 신신종교

세계의 종교/정치 관계를 둘러싼 이상과 같은 큰 움직임은 동아시아, 특히 일본에도 적잖은 영향을 미치고 있다. 일본의 신신종교나 신영성운동도, 그리고 종교적인 내셔널리즘의 동향도 그런 흐름 속에서 파악할 필요가 있다. 다만 그때, 일본, 더 나아가서는 동아시아에 있어서 종교/정치 관계의 특징을 잘 이해해두지 않으면 안 될 것이다.

세계의 다른 여러 지역과 비교했을 경우, 동아시아의 종교/정치 관계의 특징은 문명이나 국민을 통합하는 역할을 완수해야할 명확한 중심적 구제종교 전통이 결여되어 있다는 것이다. 19세기 전반까지, 동아시아는 유교를 중심으로 여러 종교가 보조자의 위치에 놓이는 형태의 국가통합을 행해왔다. 그러나 근대화가 진행됨과 동시에 유교는 국가통합의 종교로서의 기능을 급속히 잃게 된다. 일본의 경우, 1945년까지는 신유습합神儒習合이라고도 할 만한 국가신도에 의해서 국가통합을 유지해왔지만, 그것도 연합국의 지시에 의하여 해체되었다. 이것은 다른 선진 여러 국가에서의 정교분리, 비국교체제와 궤를 같이하는 변용으로도 볼 수 있지만, 거기에 그치지 않는 큰 의미를 가진다. 말하자면, 유교나 신유습합의 국가신도는 구제종교가 아니기 때문에 사적인 개인의 견고한 신앙을 확보할 수 없다. 정치적인 기능을 잃으면 개인의 신앙으로서 살아남을 수 없으며, 단편적인 문화전통으로서 확산되어 가버리기 때문이다.

현대의 동아시아는 이 의미에서 특수한 불안을 떠안은 지역이 된다. 즉, 개개의 국민이나 문명권을 통합하는 구제종교가 명확하지 않기 때문에 국민문화나 문명권을 지지하는 정신적 기반이 불확실하게 느껴진다는 것이다. 물론 동아시아에서도 개인의 신앙을 모으는 구제종교는 일정한 에너지를 가지고 있다. 한국의 기독교나 일본의 신종교, 양국의 불교는 그 좋은 예이다. 중국에서도 지금, 국가의 통제망을 뚫고 기독교나 불교나 법륜공法輪功 같은 신종교의 확산이 보인다. 그러나 이들 구제종교는 국민통합과 직접적으로는 연결되기 어려운 것이다. 기독교나 불교, 신종교가 공존하는 상황 하에서는 통일적인 종교문화를 공유하는 연대감이 생기기 어렵다.

특히 1980년대에 현저했지만, 일본의 상당히 넓은 층의 사람들 사이에서 「일본인론」이 대단히 활발하게 언급되는 것은 어떻게든 공통의 국민적 정신 기반을 가지고 싶다는 욕구의 표현이다(제6장). 요컨대 구제종교에 의한 국민통합의 결핍부분을 일본인론에 의하여 보충하려는 것으로 볼 수 있다. 이같이 생각하면, 일본에서 신영성운동이 매우 성행하는 이유도, 그리고 그것이 신신종교 발전의 중요한 기반이 되고 있는 이유도 명확한 구제종교 전통에 의탁하기 어려운 종교 전통 확산의 상황에서 찾을 수 있을 것이다.

옴진리교나 통일교나 행복의 과학과 같은 강한 정치적 의지를 가진 교단이 대두해온 것은 세계적인 개인의 종교회귀, 즉 구제종교 복귀의 흐름을 탄 움직임이다. 창가학회의 경우는 민주주의에 대해 높은 평가를 하고 있어서, 근대적인 세속적 자유주의와의 이데올로기적인 대립은 두드러지지 않았다. 그렇지만 80년대에 신장이 뚜렷한 신신종교는 세속적 자유주의에 대한 정면에서의 비판을 내세우고 있다. 통일교계의 『종교신문』과 같이 그런 반세속주의적 종교 세력을 결집하려는 시도도 성공할지 어떨지는 별도로 하고 계속되고는 있다.(11)

그러나 국민통합을 가능하게 하는 정신적 기반의 결핍감은 국민들 사이에 상당히 확대되고 있는 것 같다. 일본인론에 보이는 것처럼 고신도나 애니미즘을 칭송하거나 동양적 · 아시아적인 것에로의 회귀를 주장하는 문화적 내셔널리즘은 80년대에 대단히 성행했다. 신영성운동과 이런 문화적 내셔널리즘의 사이에는 종종 서로 지지하는 관계가 보인다.(12) 그리고 그들과 느슨한 상호자극 관계를 가지면서 신신종교의 발전이 보였던 것이다.

1995년 옴진리교사건 이후, 종교에 대해 적극적으로 언급하는 내셔널리즘적 언설은 조금 누그러졌다. 그러나 그 대신에 역사관이나 야스쿠니 문제 등, 정치질서에 직접 관계되는 내셔널리즘적 언설이 성행하게 되었다. 신신종교의 세속주의비판의 언설과 이 정치적인 내셔널리즘 사이의 연관은 2000년대 이후에도 크게 주목하고, 규명해야할 논제일 것이다.

제8장 1970년에서 90년으로

신신종교 가운데의 시대적 차이

이 장에서는 신신종교 가운데 하나의 유력한 계보에 초점을 맞추어 「포스트모던의 신종교」로서의 신신종교의 특징을 확인함과 동시에 신신종교와 시대상의 대응관계에 대해서 좀 더 자세하게 살펴 가기로 한다.

본서에서는 신신종교라는 말을 1970년대 이후에 발전한 신종교교단을 널리 가리키는 것으로서 사용하고 있지만, 시대적인 측면만을 보아도 70년대 이후의 여러 교단이 많은 특징을 공유하고 있는지 어떤지 잘 확인해두어야 한다. 사실 70년대 이전에 기초가 다져져 70년대부터 80년대 전반까지의 발전이 눈에 띄는 교단과 80년대 이후에 기초가 다져져 80년대 후반 이후에 발전이 두드러진 교단에서는 사상이나 실천에 상당한 차이가 있는 것으로 생각된다.

전자를 신신종교의 제1물결이라고 부른다고 하면, 후자는 신신종교의 제2물결이라고 부를 수 있을 것이다.(1) 전자에는 아함종, GLA, 진광(숭교진광, 세계진광문명교단), 진여원, 통일교, 여호와의 증인, 현정회, 정토진종신란회가, 후자에는 옴진리교, 행복의 과학, 월드메이트, 법의 화삼법행이 속한다. 이들 제1물결과 제2물결의 교단을 비교해봄으로써 신신종교 가운데의 시대적 변화를 파악할 수 있을 것이다. 그것은 또한 「구」신종교에서 신신종교로의 변화, 근대적인 신종교에서 포스트모던적인 신종교로의 변화가 어떠한 측면에서 두드러지고 있는지를 명확히 하는 것으로도 통한다. 포스트모던적인 특징은 제2물결에서 보다 현저하게 나타날 것이 예상되기 때문이다.

이 장에서는 1960년대에 형성되어 1970년 전후에 급성장하고, 후의 신신종교에 큰 영향을 미친 GLA와 1986년에 창립되어 1990년 전후에 급성장한 행복의 과학을 예로 해서, 특히 그 구제사상에 대해 논하면서 포스트모던적인 성격의 추이에 대해서 고찰해가고자 한다. 1970년 무렵과 1990년 무렵에 초점을 맞추어, 양자가 「근대에 대항」하는 방식을 비교해보는 것이다. 행복의 과학은 GLA로부터 일정한 영향을 받아 성립한 교단이며, 그 교의에는 GLA와 공유하는 내용이 적지 않다. 그러나 양자가 크게 다른 종교체계를 갖추고 있는 것도 분명하다. 이 두 교단은 약 20년의 시간을 사이에 두고 성립, 발전하고 있고 그 종교적 세계는 이 20년의 시대적 추이를 반영하고 있다고 볼 수 있을 것이다.

더욱이 1970년 이후의 GLA(GLA종합본부), 1990년 이후의 행복의 과학은 각각 독자적 발전을 이루고 있으며, 당시의 교의나 실천과는 다른 내용을 지닌 것으로 변화하였다.(2) 이 장의 논술은 어디까지나 「초기 GLA」와 「초기 행복의 과학」에 대한 비교라는 것을 명기해 두고자 한다.

1. 초기 GLA의 구제사상

다카하시 신지高橋信次와 GLA의 발단

GLA의 창시자 다카하시 신지高橋信次(1927~76)는 나가노현長野縣 사쿠코겐佐久高原의 가난한 농가에서 태어났다.(3) 육군유년학교 시절에 군대에 들어가, 태평양전쟁에서는 항공병으로 활동했다. 전후, 전기관련 지식을 습득하여 25세로 전자부품제조 사업을 일으키고, 중소기업의 경영자로서 활약했다. 40세에 이른 1968년, 처와 처의 동생들과 부처님께 기도를 올리거나 명상을 하는 동안에 신비적 현상을 체험하게 된다. 그리고 육체와는 독립된 실체인 혼이나 혼의 본거인 「실재계」가 분명히 있다는 것, 마음을 조화시키고 사랑이나 자비의 마음을 가짐으로써 실재계의 고차원적 존재인 여래나 보살의 경지로 마음을 높여가야 한다는 것들을 깨닫게 된다. 이런 신앙을 널리 퍼지게 하는 단체로서 68년 도쿄에 「신리회神理の會」가 발족하고, 다음 해 「대우주신광회大宇宙神光會」, 70년에는 GLA(God Light Association)로 호칭을 바꾸었다.

다카하시 신지는 처음부터 강연회 등의 집회와 단행본으로 가르침을 넓혀갔다. 그리고 급속하게 귀의자가 증대한 후에도 교단의 조직화를 적극적으로 행하지는 않았다. 76년에 48세로 병사한 후, 장녀인 다카하시 게이코高橋佳子가 후계자가 되었지만, 많은 교단이 파생했다. 다카하시 게이코를 지도자로 하는 주류主流인 GLA종합본부가 공식적으로 주장하는 1990년 말의 신도 수는 12,981명이었다. 이들 제 교단은 다카하시 신지의 가르침을 그대로 신봉하는 것은 아니지만, 그 후에도 다카하시 신지의 저작이 존중되고 있는 교단도 있다. 또 이들 교단에는 소속하지 않고 개인적으로 그의 저작을 가까이하고 있는 사람들도 많았던 것 같다. 그리고 다카하시 신지의 저작은 80년대, 90년대를 통해서 대형서점에 다수 진열되어 있었다.

여기에서는 1971년부터 76년 사이에 간행된 다카하시 신지의 저작, 특히 『마음의 발견』「신리편神理篇」(71년) 「과학편」(71년) 「현증편現證篇」(73년)을[4] 주된 자료로 해서, 이 시기 GLA의 가르침의 특징을 보도록 한다.

(1) 영혼의 실재 및 현상계와 인접한 계층적 이세계異世界의 실재

우리들의 육체와는 별도로 영혼이 존재한다. 인간의 사후, 영혼(「광자체光子體」라고도 불린다)은 육체라는 그릇(「육체주肉體舟」라고도 불린다)을 떠나서 계속 존재한다. 또 우리들이 늘 가까이 지내서 익숙한 현실세계(현상계)는 유일한 세계가 아니며 현상세계에 인접하여 또 하나의 세계, 즉 「실재계」가 존재한다. 사후의 영혼이 가는 곳은 이 실재계이다. 다카하시 신지를 따라서 마음을 조화시키면, 「영도靈道를 연다」는 체험을 할 수 있다. 실재계로 통하는 「돔」에 혼을 가게 하여 수호령守護靈이나 잠재의식과 교류하고, 과거세過去世의 기억이 되살아나는 등의 일이 일어나게 된다.

실재계는 여섯 개의 계층구조를 이루고 있다. 최고의 층에 있는 것이 「여래계」로, 석가 · 예수 · 모세라는 3개의 「상상단계광上上段階光의 대지도령大指導靈」과 423개의 여래, 즉 「상단계광」의 지도령이 존재한다. 그들은 현상계의 사람들을 지도함과 동시에 또 스스로도 수행하여 혼의 향상에 힘쓴다. 제3의 층은 「신계神界」이며, 철학자나 과학자와 같이 지知로 깨달아 실재계로 돌아 간 일억 수천만 명의

「빛의 천사」들이 있다. 제4의 층이 「영계靈界」이며, 일반인보다 약간 격이 높은 영들이 있으며 현상계의 사람들을 수호한다. 제5의 층은 「유계幽界」라고 불리며 전쟁이 없는 조화된 사회로, 사람들은 만족할 줄 알고는 있지만 여전히 현상계에 가까우며 아직 인간세계의 분위기가 난다. 많은 사람들이 여기에서 현상계로 수행하러 나와 있다. 최하층은 지옥계로, 인생에서 부조화한 상념을 가진 사람들이 사후에 그 상념에 매달린 채 고통의 생을 보낸다.

인간의 혼은 이 계층구조를 가지는 실재계에 영원한 생을 가지며, 그곳에서 현상계(현세)로 수행을 위해 태어나게 된다. 요컨대 「전생윤회」를 되풀이하는 것이지만, 태어날 때에는 과거의 삶의 기억은 상실된다.

(2) 신, 불, 우주의 역사

신이란 바로 우주 그 자체와 같은 넓이의 범위에 미치는 「대의식大意識」 「대우주 대신령大宇宙大神靈」이다. 이 대우주 대신령 아래에 「태양계」이며 진정한 메시아인 엘 란티가 있다. 이 엘 란티의 빛의 분령分靈으로서 아가샤계의 예수, 칸타레계의 석가(불타), 모세계의 모세가 있다. 불타는 깨달은 인간, 즉 신의 대의식과 불리일체不離一體의 위치가 된 인간이다. 인간의 혼이 향상되면, 실재계의 계층을 올라가서 부처의 깨달음에 가까이 간다. 인간은 「전생윤회」하면서 이 진화의 과정을 더듬어 간다.

3억 6천 5백만 년 전에 엘 란티는 베타성에서 지구로 와서 인류의 시조가 되었지만, 그 후 천상으로 돌아갔다. 아득히 먼 후가 되어 문명사회가 성립되고, 무대륙, 아틀란티스대륙 등에서 흥륭과 쇠멸을 반복하며 현재의 문명사회에 이르렀다. 다카하시 신지는 엘 란티의 화신이며, 또 일찍이 불타로서 태어난 혼의 재생再生이기도 하다. 요컨대 그는 진정한 메시아이다.

(3) 인생의 목적으로서의 혼의 향상, 마음고치기에 의한 그 실현

인간이 현상계에 태어나는 것은 혼을 향상시키기 위한 수행의 장으로서 현상계가 어울리기 때문이다. 현세에서의 고난은 혼의 향상에 도움이 되는 수행 혹은 시련인 것이며, 현세에 태어날 때 스스로 각오하고 선택한 것이다. 따라서 고난의 원인은 외부의 누군가나 무언가에 억지로 떠맡겨야 할 것이 아니라 자신의 수행을 위한 것으로서 기쁘게 받아들여야할 것이다.

혼의 향상은 자신의 마음을 바로잡아감으로써 실현할 수 있다. 바른 마음을 갖는가, 그릇된 마음을 갖는가는 현상계에서의 운명에도 영향을 미친다. 그릇된 마음은 「나」에 대한 집착이나 사물에 얽매이는 것이며, 욕망에 끌리는 것이다. 또 부조화한 마음, 노여움이나 질투나 증오나 신경질이다. 이런 마음을 가지면 불행이나 슬픔이 가까이 오게 된다. 부조화한 마음을 가지는 사람에게는 지옥계의 악령이 들리기 쉽기 때문에 불행이 증폭되기 쉽다.

한편 바른 마음이란 자비나 사랑의 마음이며, 조화된 마음, 치우침이 없는 중도의 마음이다. 올바른 마음과 그것에 의거한 생활이나 실천의 규준은 「팔정도八正道」에 의해서도 나타난다. 즉, 정견正見(바른 견해 · 신앙), 정사유正思惟(바른 의지 · 결의), 정어正語(바른 언어적 행위), 정업正業(바른 신체적 행위), 정명正命(바른 생활법), 정정진正精進(바른 노력 · 용기), 정념正念(바른 의식 · 결의), 정정正定(바른 정신통일)이라는 규준이다. 이 같은 규준에 입각하여 끊임없이 자신의 마음 자세를 반성(선정명상禪定冥想)함으로써 마음이 깨끗해져 간다. GLA에서는 과거의 생애나 매일의 자기를 반성하고, 마음을 깨끗하게 하는 것은 신앙자의 가장 중요한 실천이 된다.

마음의 선악은 현상계에서의 행불행에 영향을 미치지만, 인생의 목적은 현세에서의 개인적 행복에 있는 것이 아니다. 현상계의 인생, 즉 생로병사는 모든 괴로움의 원인이며, 현세에서의 행복은 결국 무상無常 가운데 있다. 실재계에 본래의 거처를 갖는 혼의 향상이야말로 확고한 행복의 기반이며, 진정한 인생의 목적이다. 다만, 현세에서의 인간은 「유토피아건설」이라는 사명을 지니고 있다. 조화된 마음을 넓히고, 조화된 사회를 지상에 실현하기 위해 노력하는 일이다.

(4) 현대사회와 타종교에 대한 비판

현대사회는 본래의 인간이 갖추어야 할 의당한 모습에서 좀 먼 것이다. 사람들은 물질주의에 빠져서 자기 욕망의 충족에 혈안이 되어 있다. 지위나 명예나 부의 추구가 인생의 목표가 되어 버렸다. 지위나 인종에 의한 차별이 버젓이 통하고 있고, 증오나 투쟁이 횡행하고, 자비나 사랑은 완전히 없어지고 있다.

다카하시 신지의 현대사회비판의 사고방식을 보여주는 예로서 『사랑과 증오를 초월하여』(5) 라는 소설에 대해서 간단하게 기술한다. 이 소설에서는 일본인에게 시집간 대만인 여성이 주위로부터 심한 괴롭힘을 당한 일, 그 아들인 주인공 소년이 성인이 된 후, 차별에서 벗어나기 위해서 자기의 출생을 감추고 오로지 부나 권력을 바라고 악착같은 생활을 하고, 예전부터 차별한 사람들에 대한 보복을 다하려고 한 일 따위가 기술되어 있다. 병이 들어 의식을 잃은 주인공이 이런 과거의 자기 인생을 반성하고 뉘우치고 고쳐서 깨끗한 마음이 되어, 주위 사람들에 대한 배려에 눈뜬다는 줄거리이다. 이야기 속에 강한 현대사회비판이 담겨있는 것이라고 할 수 있다.

종교의 현 상태에 대해서도 냉엄한 비판을 가하고 있다. 현대의 종교는 마음의 조화와 올바른 생활에 의해서 스스로를 고양시켜가는 인간 본래의 모습을 기르고 있다고는 말하기 어렵다. 개개인이 자기 노력을 들이지 않고, 신불에 의지하여 행복을 얻을 수 있다는 타력주의他力主義나 이익신앙이 만연하고 있다. 또 맹신, 광신으로 빠지거나 의례주의, 지성주의에 빠지고 있는 이 모두가 스스로의 노력에 의하여 혼을 향상시키도록 독려하는 종교 본래의 모습에서 일탈하고 있다.

이런 현대사회나 종교의 모습을 변혁시켜가는 일이 유토피아건설의 과제가 될 것이다. 그러나 그것을 위한 구체적인 방책에 대해서는 무엇도 기술되어 있지 않다. 마음의 변혁이 종교를 바꾸고, 결국은 사회를 바꾸게 되는 것이라는 비행동주의적 접근이다.

2. 「행복의 과학」의 구제사상

오카와 류호大川隆法와 「행복의 과학」의 발단

행복의 과학의 창시자 오카와 류호大川隆法(1956~)는 도쿠시마현德島縣 가와지마마치川島町(2004년 몇몇 마치町가 합병되어 요시노가와시吉野川市로 변경됨-옮긴이)의 그다지 유복하지 않은 봉급생활자인 아버지의 가정에서 자랐다. 아버지는 사상이나 종교나 정치에 관심이 많았으며, 기독교나 생장의 가와 같은 종교에 관계를 가지거나 공산당의 지방잡지 편집에 관계한 적도 있었다. 류호는 초등학교 때부터 성적이 우수하였으며, 도쿄대학 법학부를 졸업하고 1981년에 대기업인 도멘상사에 취직했다.

원래 가정의 영향으로 종교에 관심을 가지고 있었지만, 취직하기 조금 전에 다카하시 신지의 책을 읽고 한동안 영도靈道가 열려 다른 차원의 영의 말을 붓으로 쓰거나 말할 수 있다고 믿게 된다. 다카하시 신지와 젊은 오카와 류호가 깊은 관계가 있는 종교가인 것을 알 수 있을 것이다. 적어 둔 「영언靈言」을 『니치렌日蓮의 영언』 『구카이空海의 영언』 『그리스도의 영언』 등으로 간행한 후, 86년에 도멘을 퇴사하고 도쿄에 「행복의 과학」이라는 종교단체를 설립했다. 몇 십 권이나 간행된 저작들이 연달아 베스트셀러가 되고, 세상의 주목을 받게 된다.

그 후 교단의 급속한 성장으로 1990년 7월에는 회원 수가 7만 수천 명, 91년 7월에는 152만 명이라고 공식 주장하기에 이른다. 이 숫자를 어떤 근거로 주장한 것인지는 명확하지 않지만, 이 시기의 최대 집회에 수만 명을 모을 수 있는 규모가 된 것은 사실이다. 그렇지만 91년 가을, 교조 오카와 류호를 중상 · 비방하는 기사를 게재했다고 해서 대형 출판사인 고단샤講談社를 상대로 눈에 띄는 항의행동을 하는 일이 있었다. 그리고 그것이 도리어 매스컴에 의하여 심한 공격을 받게 되고, 그로써 매스미디어의 정면에서는 조금 물러서게 된다.

오카와의 저작은 많지만, 그 기본은 『태양의 법』 『황금의 법』 『영원한 법』의 3부작(6)으로 기술되어 있는 것이다. 그 사회의식이나 정치의식을 아는 데는 『유토피아가치혁명』 『프랭클리 스피킹』 등이 중요하다. 또 행복의 과학의 가르침이 요령 있게 잘 정리되어 있는 서적으로서 『신리神理용어의 기초지식100』이 있다.(7) 이하에서는 이들 서적에 의하면서 초기 행복의 과학의 구제사상을 기술하기로 한다. GLA와 중복되는 내용에 대해서는 차이점에 역점을 두고 기술해가기로 한다.

(1) 영혼의 실재 및 현상계와 인접한 계층적 이세계異世界의 실재

이 가르침은 GLA와 동일 구조를 가진다. 영혼 실재의 신앙, 현상세계와 인접한 계층적 이세계가 있다고 하는 신앙은 동일하다. 현상계는 3차원 세계라고 불린다. 이세계로서는 4차원 영계靈界, 5차원 영계, 6차원 신계神界, 7차원 보살계, 8차원 여래계, 9차원 우주계가 있다고 한다. 이들 4~9차원 세계는 GLA의 가르침에서는 실재계의 6계층에 대응하는 것이지만 지옥계는 영계에 포함되며, 대신에 「우주계」가 있는 점이 다르다. 또 10차원 이상의 세계가 있으며, 13차원에서 대우주의식에 이르지만 좀 더 고차의 신적 의식도 있다고 하는 등 지적 세련도가 높아졌다.

각 계층세계의 성격이나 거기에 있는 신령의 수나 이름에 대해서도 GLA와 다른 것이 적지 않다. 「영도靈道를 연다」고 하는 실천은 있었지만, 그다지 빈번히는 실천되지 않았던 것 같다. 대신에 오카와 류호 주재主宰가 다양한 영과 교류하고 그 영언을 말하는 형식으로 이세계의 실재에 대한 「증명」이 이루어져 왔다.

(2) 신, 불, 우주의 역사

우주의 역사, 인류의 역사나 전사前史 등에 관해서는 GLA의 교설과 중복되는 것이 많지만, 보다 세밀하게 묘사되어 있다. 약 천억 년 전에 의식존재로서의 신은 3차원 우주공간의 창조를 의도했다. 먼저 8백억 년 전에 13차원 우주공간이 만들어지고, 12~10차원 의식의 창조 후, 4백억 년 전에 13차원 의식체 내부에 빅뱅이 일어나고 3차원 공간이 발생했다. 그리고 나서 태양탄생, 제 혹성탄생, 지구탄생, 지상생명탄생을 거쳐 6억 년 전부터 9차원 신령의 협력으로 인류창조의 과정이 시작된다.

이 과정에서는 다양한 별의 영靈이 협력하지만, 가장 중요한 것은 금성의 엘 미오레(엘 칸타레)이다. 9차원 우주계 신령의 최고위最高位에 위치하는 이 엘 칸타레는 인류창조의 주요 계획자이며, 후에 그리스에 헤르메스가 되고, 또 인도에 불타가 되어 다시 태어나며, 현재 오카와 류호로서 태어난 구세주이다.

다른 9차원 신령은 예수 그리스도, 모세, 제우스, 마누, 공자, 뉴턴, 엘 란티(다카하시 신지), 마이트레야, 조로아스터이다. 또 인류창조의 과정에서 약 1억 2천 년 전, 루시퍼의 반란에 의하여 지옥계도 생겼다.

백만 년 전부터의 문명을 들자면, 약 75만 년 전의 곤다아나문명이 시작되고 흥륭과 쇠멸을 반복하여 뮤트람문명, 레무리아문명, 무문명, 약 만 년 전에 대륙몰락과 함께 사라진 아틀란티스문명을 거쳐 현재의 문명에 이른다. 무문명은 동양문명으로 이어지고, 아틀란티스문명은 서양문명으로 이어진다. 불타와 헤르메스로 대표되는 이 두 문명을 총합하는 종교가 현대일본에 탄생한 행복의 과학이다.

(3) 인생의 목적으로서의 혼의 향상, 마음고치기에 의한 그 실현

이 가르침도 GLA와 공통점이 많다. 인생의 목적은 실재계에서 영원히 존속할 자기의 혼을 향상시키는 것이다. 그 때문에 반성과 마음의 조화가, 자비와 사랑이, 혹은 중도나 팔정도의 실천이 요구되는 것이다. 다만 이들 일상적인 윤리실천과 「마음고치기」는 행복의 과학에서는 「올바른 마음의 탐구」와 그 구체적 발전으로서의 「사정도四正道」로 정리되어 있다. 이 사정도 가운데 GLA와 조금 다른 요소가 내포되어 있다.

사정도란 「인간이 참으로 행복해지기 위한 방법론」으로, 「사랑」 「지知」 「반성」 「발전」의 4가지의 길을 가리킨다. 이 가운데 「사랑」과 「반성」은 GLA에서도 강조되고 있던 것으로, 다카하시 신지의 세계 가운데 핵심에 위치하는 것이었다. 그에 비해서 「지」와 「발전」은 GLA에서는 그다지 설명되고 있지 않는 것이며, 행복의 과학에서 특히 강조되고 있다.

「지」란 「신리神理」에 관한 지식을 가리킨다. 그것은 행복의 과학의 입장에서 본 올바른 지식을 몸에 익히는 것이지만, 실제로는 오카와 류호의 저작에 적혀 있는 마음의 가르침이나 영적 지식, 역사나 제종교 · 사상철학, 정치, 경제 등에 관한 인식을 깊게 하는 것을 의미한다. 우선 많은 오카와 류호의 서적들을 읽고 충분히 이해하고, 「전국통일신리학검정시험」이라는 시험을 치를 것이 권장된다. 이 신리학의 지식을 충분히 갖는 것이 6차원 신계 높이의 영혼의 필수조건이 된다.

한편, 「발전」이란 반성이나 자기 주변의 사랑에 의한 「사적 행복」에 그치지 않고, 높은 사명감을 가지고 「공적 행복」의 실현을 목표로 노력해야 하는 것이다. 반성에 의해서 마음을 깨끗하게 하는 것 만이라면 자칫 내향적으로 되기 쉬운데, 그것만이 아니라 외향적으로 사회를 향해서 도모해가지 않으면 안 된다. 동양적·명상적인 태도와 함께 그리스적인 밝고 활동적인 태도도 필요하게 되는 것이다. 이 외향적인 자세를 끌어내는 사고방식으로서 「상승사고常勝思考」가 권장된다. 실패나 좌절로 생각되는 일에서도 반드시 뭔가를 배우고, 혼의 양식이 되는 것을 받아들여 항상 전진해가려는 사고방식이다.

(4) 유토피아건설의 비전

이 같은 외향적인 자세로 사회에 작용하려고할 때, GLA에서 주장되고 있던 「유토피아건설」도 보다 구체적인 지침을 갖춘 것이 된다. 정치·경제·교육 등 사회질서의 전반에 걸쳐서 현재의 모습을 바꾸고 종교적, 도덕적(행복의 과학의 용어로는 「신리적」)인 가치를 중시한 질서로 「유토피아가치혁명」을 전진시켜가야 할 것이라고 한다.

예를 들면, 정치는 민주주의의 구조에 덕치주의의 요소를 반영시켜야 한다. 경제제도도 단순한 등가교환이 아니라 도덕적인 가치를 반영한 가격·이자·세금제도로 해야 한다. 교육에 있어서는 인생의 목적이나 사랑의 중요성이나 영원한 생명이란 것이야말로 가르쳐야 한다. 생명윤리의 문제에서는 뇌사를 죽음으로 인정하는 것에 반대하고, 뇌사비판 캠페인도 행했다. 심장 정지 후, 시간을 두고 육체를 떠나가는 영혼에 충격을 주면서까지 억지로 장기이식에 의하여 생명을 연장하려는 현대의학에 대한 비판이다.

사상이나 종교나 언론을 둘러싼 쟁점에 대해서는 특히 관심이 많으며, 이 교단의 사회적 행동주의가 현저하게 나타나 있다. 매스컴은 영향력을 가지는 인물을 끌어내리는 일에 열중하고 있다. 대중의 질투심에 빌붙어 사람들을 마녀사냥으로 몰아가고 있다. 또 매스컴의 종교에 대한 멸시도 문제다. 종교에 경의를 가지고 존경할 만한 사람은 존경하도록 매스컴을 개혁하고, 시민의식을 바꾸어가지 않으면 안 된다. 언론의 자유는 인정하더라도 유물론을 말할 자유에는 스스로 한계가 있어야 한다고도 주장하고 있다.

이 논점들에 관해서는 제9장의 근대적 가치에 대한 비판이라는 관점에서 좀 더 깊이 생각하기로 한다.

3. GLA와 「행복의 과학」의 구제사상 비교

양자의 비교와 시대상

GLA와 행복의 과학의 양 집단이 제1기에서 제3기까지의 신종교와 공유하는 특징은 많다. ① 불교와 민속종교의 신령신앙을 주된 구성요소로 한 습합적인 종교의 계보상에 위치지울 수 있는 점, ② 우주의 총체를 신(근원자)의 발로로 보고, 우주에 내재하는 힘 · 빛 · 생명력에 신뢰를 두는 점, ③ 인간 자신도 신의 성질을 나누어 가지는 존재이므로, 신적인 존재로서의 자각과 향상에의 노력을 요청하는 점, ④ 자신의 마음 자세가 운명을 정한다고 보고 그 향상에 힘쓰는 「마음고치기」를 중시하는 점, ⑤ 사자死者의 영, 동물의 영 등이 현세의 인간 운명에 영향을 미친다고 해서 그 통제에 마음을 쓰는 점, ⑥ 현존하는 지도자, 혹은 가까운 과거에 사망한 지도자를 구제자(예수 그리스도의 현현顯現)로서 숭배하는 점 등은 일본의 많은(물론 전부는 아니다) 신종교교단에 보이는 특징이다.

그러나 한편, 제3기까지의 신종교(「구」신종교)와 조금 다른 새로운 특징도 보인다. 무엇보다도 눈에 띄는 차이는 현세구제의 관념이 별로 선명하지 않고, 현세를 초월한 이세계에서의 생에 상당한 역점을 두고 있다는 점이다.

1960년대까지로 주된 발전기를 맞은 「구」신종교에서도 사후의 세계, 즉 「영계」에 관심을 기울이는 일은 적지 않았다(영우회 등. 제3장 참조). 그러나 그것은 주로 영계의 제 존재가 현세의 인간 운명에 영향을 미치게 된다는 측면에서였다. 영계에 관심이 기울어진다고 하더라도 인생의 주된 목표는 이 세상에서 행복한 공동생활을 다하는데 있다고 생각되었다. 병의 치유 등의 현세이익이 중시되는 것도 그것이 물질적, 신체적, 일시적인 이익의 실현이라고는 간주되지 않고, 궁극적 구원의 비근한 현상이라고 믿어졌기 때문이다. 현세의 고뇌를 현세 안에서 극복하여 최고의 행복에 이른다는 현세구제의 관념이 「구」신종교의 구제관의 주요한 특징이었던 것이다.

그렇지만 초기 GLA와 초기 행복의 과학에 있어서는, 「실재계」에서 혼이 영원한 생을 가지는 것을 강조한다. 원시불교의 사고방식에 따라서 이 세상은 일시적으로 사는 곳이라는 「무상」관이 설명되고 있다. 「전생윤회」하는 혼이 자기향상을 향하여 나아가야할 길고 긴 시간이 상상되어서 지금의 인생의 짧음, 무상함이 인상지어진다. 행복이라는 말은 인생의 목표를 가리키는 것으로서 사용되지만, 지금 현재의 인생에서만 실현할 수 있는 것으로는 생각되지 않는다. 영원한 생을 가지는 혼의 향상이라는 것을 생각하면, 이 세상의 고난에 의한 시련도 오히려 의미 깊은 것으로서 받아들여야할 것이 된다.

탈현세지향이 사람들의 마음을 끄는 이유는 무엇인가?

이 탈현세지향적인 요소는 가족이나 친족, 지역공동체, 직장 동료 등, 현세에서의 일상적이고 안정된 다수자의 공동생활이 갖는 의의가 종래의 신종교와 비교하면 좀 가벼워졌다는 사실과 관계가 있다. 영원한 생을 가지고 윤회하는 혼에 있어서 이 세상 사람들과의 교분은 일시적인 것에 지나지 않는다. 「구」신종교의 현세구제사상에 보였던, 사람들과의 건강하고 평화롭고 따뜻한 공동생활 속에서 궁극적 구원을 찾으려고 하는 희망은 다소 희박해졌다. 견고하고 확고한 리얼리티(실재성)는 실재계에 본거를 가지는 자기의 고독한 혼 가운데 있다.

GLA나 행복의 과학의 세계는 타자와의 상호의존이나 의지, 그리고 거기에서 생기는 갈등이나 알력을 조금 성가시다고 느끼는 내면지향적인 일면을 가지는 사람들의 심정을 반영하고 있다. 그들은 자립이나 개인의 책임을 중시함과 동시에 자신의 과거를 혼자 조용히 반성하고, 고독한 혼의 평온함을 실감하는 것을 좋아한다. 다같이 「마음고치기」를 말하면서도 「구」신종교는 인간관계 속의 기쁨에 낙관적인 기대를 두었던 것에 비해서, GLA나 행복의 과학은 이 세상의 인간관계에 냉담한 시선을 두고 있다. 그리고 내적인 평안에 마음이 끌리며, 영원한 혼이 사는 곳(이세계)을 동경한다. 신신종교에서는 「구」신종교와 비교하여 젊은이의 참가 정도가 높은데, 이것도 방금 기술한 것과 깊은 관계를 가질 것이다.

이런 사고방식이 퍼지게 된 하나의 이유는 일본사회가 일정한 풍요를 달성하고, 개개인의 사적 자유가 중시되었다는 점일 것이다. 그것은 또 능력주의가 점점 강화되어 초등학교 때부터 금욕적인 자기

단련의 태도를 몸에 익히는 사람들이 현저하게 증대되었다는 것과도 관련이 있을 것이다. 또한 근대화의 과정에서 진보와 번영에 기대를 두고 있던 인심이 이 세상의 무한한 진보와 번영에 의문을 품게 된 것에도 이유가 있을 것이다. 근대적인 현세지향의 태도에서 전통적인 구제종교(벨라의 「종교진화」의 도식에서는 「역사종교」라고 불린다.(8) 초기 GLA와 초기 행복의 과학의 경우는 원시불교)의 내세지향 · 탈현세지향의 태도로 회귀하려는 정신동향이 일본에도 보이는 것이다. 그리고 덧붙이자면, 불교적인 무상관無常觀이나 현세부정이나 지옥의 공포를 말하는 다른 신신종교교단에 정토진종신란회나 옴진리교가 있다.

GLA에서 「행복의 과학」으로

이상은 GLA와 행복의 과학에 공통되는 특징이지만, 다음에 양자의 상이점에 대해서 기술하고자 한다. 먼저, 행복의 과학의 실재계는 GLA 이상으로 멀고 또한 계층화의 정도도 심하다는 것이다. 최고계층의 실재계가 GLA에서는 9차원인데 비해서, 행복의 과학에서는 13차원 혹은 그 이상의 고차원적인 신적 의식이 있다고 한다. 실재계의 존재에 인간이 접촉할 수 있는 기회도 GLA에서는 「영도靈道를 연다」는 형식으로 많은 신도들에게 열려 있지만, 행복의 과학에서는 주재主宰인 오카와 류호에게 거의 한정되어 있다. 또 우주의 역사, 인류의 역사는 GLA에서는 상당히 단순한데 비해서, 행복의 과학에서는 매우 복잡하게 얽혀 있다. 실재계가 고차적인 지적 구성도構成度로 묘사되며, 그 의미에서 이 세상의 일반적인 리얼리티와는 거리가 멀다. 초월계가 공간적으로 멀뿐만 아니라 시간적으로도 「저편의 것」으로서의 성격을 강화한 것이다.

마음고치기의 자세에 대해서는, GLA에서는 「구」신종교와 마찬가지로 타자와의 관계를 여러 가지로 돌이켜보면서 그 가운데서 「조화」를 찾으려고 한다. 그러면서도 관계로부터 이탈하여 실재계로 지향하는 방향이 보이고, 거기에 탈현세지향적인 성격이 나타난다. 행복의 과학에서는 타자와의 관계에 대한 관심이 상세하게 표현되는 일이 적어지고, 「사랑」이나 「반성」과 같은 추상적 개념으로 표현됨과 동시에 세속사회 전체에 대해서는 오히려 「지」나 「발전」이라는 개념에 나타나고 있는 것처럼, 대항적 · 적극적으로 관여하려고 하는 자세가 현저하다.

그렇지만 양자의 차이를 가장 잘 볼 수 있는 것은 사회의식, 즉 현세의 사회질서에 대한 평가에 관한 것이다. GLA에서는 부나 지위, 권력에 의거하는 현세에서의 질서에 대해서 의문을 제기하고 있었다. 즉, 부의 분배의 불평등이나 인종 · 민족에 의한 차별이 엄격한 비판의 대상이 되며, 모든 인간의 존엄과 신(영태양靈太陽) 앞에서의 평등이 강조되었다. 이에 대해서 행복의 과학에서는 과도한 민주주의와 악평등주의에 의한 도덕적 질서의 붕괴, 그리고 욕망의 자유의 과잉이나 유물주의에 의한 종교 권위의 실추가 비판의 대상이 되고 있다. 근대의 그릇된 사고방식에 대해서 전통적인 종교성과 도덕성을 부흥시키고, 사회에 권위와 질서를 회복하는 것을 지향하는 새로운 보수주의로 통하는 사고방식이다. 제단에 오카와 류호의 사진을 내거는 등, 교조숭배를 정면에 내세우고 단단한 계층구조를 가지는 교단조직을 만들려고 한 점도 이런 새로운 사회의식과 관계가 있을 것이다.(9)

GLA와 행복의 과학의 이런 사회의식의 상이는 우선은 다카하시 신지와 오카와 류호라는 두 지도자의 개인적인 사상경향이나 사회경험의 차이에 의한 것으로 보아야할 것이다. 다카하시 신지는 차별에 의한 고뇌를 체험하면서 사회인이 되어, 차별받는 것이나 약자에 대한 공감을 중시하는 경향이 있었다. 오카와 류호에게도 그와 같은 경험은 있었겠지만, 한편 그는 도쿄대 법학부 졸업과 대기업 사원으로서의 경력을 자랑하기도 했다. 그러나 두 사람이 같은 구제사상의 틀을 가지면서 1970년 전후와 90년 전후에 각각 많은 지지자를 얻은 것을 생각하면, 거기에 일본의 사회와 인심의 변화가 얼마쯤은 비춰지고 있다고 볼 수도 있을 것이다. 즉 자유와 평등의 유토피아에 대한 희망에서 신적인 권위와 질서의 황금시대에 대한 희망이라는 변화이다. 그것은 일정한 풍요를 실현하면서, 사람들이 많은 잃어야할 것들을 가지게 된 일본사회의 보수주의화의 경향을 가리킨다. 그리고 동시에 세계의 여러 지역에서 현저해지고 있는 근대적 가치의 어떤 측면에 대한 부정적 의지(펀더멘털리즘에서 현저하게 보인다)의 일본적인 표현을 가리키고도 있다. 특히 전후의 평등주의적인 에토스를 둘러싼 급격한 평가의 전환이 반영되어 있다고 생각된다.

이 근대적인 가치에 대한 부정적 의지에 대해서, 다음 장에서 좀 상세하게 논하기로 한다.

제9장 근대적 가치에 대항하여

1. 구신종교에서 신신종교로

신종교의 가치관의 변용

신종교 역사상, 신신종교로서 위치지어지는 교단 중에 「컬트교단」 따위로 불리는 것이 적지 않은 것은 앞에서도 언급했다. 확실히 신신종교에는 시민이나 일반사회와의 사이에 문제를 일으키는 것이 많다고 해도 될 것이다. 그 문제 가운데는 세속사회의 가치규범에 정면으로 도전하고 있기 때문이 아닌가로 보이는 것이 있다. 현대사회가 전제로 하고 있는 근대적인 가치나 규범의 어떤 측면에 대항하고 다른 가치규범을 제시하려고 하는 자세이다.

이 같은 자세는 전후의 신종교 중에서 우세하였던 근대적인 가치를 기본적으로는 옳다고 생각하는 자세와 다르다. 전후의 신종교는 합리화, 휴머니즘, 기본적 인권이란 용어를 환영하는 경우가 많았다.

여기서는 창가학회에 버금가는 세력을 가진 종교교단인 입정교성회를 예로 들어본다. 1960년경, 즉 교의나 교단조직을 확립해가는 시기의 입정교성회에서는 법화경이 가리키는 진리와 보편적인 가치(실은 근대적인 가치일지도 모른다)가 합치하는 것이 당연한 것으로서 전제되고 있었다. 예를 들면 창시자인 니와노 닛쿄庭野日敬(1906~99)의 주저, 『법화경의 새로운 해석』[1](1961년)의 서두에는 다음과 같은 구절이 있다.

> 석존은 신이 내려서 일반 사람들에게 이해할 수 없는 신비적인 것을 말씀하신 것도 아니며, 독선적인 생각을 강요하신 것도 아닙니다. 석존은 「이 세계란 어떤 것인가? 인간이란 어떤 것인가? 그래서 인간은 이 세상에 어떻게 살아야 하는가? 인간 사회는 어떻게 존재하지 않으면 안 되는가?」 라고 하는 것들에 대해서 오랫동안 깊이 생각하고 생각하여, 그리고 「언제라도」 「어디에서라도」 「누구에게라도」 적합한 「보편적 진리」에 이르신 것입니다. 「언제라도, 어디에서라도, 누구에게라도 적합한 것」이 그렇게 어려운 것일 리는 없습니다. 예를 들면 「1을 3개로 나눈 것은 3분의 1이다」고 하는 것과 같이, 누구라도 이해할 수 있는 것입니다. 「이것을 간절히 바라면 반드시 병이 낫는다」고 하는, 이성으로는 알 수 없는, 단지 믿는 것 외에는 없는 가르침과는 전혀 다른 것입니다. (12쪽)

합리주의, 자유주의, 휴머니즘이 아니라

불교란 인간의 이성에 합치된 합리적인 진리를 말한 것이다. 또 석존은 「철저한 자유주의」적 인간이기도 하였다. 가르침을 강제하는 일은 결코 없으며, 교단의 운영도 모두가 자주적으로 하는 대로 맡겼다. 권위를 나타내어 통솔하는 일은 없으며, 충고자로서 신도집단의 자주성에 맡기려고 했다. 지방마다의 받아들이는 방식이 제각각 다양하더라도, 그것을 하나의 방향으로 통괄하지는 않았다. 그리고 그것은 또 「인간주의의 가르침」이기도 하다. 평범한 시민(서민 · 민중)의 인간성을 존중하고, 누구나가 실천할 수 있는 생활에 의거한 진리인 것이다.

「법화경」은 그 내용이 소중한 것입니다. 그 정신이 소중한 것입니다. 그리고 가르침을 실행하는 일이 소중한 것입니다. 그 가르침을 이해하고, 믿고, 실행함으로써 보통의 사회생활을 영위하면서도 여러 가지의 고민이나 고통에 얽매이지 않는 심경에 가까워진다는 것. 사람들이 서로 사이좋고, 남을 위해서 애쓰지 않으면 안 되는 마음이 된다는 것. 예를 들어 하루 중의 몇 시간이라도 그러한 마음이 된다면, 그 사람의 건강도 환경도 자연히 바뀌게 된다는 것 – 그것이 진정한 구원인 것입니다. 전 세계의 인간 모두가 그런 마음이 되고, 모두가 평화로이 행복하게 살아가게 된다는 것 – 그것이 「법화경」의 궁극적 이상이며, 소원인 것입니다.

진실로 「법화경」은 「인간존중」의 가르침이며, 「인류평화」의 가르침입니다. 한마디로 말하면, 인간주의(휴머니즘)의 가르침인 것입니다. 니치렌성인日蓮聖人이 입멸한지 꼭 7백년, 지금이야말로 우리들은 이 가르침의 참뜻으로 되돌아가 자기 자신을 위해, 가족을 위해, 남을 위해, 사회를 위해 보다 나은 생활을 이루어가야 하지 않겠습니까?

(27~28쪽)

니와노 닛교는 창가학회 3대 회장인 이케다 다이사쿠池田大作와 함께, 특히 합리주의나 휴머니즘이나 자유에 대해서 말하기를 좋아한 신종교지도자로서 눈에 띄었다. 다른 많은 신종교가 모두 이같이 근대주의적인 방향을 강하게 내세웠다는 것은 아니다. 그러나 전후의 신종교 가운데 확산된 형태이기는 하며, 이 같은 방향성이 널리 보였다는 것도 사실일 것이다. 그런데 1970년경부터 이에 대립하는 경향이 나타나기 시작하여 점차 그 경향이 두드러졌다. 「자유」로 대표되는 근대적 가치를 의심하거나 부정하는 움직임이 점차 눈에 띄게 되었다. 신신종교 중에 그런 「근대에 대한 의문」을 말하거나 행동으로 보이는 교단이 늘어난 것이다. 적어도 1995년의 옴진리교사건에 이르기까지 그 같은 변화가 분명히 일어나고 있었다.

예를 들면, 신신종교교단에 「세뇌」나 「마인드 컨트롤」이라는 비판이 가해지는 것은 그것이 개인의 자기결정이나 자율을 빼앗는, 결국은 개인의 자유나 인권을 부정하는 것으로 보이기 때문이다. 그에 대해서 종교교단측은 그것을 종교적인 훈련이나 헌신에 있어 당연히 요구되는 것이라고 한다. 세속사회의 자유나 인권이 인간에게 요구되고 있는 종교적인 규범과는 상이한 것이라고 보는 것이다.

내폐화와 세속주의가치 비판

이와 같은 「자유」를 둘러싼 대립에 관련하여, 신신종교로 불리는 종교집단에 종종 보이는 특징을 두 가지 점으로 정리하여 생각하기로 한다.

하나는, 종교집단의 내폐화라고 부를 수 있는 특징이다. 일반사회와의 보다 명백한 단절, 적대 내지 관계거절을 지향하는 경향이 늘었다. 「자유」라는 단어와 관련되는 다원성이나 다양성, 혹은 표현의 자유나 정보에 대한 무제한적 접근이란 가치에 반해서, 집단을 닫고, 구성원과 외부 세계의 사이에 두꺼운 벽을 만들어 내적 통일성을 유지하는 것이다. 그리고 오히려 공격적으로 외부에 나서는 자세를 취한다. 일반사회에서는 이질적인 가치나 다양한 정보 사이에서 헤매거나, 서로 대립하게 된다. 또 타자의 의사를 두려워하거나 불안하게 여기거나, 그것을 받아들일 수 없다는 생각에 괴로워해야 하는 일이 많다. 그런 고독이나 불안이나 혼돈에서 벗어나서 단일한 가치관이나 세계관, 그리고 서로 동질적인 감정의 반향 속에서 교류하는 생활, 결국은 동료만으로 이루어진 공간을 만들고, 단순히 적인 외부와 대결하는 경향이 강해졌다.

종교집단이 외부환경으로부터 스스로를 격리하는 일은 역사상 다양하게 있었다. 근대화 도상에서도 분명히 그 같은 종교집단은 생겨났었다. 그러나 그 경우, 종래라면 벽을 만들어 격리되어버리면 고립된 소집단에 머물지 않을 수 없었다. 미국에서 장수한 아미쉬 Amish(프로테스탄트 재세례파再洗禮派의 흐름을 이어받아 유럽에서 이주했다)에 보이는 것처럼,(2) 전기나 자동차나 카메라를 포함하여 근대문명을 지지하는 기술이나 제도를 철저하게 거부하고 그 이전의 생활양식을 고집하는 경우, 새로이 신도를 얻고 세력을 확충해갈 가능성은 거의 없었다. 그런데 20세기 후반, 도시로의 인구집중이 점점 심해지는 가운데 외부사회와의 벽을 만듦으로써 도리어 성장발전의 동력이 높아지고, 또 세력 확대가 가능하게 되는 예가 눈에 띄게 되었다. 내폐화가 종교집단의 실제적인 이익을 촉진하는 상황이 되고 있는 것 같다.

또 하나는, 세속주의적 자유나 평등의 가치에 대한 비판이라는 것이다. 교단이 공공연하게 근대적, 세속주의적인 가치나 규범에 도전하는 자세가 두드러지게 되었다. 전후의 일반사회에서 우위에 있던 근대적인 제 가치의 어떤 것에 대해 정면에서 도전하는 것이다. 자유라는 측면에서 말하면, 욕망추구의 자유, 성적 자유, 사상·표현의 자유의 과잉 따위가 문제가 되는 일이 많아졌다. 예전의 사회에서 인간을 억압하던 합리성을 결한 규범이나 차별로부터의 자유·해방을 추구하는 자세가 그다지 보이지 않게 되었다. 그리고 오히려 방임되어버린 나쁜 욕망이나 잘못된 자유가 강하게 의식되어 그것들에 제한을 가해야 한다고 주장한다. 일반사회가 그것들을 방치하고 조금도 대항조치를 강구하지 않는 것을 우려하여, 종교적인 가치에 의한 제한을 부과하려는 것이다.

또 개개인의 인권이나 평등의 주장에 대해서 음으로 양으로 비판하는 자세가 두드러지게 되기도 하였다. 사회제도 면에서는, 부나 힘의 공정한 분배라는 가치에 대한 배려는 부족하고, 경쟁의 자유·시장의 자유에 대해서는 긍정적이다. 능력주의에 의한 계층화를 받아들이고, 또한 종교적인 가치를 반영한 권위 질서의 강화가 요구된다. 종교의 자유는 강력하게 주장하지만, 공적 영역이 비종교적 가치에 가리어지는 것에 대해서는 비판적이다. 인권의 추구나 약자 지원에 관계되는 사회활동에 대해서는 그다지 관심을 보이지 않는다. 그리고 휴머니즘이나 시민연대나 횡적 결합의 확충이란 사항에 냉담하다. 전후에 발전한 창가학회나 신일본종교단체연합회(신종련)의 여러 단체가 평화운동이나 빈곤지역에 대한 지원 등에 많은 에너지를 투입하고 있는데 비해서, 신신종교에서 그 같은 활동에 열심히 몰두하는 일은 아주 적다.

이 두 가지 특징, 즉 종교집단의 내폐화와 세속주의적 가치에 대한 비판에 관해서 구체적인 실례에 입각하여 설명을 더하고자 한다. 여호와의 증인과 행복의 과학을 들어서 각각의 교단이 두 특징의 각각을 어떻게 나타내고 있는지에 대해서 고찰한다. 두 특징은 우선 별개의 것이며, 서로 관련이 있다고는 할 수 없다. 옴진리교의 경우는 양자의 특징을 모두 갖추고 있었지만, 여호와의 증인은 제1의 특징, 행복의 과학은 제2의 특징에서 두드러진다. 똑같이 근대적 가치에 대항하는 자세를 보이면서도 조금 다른 방향으로 타개의 가능성을 찾고 있다고 할 수 있을 것이다.

2. 「여호와의 증인」과 종교집단의 내폐화

「여호와의 증인」의 발전

여호와의 증인(파수대)은 1870년대에 미국에서 성립했다. 타락한 세상의 종말과 그리스도의 재림에 희망을 두는 천년왕국주의적인 운동, 종말을 대망하는 운동이다.(3) 19세기 이후 현재에 이르는 미국에서 많은 천년왕국주의적인 프로테스탄트운동이 발생해 왔다. 그 가운데 여호와의 증인에 특징적인 것은 정통적인 기독교로부터의 일탈이 심하며, 다른 여러 교파와의 거리감이 극히 크다는 것이다. 또 장기간에 걸쳐서 「세상종말의 절박」의 가르침을 유지하고 있고, 그것을 위하여 고립을 마다않는 자세가 지켜지며, 오히려 강화되어온 것이다.

리차드 니버가 논한 것처럼, 미국의 프로테스탄트 제 교파는 초기에는 일반사회와 심하게 대치하는 급진적인 가르침을 가지고 있었지만, 곧 융화의 자세를 강화하여 정통기독교와의 차이가 적어지는 것이 많았다.(4) 이 일반론에 있어서 여호와의 증인은 가장 두드러진 예외이다. 일반사회와 격심한 대립관계에 있으면서, 그럼에도 불구하고 현저한 성장을 이루어온 것이다. 게다가 근년의 교세발전이 매우 눈에 띈다. 심한 박해의 역사를 거쳐 왔지만, 그 중에서도 제1차 세계대전 중에는 전쟁에의 불참가 등으로 일반사회와의 균열이 깊어지고, 고립을 강화하게 되었다. 그렇지만 그 고립이 약체화로는 이어지지 않았던 것 같다. 오히려 제2차 세계대전 전후부터 급속한 성장을 이루고, 20세기 후반에서의 성장 · 확대는 현저하게 눈에 띄는 바가 있다. 세계의 「전도자」 총수는 1938년에 5만 9천 47명, 49년에 31만 7천 8백 77명이었지만, 93년에는 4백 28만 9천 7백 37명, 2000년에는 6백 3만 5천 5백 64명이라고 보고되고 있다.

일본에서는 1926년에 「도다이샤燈台社」라는 일본지부로서 발족했지만 징병기피로 인해 억압을 받고, 1939년에 경찰의 단속을 받아 한때 활동이 중단되었다. 전후, 다시 시작하여 서서히 교세를 넓혔지만, 급속한 발전은 1970년대 이후의 일이다. 일본의 「전도자」 수는 1965년에 3천 6백 93명, 75년에 3만 2백 94명, 85년에 9만 7천 8백 23명, 92년에 16만 5천 8백 23명, 2000년에 22만 천 3백 64명이라고 보고되고 있다. 미국, 브라질, 멕시코, 나이지리아, 이탈리아에 이어서 세계 제6위의 전도자 수를 가지기에 이르렀다. 제1장에서도 기술한 것처럼, 긴 역사를 가지고 있지만 70년대 이후의 발전이 대단하기 때문에 일본에서는 신신종교로 간주해도 된다고 본다. 또한 여기에서 「전도자」라고 불리는 것은 일정한 전도활동을 의무지울 수 있는 대단히 열성적인 신도이다. 그러므로 다른 교단이 「신도 수」로서 공식 주장하는 것보다 상당히 절제된 수라고 보아도 된다.

일반사회와의 소원함과 대립

여호와의 증인도 신문의 사회면에 많은 화제를 제공해왔다. 일반사회와의 사이에 알력이 생긴 것인데, 그것은 시민적인 공동생활에의 참가를 멀리하고 굳이 다른 가치규범을 세워서 그것에 따를 것을 요구하는데 기인한다.⑸ 수혈거부는 그 전형이다. 여호와의 증인은 그것을 성서가 명하는 것이라고 주장하지만, 다른 대부분의 기독교 교파는 그 같은 해석은 할 수 없다고 생각하는 것이다. 1985년에 가와사키시川崎市에서 10세의 소년이 교통사고를 당하고, 양친이 수혈을 거부하여 사망하는 일이 있어 큰 화제가 되었다. 의사에게 있어서는 지극히 본의가 아닌 일이며, 부모가 자식의 생사를 좌우할 수 있는지 또는 자식의 의사意思는 어떠했는지, 라고 하는 것이 문제시되었다.

학교에서 검도나 유도 등 무도수업에 참가하는 것을 거부하는 것도 문제의 원인이 된다. 학점을 인정하지 않는 조치를 취하려고 한다면, 종교에 의거한 행동을 용납하지 않게 되기 때문이다. 강고한 평화주의가 여러 문제를 야기한 미국에서는 타자에 대한 공격을 삼가한다는 여호와의 증인의 확고한 자세가 확립되어 있는데, 일본에서는 이 같은 문제를 일으키고 있다. 또 국가나 교가나 응원가를 부르지 않거나, 혹은 건배 · 만세 · 축하합니다와 같은 따위의 인사를 하지 않고 넘어가거나, 생일 · 어머니날 · 크리스마스 등의 축하행사에는 참가하지 않는 등 – 이러한 것들은 신앙에 의거한 우상숭배의 철저한 거부에 의한 것이다. 국정선거나 학급위원의 투표에도 참여하지 않고, PTA의 임원도 되지 않는다는 자세를 관철하는 신도도 많다. 그것보다 더 심한 것으로는, 신도 이외의 사람들과 깊이 사귀는 것도 교리에 반한다고 한다.

이 같은 태도를 취하면 일반사회와의 인간적인 유대가 약해지는 것은 당연하지만, 그것조차 신앙자에게 어울리는 생활방식이라고 여기고 있다. 성서가 명하고 있는 규범과 현재의 사회적인 규범이 상이하다고 생각하고, 굳이 그 차이를 눈에 띄도록 하는 방식을 취하는 것이다. 일반사회와 공유되는 가치나 규범도 물론 있지만, 공유되지 않는 가치나 규범이 특히 강조되어 분리가 촉진되는 구조가 되었다. 그로써 외부의 세계는 악투성이가 되고, 외부자와 깊이 사귀면 신앙자가 그 악에 물들어버린다는 신념이 강화되게 된다. 깨끗한 내부와 더러워진 외부의 대조가 세계관에 깊이 심어지게 된다(종장 참조).

강한 내부결속을 유지하는데 공헌하는 또 하나의 실천시스템은 신앙전도활동에 대한 헌신이다. 호별방문이나 성서 공부모임에 의한 전도의무가 매우 중시된다. 입신 당초에는 「연구생」이라고 불리며, 성서를 배우는 사람이라는 자격으로 교단과의 관계를 가진다. 열성적인 신앙자에 의한 빈번한 접촉을 통해서 교단에 깊이 정을 들이고, 「전도자」가 되도록 독촉된다. 반년에서 2, 3년의 공부를 거쳐 전도자가 되는 것이 보통이다. 「전도자」에는 「보조 개척자」 「정규 개척자」 「특별 개척자」라고 하는 세 단계가 있으며, 가장 많은 「정규 개척자」의 경우, 월 90시간을 전도에 바치지 않으면 안 된다(「보조개척자」는 60시간, 「특별개척자」는 140시간). 하루 평균 3시간이 되기 때문에 쉬운 일이 아니다. 세속적인 가족생활이나 직업생활에 큰 지장을 초래하게 된다. 전도활동을 할 수 있기 위해서 어떤 특정한 직업을 선택하지 않으면 안 되는 일도 발생한다.

그 밖에 많은 집회가 있으며, 그런 곳에 출석하지 않으면 안 된다. 가까이에 「왕국회관」이라는 시설이 있으며, 주 3회, 일요일 이외는 야간에 집회가 있다. 게다가 자식을 데리고 출석하지 않으면 안 된다. 그렇게 되면 아이를 통한 일반사회와의 접촉도 한정되게 된다. 또 아이 자신도 여호와의 증인 동료들과의 친밀감이 특히 깊어지고, 외부의 친구들과는 소원함이 생기게 된다. 더구나 자식에게 고등교육을 받는 것을 권하지 않는다. 자식이 세속사회에서 활동하는 범위를 좁히는 방향으로 구체적인 생활양식이 구성되어 가는 것이다. 가족 중에 여호와의 증인이 아닌 사람이 있는 경우, 가족 내의 대립·균열을 깊게 만드는 것도 마다않고 오히려 그것을 부득이한 것으로 몰고 가기조차 한다. 신앙의 질서에서 벗어나려고 하는 한에서는 가족생활까지도 희생을 하게 된다고 비판받는 이유이다. 어떤 의미에서 「출가」를 재촉하고 있는 것으로, 특이한 「출가」 방식을 만들어 냈다고도 할 수 있겠다.

격리형 교단의 내폐성

이 같은 여호와의 증인의 집단유지의 자세는 신신종교의 어떤 교단에 보이는 것과 궤를 같이 한다. 제1장에서 신신종교의 조직구성방식을 「격리형」「개인참가형」「중간형」의 세 유형으로 나누었는데, 여호와의 증인은 격리형 교단의 좋은 예가 된다. 공동생활 공간을 별도로 만들어 많은 사람들이 거기서 침식함으로써 일반사회와의 관계를 끊는 형태가 격리형 교단이라고 생각하는 것이 가장 이해하기 쉽다. 그와 같은 형태를 취하지 않는 경우라도 교단 독자의 경제조직이 갖추어져 있어서 일하는 곳에서도, 가족 속에서도 같은 신앙을 가진 사람 밖에 얼굴을 맞대지 않는 형태도 있다. 옴진리교, 통일교, 산안회와 같은 곳에서 그런 경향이 현저하다. 여호와의 증인의 경우는 공동생활공간을 만들거나 경제조직체를 발달시키는 일은 없지만, 독자적인 일상실천 시스템에 의하여 비슷한 효과를 올리고 있다.

이 같은 격리형 교단은 일반사회와의 접촉을 극소화하려는 것 같지만, 새로운 신도 모집이나 자금자원을 획득하는 데는 열성적이다. 그리고 그런 확충 · 팽창에서 생기는 대립을 마다않는 일도 있다. 이 때문에 몇몇 교단은 외부 세계로부터도 적의와 비난을 받게 되고, 점점 안으로 틀어박혀서 그 완강한 자세를 두드러지게 만들게 된다. 안에 틀어박히면서도 집단의 확충을 위한 행동에는 적극적이며, 때로는 마치 전차와 같이 갑옷으로 무장하고 오로지 계속 전진하는 기계처럼 보인다. 이처럼 외부 세계와의 커뮤니케이션을 거부하고, 공격적인 관계를 지속시킨다고 하는 특징을 제7장에서는 내폐적이라는 말로 나타냈다.

내폐적인 교단의 특징 중 하나는 내부에서의 조직적인 일치단결이 매우 공고하고, 극히 효율적이고 군대와 같다고 해도 될 것 같은 집단행동을 취할 수 있다는 것이다. 명령 계통이 확립되어 있고, 일원적인 지휘계통에 따라서 자기 확충적 행동이 수행되며, 어느 사이엔가 그 체계 안에 안착되어 있다는 것에 안도감을 느끼게 되고 일탈은 조용히 배제되어 간다. 과거에 있었던 종교적 격리의 형태와는 다른, 「조직의 시대」「군중(대중)의 시대」로서의 현대에 특유한 집단질서의 형태이다. 이런 공격적이고 조직적인 군중적 집단의 성격을 내폐적이라는 말의 의미에 포함시키고자 한다.

이런 집단에서는 신앙에 의하여 복종이 의무지어지고 있음과 동시에 수많은 사람들이 행동, 감정, 의견을 일치시키고, 그것에 의해서 고조되는 감정을 가진다. 비판의 자유, 자유로운 토의, 다양한 제안 따위는 삼가게 된다. 내부의 갈등이 극소화되고, 목표를 향하여 신속하고도 효율적인 행동을 취할 수 있다. 외부에서 보면 그것은 거대한 포교기계인 듯, 전체주의적인 군대나 고도로 훈련된 업무수행조직처럼 보인다. 내부의 사람들은 그것을 신앙에 의한 자기갱신과 힘의 충일이라고 여기며, 자신의 공격성에 무감각하다. 또 그런 교단에 속한 사람들은 차츰 조직에 대한 의존을 강요당하게 되며, 집단에서 벗어난 독립행동이 서툴게 된다. 사실 많은 자원과 시간을 교단에 쏟아버리기 때문에 일반사회에서 독립하여 다시 살아가기 위한 힘과 의욕을 낼 수 있는 여지가 없어져버리게 된다. 거기에서 또 탈퇴자의 비극이라는 사태도 발생하게 된다.

또한 이런 내폐적 교단에 수반되기 쉬운 특징으로서, 일반사회 사람들에 대한 적의와 무관심이 있다. 원래 종교집단이 일반사회의 관심을 초월한 부분에 관심을 집중시키고, 같은 관심을 가진 여러 동지들 간에 강한 연대감을 일으키는 것은 당연할지도 모른다. 그러나 한편으로 현세의 고뇌나 슬픔에 뜨거운 공감(사랑이나 자비)을 쏟도록 촉구하는 일도 적지 않다. 그렇지만 내폐적인 교단에서는 그 같은 외부에 대한 인간적 배려나 공감이, 오히려 외부의 자원을 거두어들이고 스스로가 팽창해가기 위한 수단이 되고 있는 것처럼 비친다. 연대감은 그저 충성심이 많은 내부자에만 한정되게 된다. 따라서 외부로부터는 교단이 기주의, 조직이기주의로 여겨지고, 일반사회인들을 거부하는 사람들의 회합으로 보이기 쉬워진다.

3. 「행복의 과학」과 세속주의가치 비판

「행복의 과학」의 대외공세

다음으로 오카와 류호大川隆法가 창시한 행복의 과학을 예로 들어, 세속주의적인 가치에 대한 비판에 관해서 살펴보고자 한다. 앞장에서는 이 교단을 몇몇 유사점을 가지는 초기의 GLA와 비교하여 그 구제사상의 특징을 정리했지만, 여기서는 사회관·윤리관이나 일반사회와의 긴장관계에 대해서 기술하기로 한다. 여기서도 옴진리교사건 이전인 1980년대 말부터 1990년대 전반에 걸친 시기를 주된 대상으로 한다.

행복의 과학은 1986년에 설립되었으며, 당초는 일반사회와의 갈등이 적은 집단으로 간주되었다. 교의의 특징 중 하나는 마음고치기나 도덕적 성장을 촉구하고, 현세이익이나 치유에 그다지 관심을 기울이지 않는다는 점에 있었다. 또 창시자인 오카와 류호의 저작을 읽고 개개의 신도가 각기 인격향상을 도모해야할 것이라고 말하고, 그리고 신도 개개의 자유가 강조되는 것도 특징적이었다. 영감상법(기만헌금)이나 강제 권유 같은 것과는 거리가 먼 교단으로 간주되고, 「컬트」에 해당하는 문제교단으로서 화제가 되는 일은 없는 것 같았다.

그렇지만 1989년부터 91년, 특히 걸프전쟁 시기에 급성장을 이루고, 이 시기부터 사회적인 주장을 표면에 내세워서 변혁적, 공격적인 측면이 표면화하게 되었다. 교조가 저술한 서적들을 판매하는 일과 강연회를 행하는 일이 포교의 주된 방법이었지만, 그 선전을 화려하게 하고, 신문에 전면광고를 내거나 선전 카를 달리게 하거나 애드벌룬을 띄우기도 하였다. 이윽고 도쿄대 야스다安田강당 앞이나 도쿄돔에서 많은 참가자를 모으고 눈에 띄는 큰 집회를 열게 된다. 광고회사와 제휴하여 매스컴 관계자나 학자들을 다수 초청하고 레이저광선쇼를 하는 등, 눈부시도록 화려하게 연출한 제전을 거행한다. 신도수의 증대를 과시하고, 또 오카와 류호 주재主宰는 자신이 앞으로의 사회를 인도할 사명을 부여받은 존재라고 밝혀, 말하자면 도발적인 자세를 보이기에 이르렀다.

이 과정에서 많은 비판도 받게 된다. 주간지에 의한 비판 기사, 공격 기사를 시작으로 조직적인 교의비판을 하는 서적까지 등장하였다. 행복의 과학 측의 반격도 강해졌다. 이런 「싸움」의 정점으로서 1991년 9월, 이른바 「프라이데이사건」이 일어났다. 주간지 『프라이데이』와 고단샤講談社가 발행한 또 다른 잡지에서 많은 공격 기사가 게재되어, 행복의 과학이 고단샤에 대해서 대중동원적인 항의행동을 한 것이다. 신도들이 회사에 대량의 팩스를 보내고, 집회나 데모행진을 벌이고, 많은 소송도 야기하였다. 그것이 또 많은 비판을 불러오기도 하였다.

매스컴비판의 논리

이 일 이후, 행복의 과학을 둘러싼 규모가 큰 분쟁은 일어나지 않았다. 그러나 행복의 과학은 그 후에도 서적의 간행 · 배부를 중심으로 세력을 과시하는 포교를 계속했다. 또 종교적인 내용보다도 사회문제나 정치문제에 대한 발언에 역점을 두고 있는 월간 『리버티』지를 서점을 경유로 유통시키는 등, 일반사회에 자신들의 주장을 발산하는데 많은 힘을 소비하였다. 뇌사 반대, 헤어누드사진 반대, 타교단 비판, 당면한 정책의 검토 등, 교단의 사회적 · 정치적 · 사상적 · 윤리적 주장을 널리 세상에 호소하였다.

이 주장들은 여러 갈래에 걸치지만, 1980년대 말부터 1990년대 전반의 시기로 좁혀서 그 특징을 집약하면 「세속주의가치 비판」이라고 할 수 있을 것이다. 그 중에서도 매스컴비판은 중요하다. 프라이데이사건으로 출판사와의 대립이 두드러지게 되었지만, 그 이전부터 오카와 류호는 매스컴비판을 주장하여 이 교단의 가치의식이 거기에 자주 표현되고 있었다. 행복의 과학적인 「세상고치기」의 사고가 매스컴비판에 현저하게 나타나 있다.

『알라의 대경고』라는 책은 1991년 1월, 프라이데이사건보다도 반년 이상이나 전에 나온 것이다. 그 후, 이 책은 다카하시 신지의 영언靈言을 전한 것이며 행복의 과학의 주장 그 자체는 아니라고 하였지만, 당시는 강한 영향력을 지닌 책이었다. 그 중에서는 상당한 장문에 걸쳐서 매스컴에 대해 비판하고 있다. 93년의 『다이너마이트사고思考』도 참고하면서, 그 내용을 요약하면 다음과 같다.(6)

〈매스컴은 이젠 전제권력과 같은 것이 되어 일방적인 생각을 사람들에게 강요하려고 한다. 표현의 자유라고 하지만, 스스로의 언동에 책임을 지려는 자세가 매스컴에는 결여되어 있다. 매스컴은 어떤 정의감에 사로잡혀 행동하고 있지만, 그것은 명확한 가치기준에 의거한 것이 아니라 우상숭배나 맹목적 신앙과 같은 것이다. 특히 존경받고 있는 지도자나 영향력이 있는 사람들을 비판하고 끌어내리는데 힘을 쏟고 있다. 특정 대상에 비판을 집중시키는 방식은 마녀사냥과 비슷하다. 애초부터 매스컴 자체가 많은 사람들에게 영향을 미치려고 하고 있어, 하나의 신종교라고도 할 수 있다. 그저 매스컴에는 위대한 사람, 존경해야할 것을 존중하지 않고 대중의 질투심에 아첨하는 성격이 있다. 대중 민주주의를 지향함으로써 다수 중심의 사고방식이 되기 쉽다. 사랑이나 반성을 중시하는 신앙심과 정면으로 대립하는 것이다.〉

「종교적 인격권」을 둘러싸고

프라이데이사건의 계기는 주간 『프라이데이』지의 91년 8월 23 · 30일 합병호에 어떤 상담실을 연 사람이, 전에 젊은 오카와 류호가 노이로제의 상담을 받기 위해 온 적이 있다고 말했다는 기사가 게재된 것이 발단이다. 행복의 과학 측은 「고단샤 프라이데이 전국피해자회」(회원 3천명)를 결성하고 소송을 일으켰다. 고단샤 사장인 노마 사와코野間佐和子, 『프라이데이』 편집장인 저널리스트 하야카와 가즈히로早川和廣, 종교학자인 시마다 히로미島田裕巳 등을 상대로 원고 한 사람 당 백만 엔, 합계 30억 엔 가까운 손해배상 청구소송을 일으킨 것이다.

이것은 단지 오카와 류호라는 지도자가 개인적으로 중상 · 비방을 받았다는 것에 대한 항의가 아니라, 배후에 매스컴을 비판하고 세상 고치기를 실현하고 싶다는 동기를 가진 것이라는 사실을 이해할 필요가 있다. 이 소송의 목적에 대해서 유력 신도들이 말한 『종교의 반격』(1993년)은 그런 동기를 명확히 하려고 한 책이다.(7) 즉, 이 소송은 「정신적 공해소송」으로 규정할 수 있으며, 「종교적 인격권」에 대한 침해의 죄를 묻는 것이라고 한다. 「종교적 인격권」은 1979년에 야마구치山口지방재판소에서, 88년에 최고재판소에서 판결이 난 자위관 호국신사합사소송自衛官護國神社合祀訴訟을 근거로 하고 있다. 거기서 채택된 종교적 인격권의 개념을 다른 맥락에 적용하려는 것이다.

「고요한 환경 하에서 종교생활을 보내야할 법적 이익」이라는 것이 자위관합사소송에서의 종교적 인격권의 정의이다. 그러나 이것을 「종교상의 영역에 있어서 마음의 고요함의 이익」, 구체적으로는 「스스로 귀의하는 종교단체 및 그 신앙의 대상인 본존을 지나치게 중상 비방하는 언론 때문에 손상되어 마음의 고요가 어지러워지는 일이 없는 이익」이라고 바꿔 말하고 있다. 여기에서는 언론의 자유의 한계가 문제시된다고 정면에서 기술하고 있다. 요컨대 종교의 권리 · 신앙의 권리와 표현의 자유 · 언론의 자유가 대립하는 일이 있으며, 종교비판의 자유에는 한계가 있다는 주장이다.

덧붙여, 전후의 종교에 관한 법적 상황이 종교를 부당하게 낮은 지위에 놓았다고 논하고 있다. 따라서 이것은 종교의 복권을 위한 투쟁, 새로운 종교의 시대를 열기 위한 투쟁이라고 한다. 또 일본만의 문제인 것이 아니라 세계적으로도 그러한 문제가 일어나고 있다. 세계 각지에서 「신모독죄」가 문제되고 있지 않는가, 라고 하고 이슬람권에 대해 언급하고, 살만 루시디의 『악마의 시』사건(살만 루시디의 소설 「악마의 시」를 일본어로 번역한 쓰쿠바대 조교수가 살해된 사건. 1991년에 발생하였으며, 현재 미해결사건으로 남아있다-옮긴이)에도 언급하고 있다. 미국에서도 주에 따라서 그 같은 법률이 있으며, 영국이나 독일에도 그 같은 법적 규정이 있다. 행복의 과학의 주장은 결코 고립된 것이 아니라고 기술하고 있다.

세상고치기의 구상

매스컴비판의 배후에는 세상고치기의 동기가 있다고 말했는데, 계속해서 『유토피아가치혁명』(1989년) 등에 보이고 있는 초기 행복의 과학의 세상고치기 구상에 대해서 소개하기로 한다.(8) 그것에 의하면, 행복의 과학의 운동은 단지 개인이 구원받으면 된다는 개인구제의 운동이 아니다. 사회에 적극적으로 관여하는 운동이라고 한다. 새로운 가치를 일반사회에 대해서 주장하는 그러한 요소가 이 운동의 특징이다. 요컨대 새로운 유토피아를 만드는 운동이라고 한다. 새로운 문명을 짊어지고 갈 책임이 현대인에게는 있다고 주장하고, 그것을 위한 구상을 차례로 제시한다.

종교를 중시하는 것이 새로운 문명의 핵심이다. 그것을 위해서는 전후의 정교분리체제는 개선되지 않으면 안 된다. 정교분리체제는 전승국 측이 일본을 약체화시키려는 의도를 몰래 간직하고 강요된 것이었다고 한다. 구미 여러 나라에 있어서 일본이 위협이 되는 원인은 일본의 정신성에 있었기 때문에 일본의 정신성을 약화시키는 것을 겨냥했던 것이다. 국민의 입장은 전쟁은 싫다는 거부반응이나 군국주의에 대한 반발에서 그저 시키는 대로 전승국의 방침에 순종해 버렸다. 국가가 특정 종교에 대한 지지를 배제한다는 것은 그것만으로 잘못된 것이라고는 할 수 없다. 그러나 그것이 종교 그 자체를 부정하는 것으로 이어져버렸다. 이로써 전승국의 의도가 살아있게 되어버린 것이다. 지금은 신앙의 자유라는 것을, 종교를 자유로이 발전시키는 것으로 받아들여야할 것이라고 주장한다.

정치에 대해서는, 현재의 상태는 중우정치衆愚政治에 빠져 있다고 비판하고, 덕치주의의 요소를 받아들이지 않으면 안 된다고 한다. 경제에 대해서는, 가격 · 이자 · 세금 등을 현재와 같은 형식적 평등에 의거한 것으로 그냥 두어서는 안 된다고 한다. 종교적인 가치, 도덕적인 가치를 반영한 가격제도 · 세금 · 이자를 고려하지 않으면 안 된다. 예를 들면 정신적인 가치가 높은 상품은 부가가치가 있는 것이기 때문에 가격이 높아져야할 것이라고 한다. 가정에 대해서는, 여성이 높은 사회적 지위에 오르는 것을 추진하는 일에는 반대한다. 여성의 혼은 보조자로 만들어졌다. 여성은 가정적이어야 한다고 말한다.

교육에 대해서는, 지금의 학교제도 속에서는 인간에게 있어서 가장 중요한 것이 가르쳐지고 있지 않다. 그것은 종교적 가치이다. 다음과 같은 기본적인 진리야말로 먼저 가르쳐야할 것들이다 – 「사랑 없는 인생은 헛되다」고 하는 것. 「인간은 영원한 생명을 유지한다」고 하는 것. 「다른 사람들에게 봉사하는 생애를 보내야 한다」고 하는 것. 또한 생명윤리에 대해서도, 뇌사단계에서의 장기이식은 해서는 안 된다고 명확한 주장을 내세우고 있다. 아직 영혼이 몸속에 머물러 있는 단계에서 폭력적인 조치를 행하는 것은 사자의 혼에 심한 충격을 주게 된다고 한다.

이들 세상고치기 구상에 포함되는 근대적 가치에 대한 비판은 다음의 두 가지 점으로 집약될 것이다. 먼저, 종교적 · 도덕적 가치를 경시하여 혼란과 무질서를 불러오게 되었다는 것에 대한 비판이다. 또 하나는 질투에 의거하는 것으로서 평등주의를 받아들여 계층적인 질서의 재건을 구하는 것에 대한 비판이다. 정신적 가치를 잃어버렸기 때문에 차이화의 필연성을 이해할 수 없게 되어버렸다. 그것이 잘못된 자유의 과잉을 가져왔다고 한다.

4. 신신종교와 반근대의 변용

「반근대」적 동기의 변용

행복의 과학이 신신종교에 의한 근대적 가치 비판의 전형이라는 것은 아니다. 이것은 하나의 예에 지나지 않는 것이지만, 여기에 포스트모던적인 근대비판이라는 점에서 이 시기의 시대상이 여실히 표현되어 있는 것도 분명할 것이다. 이전의 신종교 중에서도 서양적 근대에 대한 비판이나 유물사상비판을 주장한 것이 적지 않았다. 대본교는 그 대표적인 예이다.

그러나 같은 근대비판, 유물사상비판이라고 해도 그 의미가 상당히 다르다. 대본교는 「와레요시われよし」의 태도를 고발의 주된 표적으로 하여, 상호부조정신의 붕괴를 초래하는 이기주의, 사리추구주의를 엄격히 비난하였다.(9) 거기에서는 횡적 연대의식이 기초에 있고, 그것을 위협하는 것에 비판이 쏠렸다. 신신종교에서는 횡적 연대의식은 희박하며, 종적 질서를 회복하는데 역점을 두고 있다. 자본주의적인 자유경쟁을 시인하면서도 차이에 의거한 계층적 질서를 재건하여, 악평등이 초래하는 혼란에 대처하려는 것이다. 종교는 횡적 연대나 고뇌에 대한 공감의 기반으로서보다도 성스러운 것에 의거한 차이를 확립하고, 거리를 두고 대해야할 장을 가리키는 근거로서 이해된다.

이런 차이는 「반근대」, 즉 근대적 가치에 대한 저항의 동기가 20세기를 지나는 사이에 경험한 보기 어려운, 그러나 매우 큰 변용을 반영하고 있다. 신종교에 있어서 지역적 소집단이 발전하기 어려워진 것은 제2장에서 기술하였다. 이것은 일상의 생활감각을 함께 나누는 사람들의 횡적 연대감이 약해진 것과 관계가 있다. 따뜻한 공동성 속에 살려고 해도 일상적 생활공간 안에서는 쉽게 실현될 것 같지 않게 되었다. 사막의 모래알과 같은 고립감에 위협받을 때 미디어를 매개로한 느슨한 연대의식은 우선의 안정처로 보인다. 그러나 그것은 안정된 질서나 정착할 곳을 보여주는 것은 아니다.

자유경쟁이 생활의 모든 곳에까지 침투함과 동시에 획일적인 평등주의의 억압성이 자각되고, 상호부조에서 기인한 공동성이 현실성을 잃어 상상하기도 어려워지게 되었다. 억지로 그것을 실현하려고 하면 내폐적인 집단을 구성하게 되어버리고, 안정감을 제공하는 것처럼 보이면서도 실은 억압성을 강화하는 것밖에 되지 않는 것처럼 보인다. 또 그 방향을 취하든 취하지 않든 횡적 연대보다도 차이와 계층성을 강조하는 방향에서 근대에 대한 저항을 조직화하는 경향이 두드러지게 되었다. 질서의 토대를 횡적 연대보다도 성스러운 중심과 계층성 쪽에 찾는 사고방식이 힘을 얻은 것이다.

신신종교와 인권을 둘러싼 갈등

이 장에서는 여호와의 증인을 예로 해서 종교집단의 내폐화에 관해서 기술하고, 행복의 과학을 예로 세속주의적 가치에 대한 비판에 관해서 기술했다. 여호와의 증인의 경우는 내폐화의 측면에서 두드러지고, 행복의 과학의 경우는 세속주의비판에서 두드러진 예이다. 이 두 움직임은 별개의 것이라고 할 수 있다. 그러나 근대적인 가치가 이끌어 낸 사회 환경에 주목하고 있고, 종교적인 삶의 형태를 대치하려고 한다는 점에서는 근저의 동기를 공유하고 있다. 산안회와 같이 세속주의에는 친화적이지만 내폐적인 성격이 두드러지는 것,

월드메이트와 같이 내폐적인 성격은 눈에 띄지 않지만 종교적 계층 질서를 지향하는 것, 또 통일교나 옴진리교 등 명확히 양쪽의 요소를 가지고 상호 서로 지지하는 것도 있다.

양자 모두 선명하게 내세워지게 될 경우, 교단의 급진성이 매력적이게 됨과 동시에 일반사회와의 긴장관계는 빼도 박도 못하게 되기 쉽다. 1995년은 그런 긴장이 극점에 달한 시점이라고 할 수 있을 것이다. 이후, 내폐적인 성격을 띠는 교단에는 냉혹한 시기가 되었다. 「컬트」에 대한 비판의 기운이 높아지고, 권유받고 탈퇴하는 시민의 인권을 존중하는 입장이 힘을 얻었다.(10) 옴사건을 계기로 결성된 「일본탈컬트연구회」(JDCC)는 그런 측면에서 「위험」한 교단 · 집단의 경계를 계속하고 있다. 내가 참가한 1999년 2월의 「교류회」에서는 옴진리교 외에 통일교, 산안회, 법의 화삼법행, 라이프스페이스, 여호와의 증인, 현정회, 자기계발세미나의 일부가 「컬트」로서 보고의 대상이 되었다. 이들 교단 · 집단 중에는 그 후, 경찰의 단속을 받은 것, 재판에 의해서 인권침해의 죄가 인정된 것도 포함되어 있다.

신신종교교단 가운데 유력한 것의 대부분은 상기의 리스트에는 포함되어 있지 않다. 「컬트」로 지명된 것 이외에도 행복의 과학, 월드메이트 등 근대적 · 전후적인 가치관에 대한 대항의 자세를 강하게 내세우고 있는 교단이 있다. 신신종교와 인권의 문제를 고찰할 때는 이 같은 교단의 주장도 고려해 넣지 않으면 안 된다. 교단의 내폐화라는 형태를 취하지 않고, 사회제도의 변혁이나 그 기반이 되는 사상 · 이데올로기의 시정이라는 방향에서 근대적인 가치의 변용을 촉구하는 종교 세력도 힘을 늘리고 있다. 1995년 이후, 신종교의 「반근대」적인 동기는 그런 방향으로 이끌어가고 있다고 할 수 있을 것이다.

종장 현대종교와 악

1. 옴진리교와 악의 실재의 과장 · 과시

외부의 악에 구애되다

옴진리교사건은 언론계에 「악」에 대한 관심을 불러일으킨 것으로 보인다. 무라카미 하루키村上春樹는 옴의 신도나 전前 신도에 대한 인터뷰를 정리한 『약속된 장소에서』[1]의 권말에 가와이 하야오河合隼雄와의 대담을 두 편 게재하고 있는데, 그 하나는 「「악」을 품고 살아가다」 라고 제목이 붙어 있다. 옴의 신도들은 선의 사도使徒인 자기가 세계에 가득 차있는 악과 싸우고 최후의 승리를 얻어 지구를 구한다는 몽상에 사로잡혀 있었다. 이 세상의 악, 스스로가 말려들지 않을 수 없는 악에서 완전히 깨끗해지고, 궁극적 선으로 높아지고 싶다고 바란 것이 옴 신도였다. 그것은 자기 안에 있는 악에 굴하지 않고 버티며 살아갈 도량이 작음을 가리키며, 현대인의 나약함을 전형적으로 보여주고 있다는 것이 가와이가 옴사건의 교훈으로서 말하려고 한 것의 주된 논지이다. 가와이는 거기에 현대의 젊은이의 자기가 미성숙한 것의 발로를 보고 있다.

무라카미 (전략)대부분의 신자들은 이렇게 말합니다, 「우리들은 바퀴벌레 한 마리 죽이지 않는 생활을 하고 있습니다. 그런데 어떻게 인간을 죽일 수 있겠습니까?」 라고.

가와이 채플린의 『살인광 시대』에 이런 장면이 있지요. 그 살인만을 저지르는 자가 송충이가 있으면 휙 집어서 꽃이 있는 데로 들고 갑니다. 벌레 하나 죽일 수 없으면서, 사람은 죽이는 것입니다. 역시 인간이란 정말 어쩔 수 없는 생물이니까요. 그래서 얼마나 자신의 악을 자신의 책임으로 해서 살아가고 있는가, 하는 자각이 필요한 것입니다.

(『약속된 장소에서』 244쪽)

확실히 아사하라 쇼코는 지금의 이 세상이 악투성이가 된 구해내기 어려운 고통의 세계임을 설명하는 것이 능숙했다. 그리고 그 같은 고통의 세계로부터 몸을 해방시키고, 내면으로부터 자기를 변혁하여 궁극적 선인 해탈을 지향한다고 주장했다.

(존사) 요컨대, 지금의 가치관이라는 것은 고학력, 그리고 일류기업, 그리고 스타일이 좋은 여성과 결혼하고, 미인과 결혼하고, 그래서 안락한 가정에서 돈을 가지고, 재테크 등을 해서 풍족하게 살다 죽는 것. 이것이 지금의 가치관이라고 생각하죠. 그렇지만 내가 제창하는 가치관이라는 것은 그런 것이 아니라, 그것은 내면에 있어요. 내면에

어떠한 것이 있는가 하면,(중략) 모든 것이 괴로움이고, 그렇지 않은 또 하나의 길이라는 것은 누구도 파괴할 수 없는 절대적인 경지이며, 진정한 의미에서의 자기 자신을 이해할 수 있다는 것이지요.

(『마하야나』 38. 1991년 1월)

고통의 세계에 대해서, 거기에서 벗어나서 내면의 충실을 지향한다면 폭력적인 타자공격으로 악과 대항하는 데는 이르지 않을 것으로도 보인다. 그러나 아사하라는「지금의 이 시대는 완전히 악마에게 지배되고 있다」고 한다.

(존사) 먼저, 악마의 본성은 물질이다 - 그것은 맞다. 왜 그렇게 말할 수 있는가 하면, 원래 악이라는 것은 이 욕계를 지배하고 있는 것이다. 그리고 이 욕계의 가장 저차원의 것은 무엇인가 하면, 물질이다.(중략) 따라서 지금의 지상을 오염시키는 것은 무엇인가 하면, 완벽한 물질주의이다. 그러므로 여기에는 정신성이 있든 없든 간에, 예를 들면 물질적으로 풍족하다면, 혹은 부자라면 훌륭해질 수 있다. 바로 악마의 지배하에 놓인 지구라고 할 수 있다.

(『마하야나』 31. 1990년 7월)

이 악마세력과 싸우는 것이 세계최후전쟁이라고 하였다. 아사하라는 외부에서 공격해오는 거대한 악의 상을 그려내고, 그것과 싸우고 있다고 믿는 것으로 편안한 자기의식을 얻으려고 했다. 자신이 지닌 악을 외부로 투영하고, 안으로 악을 포용하는 것을 거부함으로써 타자와의 관계 속에서 악투성이인 채 살아가는 자기를 상대화하는 눈을 잃어버린 것이었다.

덧붙여두자면, 이와 같이 세계의 악을 과장이라고 해도 될 정도로 강조하는 것은 단지 옴진리교뿐만이 아니다. 본서에서 그 윤곽을 그려내려고 한 신신종교, 즉 70년대 이후에 발전한 새로운 신종교의 여러 집단 가운데 악의 실재를 강조하는 교단이 몇 개나 보인다(본서 53~54, 74~76, 230쪽 참조). 그것뿐만이 아니라, 현대의 대중오락문화에서 큰 인기를 얻은 것 중에도 현대사회가 파멸의 위기에 처해 있으며, 거기서 살고 있는 인간이 거대한 악의 힘에 눌리게 되는 것처럼 그려내는 것이 적잖이 발견된다. 예를 들면 『바람 계곡의 나우시카』 『신세기 에반게리온』 『원령공주』 등은 그 중 특히 두드러지는 것이다. 이런 이야기 안에는 환경문제나 절멸전쟁의 위기 따위가 상정되고 있으며, 인류는 스스로의 악에 의하여 멸망으로 향하고 있는 것으로 그려지고 있다.

세속적인 선악을 초월하다

그런데 다음 절에서도 기술하게 되겠지만, 전통적인 종교의 구제사상을 보면 악의 실재를 과장하고 외부의 악과 싸우고 스스로를 선의 대행자라고 하는 사고방식은 널리 보인다. 그러나 외부에 악을 투영하는 표상이나 세계관이 그대로 즉각 옴진리교와 같은 쉽게 함부로 저지르는 폭력을 불러온다고 할 수 없는 것은 말할 것까지도 없을 것이다.

옴진리교가 세속적인 윤리를 가볍게 뛰어넘어 감히 무차별살인에까지 이르는 수많은 악을 범한 것을 어떻게 생각하면 좋을지에 대해서도 많은 발언이 있었다. 옴진리교는 그러한 악을 탄트리즘이나 밀교의 교설에 의하여 정당화하였다. 살인은 무조건 부정되어야할 것이 아니라 많은 사람들을 구하기 위해서 그만둘 수 없는 일이며, 상대를 위해서도 악한 카르마로부터 해방이 이루어지는 것이라면 살인도 허용된다고 말하였다. 원래 종교는 세속의 도덕을 초월하는 차원을 가진다. 사실 신란親鸞은 악인정기惡人正機("선인은 극락에 갈 수 있다. 또한 악인도 극락에 갈 수 있다." 인간은 아미타불의 본래의 소원에 의지하는 것으로 구원된다. 세속의 선악에 의하여 좌우되는 것이 아니라는 것이다. 그런데 자력으로 선을 닦을 수 있는 사람은 타력에 의지하려는 마음이 약하지만, 그럴 수 없는 사람은 어쩔 수 없이 타력에 의지하려 한다. 그러므로 선행을 쌓을 여유조차 없는 악인이야말로 아미타불이 구원하고자 하는 대상이라는 신란의 중심사상-옮긴이)를 말하지 않았던가. 그렇다고 하면, 굳이 악을 범하는 종교자에게 어떤 기준에서 「아니라는 것」을 설명할 수 있을 것인가. 불교의 전통 가운데 확실히 옴진리교의 행동이나 언설을 정당화하는 가르침이나 사고방식이 내포되어 있지는 않은가. 불교자는 그것에 대해서 어떠한 종교윤리를 대치할 수 있을 것인가. 또 사상이나 윤리에 대해서 말하는 것은 어떠한 기준이나 이념으로써 이것을 바라보게 되면 좋을 것인가. 문예비평가인 요시모토 다카아키吉本隆明는 세리자와 슌스케芹澤俊介와의 대담(2)에서 다음과 같이 말하고 있다.

…… 서민사회에서 유포되고 있는 선이라든가 악이라는 개념은 규모로서는 작은 것이에요. 악인이라면 더욱 왕생할 수 있다는 정토에서의 〈선악〉의 사고방식은 서민사회의 〈선악〉의 사고방식보다도 훨씬 큰 개념이죠. 그러므로 구제된다는 것이 신란이 도달한 지평인 것입니다.(중략)

정토교의 계보에서 말하면, 「왕생요집往生要集」을 쓴 겐신源信(942~1017. 헤이안 중기의 승려-옮긴이)이 가지고 있는 〈선악〉이라는 것은 시민사회에서의 〈선악〉의 윤리와 타협하면서, 거기에서 좋다고 생각되는 행위를 하면서 바로 염불을 외면 왕생할 수 있다는 것입니다.(중략)

여기에서 내가 생각하기에는, 현재 옴진리교의 문제가 나온 이후 나타나고 있는 〈선악〉관이란 아무리 좋게 봐도, 그 겐신이 가지고 있는 〈선악〉관으로까지 퇴화하고, 더 심한 것은 시민사회 그 자체에 복종해버렸다고 할까요, 추종해버린 것입니다.(중략)…… 역시 참수를 면하지 못한다든지, 신자가 줄어버린다든지, 현실세계에 여러 일들이 있기 때문에 분명히 말할 수 없는 부분도 있겠습니다만, 그러나 옴진리교의 〈악〉의 문제를 어떻게 생각할지, 어떻게 평가할지가 요점이 되는 것입니다.

그러나 내가 보는 한에서 말하면, 정토진종의 학승이든 다른 종파의 종교가이든 누구 한 사람이라도, 이 정도의 악이라면 자신들의 가르침은 포괄하여 확실히 마음속에 넣어, 그것보다도 더 큰 〈선악〉의 문제를 혹은 〈자비〉의 문제를 종교가로서 내세울 수 있다고 말한 종교가는 없습니다. 모두 시민사회의 여론이 말하는 대로 말하고 있을 뿐입니다. 그것은 종교의 종말이 아닌가, 불교의 종말이 아닌가, 라고 나는 생각합니다. (『종교의 최후의 모습』 190~191쪽)

요시모토는 옴진리교가 악을 범한 것에 관해서, 극복의 지침이 분명하게 보인다고는 생각하고 있지 않다. 아사하라는 종교가 악에 가담하는 경우가 있음을 여실히 보여주었지만, 이렇게 드러난 시커먼

「종교의 악」에 대해서 현대세속사회는 유효한 응답의 목소리를 가지고 있지 않다는 것이다. 요시모토의 입장에서 받아들인다면, 옴진리교에서의 악의 과시는 현대인의 미숙함을 드러낸다기보다도 현대사회의 아포리아 가운데서 필연적으로 발생해온 「악의 회귀」라고도 할 만한 것이다. 마찬가지로 옴사건에서 「악의 문제」를 찾아내면서 명쾌한 대처법을 나타내려고 하는 가와이와는 약간 다른 각도에서의 접근이다.

가와이와 요시모토의 차이는 가와이가 악을 포용하고 살아가는 성숙한 자기의 자율성에 높은 신뢰를 부여하고 있는데 비해서, 요시모토는 신란의 악인정기의 사고방식에서 높은 의의를 찾고 있고 자율적 자기란 것에 그다지 신뢰를 두지 않는 점에 있다. 이 차이는 현대문화에 있어서 악과 자기와의 관계 이해에 대한 양자의 인식방식의 상이를 보여주는 것이다. 그것은 또 현대사회에서 종교의 위치에 대한 사고방식의 상이에도 관계되고 있을 것이다.

2. 신영성운동과 악의 부재의 과장

신영성운동의 「종교」비판과 「근대」비판

옴진리교는 악의 실재를 과장하는 가르침을 말하고, 세계를 향하여 스스로 인간의 악의 실재를 과시해 보였다. 그러나 또 한편 현대사회의 정신운동에는 악의 부재를 과장하는 강력한 흐름도 존재한다. 그것은 제7장에서 조금 상세하게 소개한 「신영성운동」「신영성문화」의 현상으로, 선진국의 비교적 고학력의 사람들 사이에 널리 보이는 사고방식의 조류이다. 구미에서는 「뉴에이지」, 일본에서는 「정신세계」로 불리는 조류인데, 지역적인 차이는 있지만 세계적인 규모로 발전하고 있는 다양한 정신운동의 집합체로서, 종교운동으로도 통하는 성격이 있다고 보아도 된다.

신영성운동(문화)에 친근감을 가지는 사람들은 「종교」는 이제 과거의 것이 되었다고 생각하고 있다. 그렇다고 근대과학이나 근대합리주의에 희망을 걸지도 않는다. 종교가 형식화해버리고 집단이익과 결부되어버렸지만, 그 바탕에는 개개인이 자유로이 체험하거나 기를 수 있는 「영성」이 있었던 것이다. 속박하고 의존시키는 「종교」가 아니라 자유로운 「영성」에 의하여 개개인이 자기변용을 체험해가는 것이 현대문명의 한계를 초월하는 열쇠가 되는 것이다. 즉 「종교」도 아니고 「근대과학」도 아닌, 「영성」을 존중하는 제3의 입장이 현재 대두하여 미래의 인류문명을 짊어지려고 한다. 현대는 「의식의 진화」라고 부를 수 있는 인류사의 큰 전환점이라고 생각한다. 그러면 이 신영성운동에서 「악」은 어떻게 인식되고 있는 것일까?

근대과학은 주관과 객관을 엄격히 구별하고, 지知를 환경에서 분리하고, 세계나 대상에서 부분을 잘라내어 거기에만 관심을 집중시키는 편향된 태도를 키웠다. 분석적인 지성에 의하여 자연이나 신체를 지배하려고 하고, 결과로서 얻어지는 이익을 기준으로 질서(선)를 증대시키고 반질서 · 비질서(악)를 배제하려고 한다. 그러나 그것은 결국 자기를 선악이 서로 얽히는 양의적兩義的인 현상계에서 분리하여 좁은 수로에 밀어 넣어 위축시키고, 건강한 삶이나 세계와의 풍부한 교류를 저해하게 되었다. 그러면 근대과학이 타파하려고한 전통적인 종교의 세계관이 바람직한가, 라고 말하면 그렇다고도 할 수 없다. 종교는 개개인의 외부에 숭배대상이나 도그마를 두고 개개인이 그것에 따를 것을 요구한다. 구속적인 규범이나 집단행동을 강요하고, 자유로운 사고를 억압한다. 선악에 대해서는, 스스로를 선 쪽에 서는 것으로 간주하여 외부로 악을 투영하고, 그 결과 외부 사람이나 타집단과의 대립을 불러온다. 현대의 새로운 「영성」을 추구하는 사람들은 이런 근대과학이나 과거의 종교가 빠지기 쉬웠던 고정적인 분할의 태도를 넘어서려는 점에 인류문화의 희망을 찾으려고 한다.

맥클레인에 의한 악의 부재의 과장

한마디로 신영성운동(문화)이라고 해도 다양한 변형이 있지만, 여기에서는 「악의 부재의 과장」이라는 특징이 선명하게 나와 있는 예를 나타내기로 한다.(3) 미국의 뉴에이지운동을 세상에 널리 알린 여배우 셜리 맥클레인의 자전적 소설에서의 인용이다. 신의 지배와 악의 실재에 대해서 집요하게 주장하는 바시(V)와 오로지 악의 부재를 주장하는 채널러channeler[눈에 보이지 않는 (영적)존재와 의사소통하는 사람 혹은 영매 - 옮긴이]인 캐빈 라이야슨(K)의 대화인데, 말할 것도 없이 맥클레인은 캐빈의 입장을 지지하고 있다.(4)

(K) 「악 따위는 나는 존재하지 않는다고 생각합니다」

「틀림없이, 당신이 악이라고 부르고 있는 것은 단지 신을 의식하지 않는 상태의 것에 지나지 않는다고 나는 생각해요. 문제는 영적인 지식을 결여하고 있는 것이며, 악이 있는지 없는지가 아니라고 생각합니다」

「악은 존재하지 않습니다. 그것이 요지예요. 이 인생의 모든 것은 깨닫는가 또는 깨닫지 못한 채로 있는가, 어느 한쪽인 것입니다. 이것이 두 개의 극인 것입니다. 선악이 아닙니다. 그리고 모든 것이 당신에게 분명해진다면, 예를 들면 예수 그리스도라든지 석가처럼, 더 이상 아무것도 괴로운 것은 없습니다」

(V)「아니, 그렇지 않아요」「우리들은 이 지상에서 괴로워하기 위해서 만들어진 것이에요. 싸움이 없는 인생 같은 건 있을 수 없어요」

(K)「그래도 싸움이 없는 인생을 당장이라도 그려 보여 줄 수 있어요. 곧바로 말이죠」

이 같은「악의 부재의 과장」에 대한 사고방식은 이 입장의「자기」에 대한 태도와 밀접하게 관련되어 있다. 단순하게 말하자면, 신영성문화에서는 자기가 대단히 중요시된다.「자기탐구」,「자기변용」,「자기실현」이란 말은 신영성문화에 친숙한 것이다. 전통적인 종교가 자기에게서 먼 초월자와 대면하기를 바라고, 근대과학이 자기의 외부에 있는 세계를 분석하고 지배하는 것을 지향한데 비해서, 신영성운동은 자기가 스스로 체험하고, 그것을 통해서 자기가 보다 높은 차원의 상태로 성장해가는 것을 추구한다. 그때, 세계에 가득 차있는 생명적인 존재나 우주적인 에너지들과 접촉하는 것이 중요한 계기가 된다. 그렇게 해서 타자나 자연과의 일체성을 높이고, 지구의 조화에 기여하고, 우주의 발전 · 진화에 공헌해 갈 것이 기대된다. 자신의 바깥에 있는「산」에 올라 바동거리며 시간을 보내는 것을 멈추고,「진정한 자신」과 마주보는 것, 그것이 출발점이다.

친구인 데이비드는 농담인 척하며,

「자네가 오르고 있는 가장 험한 산은 자네 자신이야」라고 말한 적이 있다. 그는 일상의 다반사에 관해서는 그다지 말하는 일은 없었지만, 그와 함께 있으면 인생의 그저 그런 순간조차도 대단히 소중하다는 느낌이 들었다. 예를 들면 오렌지 껍질을 벗기고 달콤한 주스를 턱 주위에 떨어지게 하면서 먹을 때, 그 한 순간을 아주 소중한 순간이라고 느끼게 하는 어떤 힘이 있었다.

「인생에서 우연은 없어. 만약 사람이 마음을 열고 감정을 솔직하게 표현하며 그다지 걱정하지 않는다면, 타인에 대해서 매우 좋은 영향을 줄 수 있는 거야」 라고 그는 말했다.

그가 캘리포니아에 왔을 때 함께 요가 클래스에 가고, 그 후 바닷가를 산책하고, 자연식품 레스토랑에서 점심을 먹은 적이 있었다. 그는 나에게 되풀이하여,

「자신의 산에 오르는 일 그만두고, 자신의 내부로 여행하도록 하게」 라고 말하는 것이었다.

「자네가 찾고 있는 것은 모두 자네 자신 안에 있어」

(『아웃 온 어 림Out on a Limb』(5) 23쪽)

「자기」의 높은 가치

이와 같이 신영성운동에서는 자기 내부에야말로 가장 중요한 것이 발견되며, 그것을 통해서 또한 외부의 존재나 세계와 자기가 일치융합할 수 있게 되는 가능성이 강조된다. 자기실현이라는 것도 외부의 존재와 적극적으로 관련하여 무슨 일인가를 달성하는데 역점을 두게 되는 경우도 있지만, 신영성운동의 자기실현은 바로 내향적인 해방체험에 일의적인 가치가 주어지는 그것, 요컨대 자기의 내부에 생기는 성장 · 완성을 지향하는 그것이다.

나는 마음과 몸과 혼이 항상 하나가 되도록 노력하기 시작했다. 그리고 곧 혼이 건전하다면 마음과 몸도 건전하게 된다는 것을 깨달았다. 또 자신이 본래 영적인 인간으로, 결코 마음과 몸만의 인간이 아니라는 것도 깨달았다. 마음도 몸도 영적인 의식에서 흘러나온다는 것이다. /부정적인 태도, 요컨대 두려움이나 걱정은 나의 영, 즉 혼의 상태가 그다지 좋지 않을 때에 생기는 마음의 상태였다. 무언가에 구애되고 있으면, 일은 잘 진행되지 않게 되어버린다. 차단되어버리는 것이다. /자신을 싫어한다고 생각하여 불쾌했던 적이 옛날에는 있었다. 대부분의 부정적인 감정은 자신에 대한 신뢰의 부족이나 불신에서 왔다.(중략) 그러나 자신의 영적인 본질(「위대한 자기」를 가리킨다 – 시마조노)을 신뢰하면 모든 것이 잘 되어 간다고 깨달았을 때, 상황은 완전히 바뀌기 시작했다. (『댄싱 인 더 라이트』 124~125쪽)

여기에서는 자기변용의 가능성에 대한 높은 희망이 있다. 그 반면, 악에 대한 자각이나 악과의 대결은 문제가 되지 않는다. 마음 안에 있는 악, 즉 불안이나 두려움은 분명히 있는 것으로 보인다. 그러나 그것은 자기 안에서 극복의 방도를 찾아낼 수 있는 것이다. 안에 있는 악을 인지하면서도 그것을 초월해 있는 고차원의 훌륭한 것, 즉 「위대한 자기」(Higher Self)나 우주의 좋은 힘(기氣)으로 진정한 실재성을 되돌릴 수 있게 된다. 그 차원에서는 악은 「없다」. 그보다 선악미분善惡未分 내지 절대선의 높은 실재가 「있다」. 그런 고차적 차원으로 의식을 이동시켜감으로써 자기는 높아지고 진화되어가는 것이며, 그것이야말로 현대 인류 진화단계상의 과제이다. 자기는 선악의 대립으로 갈라지거나 초월영역에서 분리된 작은 「나」가 아니라, 그것을 모두 포용하고, 전 우주의 실체와도 합치할 수 있는 무언가인 것이다. 악의 부재를 과장하는 신영성운동의 사고방식의 배후에는 이 같은 「자기」관이 있다.

3. 「근대 이후」「종교 이후」 시대의 자기와 악

구제종교에 의한 악의 실재의 강조

신영성운동은 스스로가 인류사의 두 단계 「이후」에 생겼다고 자각하고 있다. 요컨대 한편으로 기독교나 불교와 같은 구제종교의, 또 한편으로 근대합리주의나 근대과학의 「이후」에 등장하여 그들의 자리를 대신해야할 문화라고 자부한다. 이 관념은 「포스트모던」이라는 말과도 관련이 있지만 「근대(근대과학) 이후」라는 것만이 아니라, 동시에 「종교(구제종교) 이후」라고 해도 「현재」를 위치지우고자 하는 점에 특징이 있다. 나는 이런 신영성운동의 역사의식에 전면적으로 찬성하지는 않는다. 그러나 거기에 보이는 「현재」의 위치 지움은 일정한 타당성을 지니고 있다고 생각한다. 그리고 그 점이 「자기와 악」의 관계에 새로운 성격을 부여하게 되었다고도 생각한다. 그렇게 생각함으로써 지금까지 기술해온 근래의 어떤 정신동향, 즉 「악의 실재의 과장」이나 「악의 부재의 과장」이라는 현상을 설명해보고자 한다.

막스 베버가 그렇게 인식한 것처럼, 구제종교는 인간이란 「구제」를 필요로 하는 곤경 속에 살고 있는 존재로 본다. 죽음, 병, 고통, 죄, 빚, 투쟁 등등. 인간이 자기를 강하게 의식하지 않을 수 없는 이런 상황을 칼 야스퍼스는 「한계상황」이라고 불렀다.(6) 이 한계상황

중에는 「받은 악」 「범한 악」 「어쩔 수 없는 악」 따위의 악이 큰 위치를 차지한다. 악 때문에 자기는 찢어지고, 완전한 것에서 분리된다. 이런 악이 중대한 인간적 사실이라고 생각하고 거기에 주의를 집중하고, 악의 불가피성을 강조하면서 그러나 어떤 초월적인 존재나 작용에 의하여 그 극복, 즉 자기의 완전한 것으로의 복귀가 말하자면 「기적적으로」 가능해진다고 말하는 것이 구제종교이다. 옴진리교나 다른 신신종교교단도 실은 악의 실재를 강조하는 이런 전통적인 구제종교의 특징을 얼마간 이어받고 있다. 여기에서는 12세기말, 후에 교황 인노켄티우스 3세가 되는 로타리오 디 세니에 의하여 기록된 『인간의 비참한 경우에 대해서』(7)의 한 구절을 인용한다.

> 인간은 먼지와 진흙과 재에서 생기고, 더욱더 나쁘게는 가장 불결한 정액으로 만들어진다. 그는 육욕과 심한 정욕과 악취를 발하는 방탕함 속에서 임신되고, 한층 나쁘게는 죄의 더러움 속에서 잉태되었다. 또 그는 고생, 공포, 비탄에 시달리기 위해서 태어나고, 더욱 슬픈 사실은 죽기 위해서 태어난 것이다. 그는 주된 신이나 이웃을 노하게 하고, 자기 자신을 해치는 나쁜 일을 행한다. 또 그는 명예, 인격이나 양심까지도 흐리게 하는 무익하고 사악한 행동을 한다. 그는 완수해야 할 진지하고 유익한 것도 소홀히 하고, 무익한 것을 행한다. 그는 항상 활활 타고 꺼지지 않는 불의 연료가 되고, 또 항상 좀먹고 다 먹어치우는 죽지 않는 구더기의 먹이가 되고, 더욱이 항상 악취를 발하고 오욕투성이가 된 무서운 부패의 혼이 될 것이다. (18쪽)

구제종교는 악을 뿌리 깊은 것으로 여기고, 제거 불가능하다고 하면서도 또한 초월영역에서 그 극복이 가능하다고 한다. 예를 들면 사후의 세계에 영원한 생명이 있다든가, 괴로움을 반복하는 윤회전생 끝에 궁극적 해탈이 있다는 사상은 초월영역의 보상을 가리키면서, 이 세상 현재의 삶의 악을 피하기 어려운 것으로서 받아들이도록 촉구하는 것이라고 할 수 있을 것이다. 뿌리 깊은 악을 받아들이도록 촉구한 다음에 선을 행할 것이 설명된다. 선을 행함으로 언젠가 저편의 세계에서 선한 결과가 얻어진다. 결국 정당한 보답은 있다. 이렇게 해서 구제종교는 악의 뿌리 깊음과 응보론(선인선과善因善果, 악인악과惡因惡果)을 유지하는 일의 앞뒤를 맞추고 있다.

거기에서는 인간이 행하는 선악은 명확하게 정의할 수 있다는 것처럼 보인다. 그러나 인간이 행하는 선이 한정된 것이며, 선악의 실천이 복잡한 딜레마를 가진 것이라는 데도 생각이 미치는 일은 적지 않다. 게다가 세계로부터 다가오는 악은 감수하려고 한다. 거기에서는 자율적 자기가 악을 통제하는 것에 대한 단념이 있고, 세계의 악을 받아들이는 것을 가능하게 하는 초월영역에 대한 위임이 있다. 구제종교는 한계상황이나 악에 직면하면서도 초월영역과 대면하는 결함 있는 무언가로서 자기를 위치 지운다. 거기에 절대적인 참조 축과의 관계에 놓이는 자기의 강력한 아이덴티티가 성립한다. 거기에서 또, 안에 있는 악을 외부로 투영해서 공격적으로 맞서는 위험도 발생하게 된다.

근대합리주의의 또 하나의 모습

한편 근대합리주의를 하나의 세계관, 인생관으로서 보면, 거기에는 자율적 자기에 대한 큰 신뢰가 있다. 특히 지성의 힘으로 대상이나 환경을 통어하고, 스스로가 개인으로서 또 소속하는 집단(가족이나 국가)의 일원으로서 보다 행복하며 또한 보다 쾌적하고 「받은 악」이 적은 세계를 형성해가는 것에 대한 희망이 있다. 여기에서는 진보가 신뢰받고 있는 한에서 선악의 구별이 구제종교 이상으로 명확하며, 결과로서 얻어지는 좋은 것을 소박하게 신뢰하는 경향이 강하다. 인간은 스스로의 힘으로 보다 악이 적은 상태로 전진해간다는 낙관적인 사고이다. 자율적 자기에 대한 신뢰 하에, 응보론적 세계가 직접적으로 신뢰받는 것이다. 또 한편 타자의 자율적 자기도 승인한다는 점에서, 개인주의나 관용의 원리나 다원성 존중의 자세가 받아들여진다. 거기에서는 각자의 자기가 상대화되기 때문에 자율적 자기가 행하는 선악이 딜레마로 가득 찬 것이라는 사실이 자각될 기회가 증대한다.

그러나 그 대가로서 많은 사람들이 가지게 되는 다양한 악에 대한 표상은 한정된다. 결과로서, 세계의 악을 받아들이는 것을 가능하게 하는 사고공간이 제한되게 된다. 지성에 의하여 극복할 수 있는 악에 사람들의 관심이 모아지고, 지성에 의하여 극복이 곤란한 악은 「어쩔 도리가 없는」 것으로서 주변으로 몰아내어지는 경향이 강해진다. 또 지성에 의하여 극복할 수 있는지 어떤지 판단이 곤란한 문제에 대해서는 지성에 의한 행복이 가능하다는 방향으로 생각이 쏠리기 쉽다. 근대는 지知의 전문가를 증대시켰지만, 전문가는 자칫 자신의 직능을 과대평가하기 때문이다. 이렇게 해서 근대는 지성을 행사하는 자율적 자기를 신뢰하고, 그것에 의하여 악을 받아들이는 사고장치를 약체화시켰다고 생각된다.

1970년대 이후, 세계적인 규모로 근대적인 세계관에 대한 실망이 확산되었다. 근대과학은 악의 제거를 확대해가고 있었지만, 실재로는 환경문제를 비롯한 많은 새로운 악을 만들어내고도 있었다는 것이 드러나게 되었다. 근대의 과학이나 그 힘을 빌린 산업이 만들어낸 대도시는 과학의 힘으로 많은 편리한 것들을 만들어내었지만, 빈곤이나 범죄나 약물중독, 아이들의 마음을 황폐화시키는 온상이 되기도 하였다. 「근대 이후」의 사상이 요구되게 된 배경에는 이 같은 근대에 대한 실망의 경험이 전 세계 다수 시민들의 마음을 휩쓴 사태가 있다. 그리고 그 일은 근대합리주의가 제거한다고 상정하거나 주변화해온 악이 다시 어두운 모습을 눈앞에 등장시키게 되었다는 것을 의미하고도 있다.

일본에서의 악의 실재의 과장

일본에서는 1980년대 이후, 경제성장 때문에 가진 낙관의 분위기가 널리 퍼지고, 자국문화에 대한 예찬이 고조되고 있었다. 그러나 한편, 인류문화의 막다름에 대한 불안이 강해지고 종말예언 · 위기예언에 끌리는 분위기도 점점 조성되고 있었다. 옴진리교나 악의 실재를 강조하는 다른 신신종교(포스트모던적인 경향을 띤 구제종교운동)의 발전은 이 같은 「악의 회귀」라는 배경 하에서 보다 잘 이해할 수 있는 것이다. 세계적으로는 펀더멘털리즘이라 불리는 현상을 포함한 구제종교의 부흥현상이 두드러졌다. 일본에는 기성불교종파로 대표되는 전통적인 구제종교도 있고, 근대에 발전한 신종교라는 구제종교도 있었다. 그러나 이들 구제종교는 장기간에 걸쳐서 근대문화의 압도적인 영향 하에 놓여 있었고, 이전의 구제종교와 비교하여 피하기 어려운 악을 받아들이는 그릇으로서의 힘이 약해졌다.

옴진리교나 그 밖의 신신종교, 또『바람 계곡의 나우시카』『신세기 에반게리온』등의 대중오락문화에 보이는「악의 실재의 과장이나 과시」는 이 같은 일본의 우주론적 상황에 대한 불만의 표현이다. 그리고 더 넓게 보자면, 근대 이후(포스트모던)의 세계에 있어서 악의 회귀의 발로라고 할 수 있을 것이다. 요즘, 미야자와 겐지宮澤賢治의 이야기가 인기를 모으고 있다고 하면, 거기에 표현되어 있는 악의 뿌리 깊음에 대한 자각이 그 매력의 중요한 원천이 되고 있는 것은 아닐까? 겐지의 이야기에서「요다카」와「후쿠로」는 악 때문에 괴로워하는 자의 대표이다.

> 아, 투구벌레야, 많은 곤충들이 매일 밤 나에게 죽는다. 그리고 단 하나의 내가 이번에는 매에게 죽는다. 그것이 이토록 고통스럽다. 아, 괴롭다, 괴롭다. 나는 이제 벌레를 먹지 않고 굶어 죽으리라. 아니, 그 전에 벌써 매가 나를 죽일 것이다. 아니, 그 전에 나는 멀고 먼 하늘을 향해 가버릴 거야. (「요다카의 별」)
>
> 그 같은 악업은 들어 셀 수 없고. 악업으로 인하여 더욱 더 여러 악업을 만든다. 잇따라 일어나서 끝끝내 끝나는 일 없이. 낮은 다름 아닌 일광日光을 두려워하고, 또한 인간과 많은 힘센 새들을 두려워한다. 마음은 잠시도 편안한 일 없고, 한번 올빼미 몸을 다하고, 또 새로이 올빼미 몸을 얻는다. 분명 많은 고통을 입어도 또 끝나는 일 없이.
>
> (「26야夜」)

현대인의 자기는 악의 극복을 낙관적으로 믿는 것에 만족할 수 없고, 악의 불가피성을 받아들이면서도 초월영역에서의 악의 극복을 전망하는 문화장치에 다시 끌리게 되었다. 미야자와 겐지의 이야기는 법화경의 전통에서 유래하는 불교적 염세관과 구원의 광명에 대한 희망을 얼마간 현대에 전하는 것으로 사람들의 지지를 얻고 있다. 옴진리교의 경우는 그 같은 전망을 초월영역에서의 악과의 단기 결말의 투쟁이라는 시나리오로 전화하고, 더욱이 현실세계에서의 악의 과시로 전락시킨 예이다. 거기에서는 악의 실재를 과장하면서도 자율적인 자기에 의한 환경의 통어라는 근대적인 몽상이 비대화되고, 초월영역과 현실세계를 안이하게 접속시켜버리는 경향도 현저하게 보였다.

악 경시의 이유

그러면 신영성운동에 보이는 「악의 부재의 과장」은 어떻게 이해할 수 있을까? 신영성운동에서는 근대합리주의로부터의 탈각이라는 주제가 활발히 주장된다. 거기에서는 근대합리주의 가운데 이원론적인 측면, 즉 주체와 객체, 마음과 사물을 구별하는 태도, 영성이나 감성을 가볍게 여기고 지성만을 중시하는 경향이 비판된다. 또 결과적 선으로 곧장 전진하려는 공리주의적인 선악 이분관이 비판된다. 또 한편 근대합리주의 가운데 자율적 자기의 존중이라는 특징은 유지되며, 오히려 더 지금까지 이상으로 강조되는 일도 있다.

신영성운동에서 보면, 구제종교는 자기의 무력함을 인정함으로써 자기를 초월한 존재에 자기를 위임한다. 거기에서 자기방기나 의존, 속박이라는 것이 생긴다. 그에 반해서 신영성운동은 그 같은 자유의 부정을 유념하지 않고 자기의 다면성, 중층성을 깨달으면서 지금의 자기를 초월해가는 것을 지향한다. 그 중에는 선한 자기로부터 분리

되기 쉬운 안에 있는 악의 통합이라는 것도 포함된다. 악을 포용하고 고차원의 자기에 융합하는 것, 이것이 「자기변용」이라는 말의 의미의 하나이다. 이 자기변용에 있어서 악은 자율적 자기에 의하여 극복, 통합할 수 있는 것이며, 그 실재성은 저차원의 것에 머무르는 것이다.

신영성운동의 「악의 부재의 과장」에서는 악이 전혀 무시되지는 않는다. 극복해야할 무언가가 있다는 의미에서는 악에 구애된다고까지 말할 수 있을지도 모른다. 그러나 그 악은 자기의 안에 있는 분열이나 착오로부터 유래하는 것이어서 자기의 외부에 확고한 실재성을 가지는 것은 아니라고 한다. 구제종교에서는 악은 세계에 견고한 실재성을 가지며, 그렇기 때문에 자기가 강하게 의식되고, 맞서야할 무엇인가였다. 이에 반해서 신영성운동에서는 악을 개개인의 안에 있는 분열이나 저차원의 의식 상태로 돌리는 경향이 강하다. 마음 안에 있는 착오이며, 자기변용에 의해서 비교적 용이하게 극복 가능한 것이기 때문에 세계에 실재하는 것으로는 간주되지 않는다. 여기에서는 자기가 다층적, 다면적인 것으로서 확충되고 이해되며, 악은 그 확충된 자기 안으로 포용될 수 있는 것이라고 한다. 자율적인 자기는 악을 흡수하는 능력을 가진다고 간주된다.

이와 같이 생각하면, 신영성운동에서의 악의 경시는 자율적 자기를 확충시키는 한편, 자율적 자기의 자유로운 삶이라는 근대적인 이념을 철저하게 유지하고, 근대합리주의에 의한 진보라는 이념을 초월한 새로운 자유를 표상하려는 데서 생긴 것이라고 할 수 있을 것이다. 「악의 경시」라고 하면, 현실에서 눈을 딴 데로 돌리게 하는 이데올로기라는 인상을 줄지도 모른다. 사실 신영성운동은 선진국의 일부 풍족한 계층 사람들의 사적인 행복의 확대나 자유로운 생활양식의 향유란 점에 스스로의 정당성을 찾으려는 경향이 있다고도 할 수 있다. 제3세계나 선진국 대도시 빈곤지역에서의 공동악共同惡에 대한 자각과는 거리가 먼 것처럼 보인다.

그렇기는 하지만 신영성운동 중에서도 윤리적인 성찰이 중시되는 경우에는 자율적인 자기가 행하려고 하는 선악의 복잡성 · 양의성이나 세계의 악 · 받은 악의 불가피성이란 사항에도 주의가 미치고 있다. 그와 같이 자율적 자기와 악과의 관계를 눈여겨보려고 하는 사고방식은 자율적인 자기의 일정한 의의를 승인하는 세련된 구제종교적인 윤리사상과 지극히 가까운 것이 될 것이다. 신신종교의 성숙 방향은 그런 방향에서 발견된다고 생각한다.

포스트모던적인 종교성과 악의 회귀

지성을 주요한 구성요소로 하는 근대적인 자율적 자기(자아, 주체)를 신뢰하는 근대합리주의에 대한 실망의 확산은 극복하기 어려운 악의 인지, 즉 「악의 회귀」를 초래한다. 이 「악의 회귀」의 상황 하에서 악의 실재의 과장, 과시를 특징으로 하는 종교운동이나 대중문화가 눈에 띄게 된다. 이것은 구제종교의 전통을 이어받고, 자율적 자기의 한계를 인정하고, 악의 인지를 강조하면서 초월영역에서의 악 극복의 희망을 부흥하려고 하는 조류이다.

또 한편 자율적 자기의 관념을 확충시키면서 여전히 그 우위성을 유지하고, 악의 극복을 비교적 낙관적으로 신뢰하려고 하는 조류도 존재한다. 「근대과학」과 또 「종교」를 초월하여 「영성」의 시대를 이끌려고 하는 신영성운동이 그것이다. 이들 운동은 근대에 대한 실망 속에서 퍼지고 있는, 「악의 회귀」를 받아들이려고 하는 두 조류로 볼 수 있다. 둘 다 악을 수용하는 그릇으로서의 전통적 구제종교가 근대화를 거치면서 충분히 기능할 수 없게 된 환경 하에서, 악을 받아들일만한 새로운 장치를 만들어내려고 고심하고 있다.

그러면 두 방향은 어디서 분기하는 것일까? 그 분기는 자율적 자기의 가능성과 한계를 어느 부근에서 확인할 것인가 하는 점에 있는 것 같다. 「옴의 악」에 대해 맨 처음으로 거론한 가와이 하야오河合隼雄와 요시모토 다카아키吉本隆明의 생각의 차이도 이 분기와 관련되어 있을 것이다.

포스트모던의 신종교라는 양상을 지니는 신신종교가 옴진리교가 보여준 것처럼 경솔하고도 매우 중대한 악을 노출시킬 때, 그것을 미성숙한 종교성을 지닌 집단의 소행으로서 비판하고 자기의 그릇을 넓히도록 개개인의 성숙을 촉구하는 일은 물론 중요하다. 그러나 그것과 동시에 포스트모던적인 양상을 점점 깊게 해갔던 70년대 이후의 일본사회에서 왜 악이 이렇게까지 무참히 주체 못하게 되고, 농락되게 된 것인가 하는 물음으로 다시 되돌아갈 필요가 있을 것이다. 그때, 본서에서 해온 바와 같은 일본종교사, 특히 신종교사에 입각한 종교학적인 현대문화론이 얼마만큼의 의의를 가질 수 있을 것인지, 독자의 판단을 바라는 바이다.

■ 후 기

이 책이 전제로 하고 있는 것은 종교운동에 관해서 검토하고 고찰하는 일이 현대인의 자기반성에 큰 도움이 될 것이라는 생각이다. 그러나 이 같은 생각은 쉽게 이해될 수 없지 않을까 염려된다.

옴진리교사건 이후, 종교운동=「컬트」는 평온한 시민생활을 위협하는 이상한 집단군이라는 통념이 퍼지고 있다. 분명히 조직이익을 우선하고 부정한 행위를 하는 종교집단이 눈에 띄는 요즘이기 때문에 이 같은 견해가 퍼지는 것은 당연하다. 그러면 시민생활을 위협하는 이기적 집단이 사람들을 속이고 가두기 위해서 적당히 만들어낸 「종교적 세계」라는 것에 진지하게 받아들일 가치 따윈 있을 리 없다는 견해도 타당하다고 여겨질지 모른다. 이에 대해, 본서는 종교운동의 신앙세계에서 현대인의 마음의 심층적 욕구를 파악할 수 있다는 입장을 취한다. 종교운동은 「현대일본의 정신상황의 저류」를 다양한 형태로 표현하고 있다고 보는 것이다.

1970년대에 큰 변화가 일어나고, 종교운동 가운데 지금까지와 다른 새로운 측면이 증가했다는 것은 일찍부터 니시야마 시게루西山茂 등 몇몇 논자가 깨달은 것이다. 나 자신도 그 같은 관찰에 동의하고, 80년대 후반부터 그런 동향에 대한 탐색을 시도하였다. 1990년 전후는 통일교, 행복의 과학, 옴진리교 등이 한창 매스컴의 화제가 된 시기였고, 또 이들 「신신종교」가 대두한 이유를 어디서 찾을지를 묻게 되는 기회도 늘었다. 그리고 1995년, 세상을 뒤흔들게 한 지하철 사린사건이 일어나자 옴진리교라는 현상을 종교사 · 정신사의 맥락 속에서 이해하는 일은 피할 수 없는 과제로서 다가왔다.

이런 탐색 · 탐구를 진행하면서, 종교운동은 시대의 표층에 뜨는 물거품과 같은 현상이 아니라는 생각은 점점 강해졌다. 옴진리교가 등장하는 배경에는 종교운동의 큰 흐름이 있다. 그러므로 동시대의 다른 종교운동과 대비하면서 파악하는 데서 옴진리교는 보다 잘 이해할 수 있을 것이다. 그리고 동시대의 종교운동을 넓게 살펴봄으로써 옴진리교에만 초점을 두고 이해하는 이상으로 깊게 입체적으로 동시대 사람들의 종교의식의 변동을, 그리고 정신조류의 여러 측면을 이해할 수 있게 될 것이다.

본서는 이 같은 시대의 추이 속에서 형태를 갖추어왔다. 종교운동을 통해서 현대의 정신상황의 저류를 이해하려는 의도 아래, 1992년 이후에 내가 발표해온 몇 편의 논고가 본서의 기초가 되고 있다. 대략 절반은 옴사건 이전에 쓴 것이며, 나머지는 사건 이후에 쓴 것이다. 그러나 후자도 옴사건의 배경을 이해한다는 의도가 큰 것이기 때문에, 이들 어느 논고나 다 80년대 중반에서 90년대 전반 시기의 종교운동의 실상에 초점이 맞추어져 있다. 다루어진 참고자료는 광범위한 시대에 이르지만, 주요한 자료는 이 시기의 것이다. 그렇다고는 하지만, 옴사건 이후에도 종교운동의 동향에 큰 변화는 보이지 않기 때문에 이상의 것을 근거로 하여, 본서를 2001년 시점에서의 종교운동의 현황에 대한 보고로서 읽을 수 있을 것이라고 생각한다.

본서를 정리하는 데는 이상의 경위를 고려하여 틀의 재구성을 시도하였다. 1970년대부터 2001년까지의 약 30년간을 시야에 넣으면서, 1990년 전후에 초점을 두고 「현대의 정신상황의 저류」를 파악한다는 시각을 설정하였다. 그리고 거기에 「포스트모던」의 시대상을 비추어내는 고찰의 틀을 집어넣어, 시대상을 반영하는 종교운동의 여러 측면이 부각되도록 한다는 방침이다. 본서는 그 같은 시각과 방침 하에 새로이 여러 논고를 다시 편집하고, 모든 논고를 고쳐 쓰고, 새로 많은 것을 가필하여 정리한 것이다. 그런 의미에서 「옴진리교의 주변」을 지켜보면서 「옴진리교사건」에 앞선 시기, 특히 사건 전야 시기의 일본의 종교운동을 논하는 시도라고 해도 된다.

본서에서 「포스트모던」이라고 할 때는, 근대=모던의 제도와 가치가 사회전체에 침투하는 한편 그 침투를 촉구한 이념의 여러 전제가 상대화되어 자각적으로 근대=모던과는 이질적인 것이 뒤따르게 되는 시대상이라는 의미로 사용하고 있다. 「근대는 끝났다」고 주장하려는 것이 아니라, 그 같은 의식이 확대되는 상황에서의 사람들의(특히 「구원」을 핵으로 하는 종교적인 것에 끌리는 사람들의) 사고의 습곡에 가까이 다가서려는 생각이다. 따라서 본서의 틀은 전형적으로 근대적인 특징을 가진 종교집단이나 종교운동군이 정체하는 상황 가운데, 그것과는 다른 특징을 가지거나 다른 것을 지향하는 종교운동군이 대두하는 모습을 그려내는 것이 된다. 그 같은 새로운 특징이나 지향성을 집단의 구성 양식(제1장), 신앙세계의 특징(제2, 3장), 내셔널리즘과의 관계(제4~6장), 종교부흥이나 반세속주의적 조류와의 관계(제7~9장)란 관점에서 이해하려고 하였다.

이러한 것들을 관철하는 나의 문제의식은 인간의 한계나 고난을 직시하면서 그 극복을 희망하려는 구제종교가 근대라는 시대를 통과한 단계에서 어떠한 방향으로 나아가려고 하는 것인가 하는, 과장되게 말하면 문명사적 물음이다. 본서에서 주제적으로 논하고 있는 것은 아니지만, 이것이 본서를 지지하는 가장 큰 이론적 틀이 되고 있다. 이 물음은 일본의 근대종교운동사에 관한 나의 두 권의 개관적 저작인 『근대구제종교론』(靑弓社. 1992년)과 『정신세계의 행방行方』(東京堂出版. 1996년)을 이어서 나온 것이다. 이 이전의 저작들을 참조해 준다면 그 보다 더 좋은 일은 없겠지만, 본서의 소재로 끌어 낸 대략적인 전망은 악과 구제 관념의 현대적 · 옴 이후적인 모습을 묻고 있는 종장에서 시도되고 있다. 종장의 내용이 제1부에서 묘사한 「신신종교」의 윤곽과 조응한다는 것을 이해해준다면 다행이다.

이 시기의 새로운 종교운동이라고 하더라도 실로 다양하며, 같은 운동이라도 시기에 따라 변화하기 때문에 그 실태를 파악하는 것은 쉽지 않다. 주요한 것의 윤곽만이라도 파악하고 싶은 바이지만, 그것조차 뜻대로 안 된다는 것이 진심이다. 현지조사나 방문취재를 포함하여 다양한 방법으로 여러 종류의 정보를 모으고, 개별 운동의 특징을 이해하고, 그것들을 종합하여 이 시대의 종교운동의 전체상을 그리게 된다. 따라서 못보고 빠뜨리거나 잘못 보는 것도 많을 것이다. 고찰의 틀 하나하나의 논점도 중요한 것의 일부를 들어 얻은 것에 불과하다고 자각하고 있다. 「컬트」 문제를 정면에서 논하는 과제도 본서에서는 다루고 있지 않다. 독자 제현에게는 이상과 같은 본서의 의도 · 배경을 헤아려주길 바라며, 이 책이 제시한 한정된 제 논점의 타당성을 판단해주길 부탁드린다.

1980년대 중반 이후는 종교피해나 종교정보를 둘러싼 소송이 늘어나, 신종교집단에 대해서 논하는 것은 그만큼 신경이 곤두서지 않을 수 없는 일이 되었다. 연구자에게는 가능한 한 확실한 정보와 논점을 제공할 것이 요구되어지지만, 그것이 점점 이루어 내기 어려운 상황이 되고도 있다. 그러나 확고한 증거를 굳히고 논하는 일이라면 상당한 연구시간과 노력을 들이고, 또 자료나 자료해석의 타당성이 분명해질 만큼의 시간의 경과를 기다리기도 해야 한다. 가까운 과거의 일이기 때문에 그 시점에서 이용할 수 있는 대로 모든 자료를 이용하고, 가능한 범위 내에서 적절한 판단을 행하고 전망을 하는 작업도 요구된다.

본서는 그 같은 필요성을 의식하고, 21세기가 개막되는 시점에서 이전 세기말, 즉 1990년 전후 시기의 종교운동사 · 정신사에서 전망을 해보려고 하는 것이다. 이후 더욱 더 조사나 취재가 진행되어 이 시기의 종교운동이나 여러 자료에 대한 이해가 깊어지기를 바란다.

본서의 토대가 된 논고는 다음과 같다.

서장 · 제1부

- 「신신종교의 발흥」 가바야마 고이치樺山紘一편 『신사회인의 기초지식』 (新書館. 2000년)
- 『신신종교와 종교붐』 (岩波ブックレット. 1992년)
- 「신종교와 윤회전생輪廻轉生」 (大法輪閣編輯部편 『윤회전생 – 환생은 있는가』 大法輪閣. 1999년)
- 「「종말」과 현대종교」 (『歴博』 100호. 2000년)

제2부

- 「현대일본의 반세속주의와 내셔널리즘」(나카노 쓰요시中野毅외 편 『종교와 내셔널리즘』世界思想社. 1997년)
- 「코스모메이트와 행복의 과학」(『別册宝島EX 신도神道를 알 수 있는 책』宝島社. 1993년)
- 「일본인론日本人論과 종교」(『도쿄東京대학 종교학연보』13호. 1996년)

제3부 · 종장

- 『신신종교와 종교붐』(岩波ブックレット. 1992년)
- 「구제종교와 현대사회 – 세계의 종교부흥운동 속의 신신종교」(『創文』373호. 1996년)
- "New New Religions and This World : Religious Movements in Japan after the 1970s and their Beliefs about Salvation". *Social Compass* 42(2). 1995
- 「종교집단의 내폐화內閉化와 근대자유주의」(『종교법』14호. 1995년)
- 「현대종교와 악」(『聚珍版』12호. 1999년)

본서는 약 10년에 걸쳐서 쌓아온 작업을 정리한 것이며, 그 동안에 신세를 진 분들은 적지 않다. 종교운동에 있어서 격동기였던 이 시기는 종교연구자에게도 어려운 문제가 많아, 판단을 망설이는 일이 많은 시기였다.

귀중한 자료나 정보를 제공해주신 분들, 조사의 편의를 도모해주신 분들, 토의를 통해서 문제의 이해를 도와주신 분들, 정담을 나누는 가운데 연구자로서의 자세를 함께 생각해주신 분들, 책의 출판을 위해 기꺼이 협력해 주신 고바야시 에이타로小林英太郎씨 - 여러분들에게 이 장을 빌어 충심으로 감사드리고 싶다.

2001년 7월 15일

시마조노 스스무

■ 옮긴이의 말

1995년 3월, 일본에서 옴진리교에 의한 「지하철 사린사건」이 발생했다. 당시 그 사건은 종교집단에 의하여 일어났다는 점에서 일본사회뿐만 아니라 전세계에 엄청난 충격을 던져 주었었다. 지금 우리 사회에서도 「옴진리교사건」이라고 하면 그것을 바로 떠올릴 수 있는 사람들이 많을 것이다. 사건이 일어나자 일본사회에서는 종교혐오의 감정이 고조되고, 특히 신종교에 대해서는 더욱 냉담한 시선이 쏟아졌다. 또한 사건 이후 종교집단의 범죄나 종교집단을 둘러싼 분쟁이 화제가 되는 경향도 크게 증가하였다. 옴진리교와 같은 신종교가 현대일본에 어떻게 성립하여 발전한 것인가? 이러한 물음이 각계에서 집중적으로 다루어졌다. 그런 가운데 이 사건에 대해 종교학자와 저널리스트들이 긴급 토론하고 가필한 것이 바로 책으로 출간되기도 하였다.

그리고 사건이 일어난 그해 8월, 우리나라에서 열린 한 · 일 종교학술 심포지엄에서 시마조노 스스무는 「옴진리교사건과 현대일본」이라는 주제로 특강을 한 바 있다. 『포스트모던의 신종교』는 일본의 대표적 종교학자인 시마조노 스스무가 옴진리교사건 전후인 1992년부터 2000년까지의 약 10년간에 걸쳐서 쌓아온 연구 작업들을 정리한 것이다. 그러니까 이 책의 절반은 옴진리교사건 전에 쓴 것이며, 절반은 사건 후에 쓴 것이다. 사건 전에 이루어진 연구와 마찬가지로 사건 후의 연구도 옴진리교가 1984년에 성립되어 급성장을 이루게 되는 1990년 전후 시기의 종교운동의 특징에 초점을 두고 있다. 이러한 측면에서 이 책은 장기간에 걸쳐 많은 다양한 자료와 정보를 바탕으로 옴진리교사건의 배경을 밝혀내는 가장 체계적이고 실증적인 연구서이다. 그러나 여기에서는 옴진리교라는 하나의 종교집단에만 초점을 맞추어 논제의 중심으로 다루고 있지는 않다. 이 책에는 옴진리교의 등장배경에 있는 종교운동의 큰 흐름을 살피고 또한 동시대의 다른 종교운동과 대비하면서 분석하는 데서 옴진리교를 이해하고자 하고, 나아가 이를 통해 동시대 일본인의 종교의식의 변동과 정신조류를 이해하려고 한다.

일본에서 신종교는 에도 말기인 19세기 초부터 현대에 걸쳐서 성립한 종교를 총칭한다. 그 주된 발전은 제2차 세계대전 후의 수십 년 사이에 이루어졌다. 현재까지 신종교의 대교단으로 알려지고 있고 이후의 신종교운동에 중요한 영향을 미치게 되는 교단의 많은 부분이 1920년부터 1950년 사이에 성립해서 1970년 무렵까지 급성장을 이룬 것이다. 1996년에 출간된『신종교교단 · 인물사전』에 수록된 교단은 신도 수가 수백 명 이하의 아주 규모가 작은 것에서부터 신도가 수천, 수만 명 이상 있으며 어느 정도 사회적 세력을 가지고 있는 교단을 포함하여 400개 정도가 된다. 이러한 신종교는 근대를 통해서 끊임없이 출현하였고, 현재도 계속 나타나고 있다. 신종교는 그 시대의 분위기나 구원을 바라는 사람들의 욕구를 흡수하고, 사회의 변화를 민감하게 살펴서 운동에 적용해 가는 특성이 있다. 시마조노는 이러한 일본의 신종교운동의 흐름을 살펴보아 시대별로 네 개의 시기로 구분한다. 19세기 초기에서 1880년 무렵까지를 제1기, 1880년대부터 1910년대까지를 제2기, 1920년대부터 60년대까지를 제3기라 한다. 그리고 1970년대를 접어들어서 나타나기 시작한 신종교운동의 새로운 흐름을 신종교의 제4기로 하고, 이를 제3기까지의 신종교와 구분하여 신신종교라 한다. 즉, 그는 70년대 이후에 현저한 신장을 이루고 있는 모든 교단을 신신종교라 한다는 입장을 취한다. 대체로 신신종교는 1950년대에서 80년대에 창립된 것이지만, 여호와의 증인처럼 일본에서는 1920년대에 창립되었으나 70년대 이후의 포스트모던 의식이 높아지게 된 시대에 현저한 발전을 이루고 있다고 보고 신신종교에 포함시키고 있다. 이러한 신신종교라는 용어가 통용되는 시기에 또한 「종교붐」이라는 말도 자주 사용되었다. 그것은 신종교운동의 전개 시기별로 보통 막말부터 메이지유신기의 제1차 종교붐, 쇼와 초기에서 패전 후의 제2차 종교붐, 70년대 중반 이후의 제3차 종교붐으로 구분된다.

일본은 메이지 말기부터 다이쇼시대에 이르면서 급속한 산업화가 추진되고, 전후의 혼란기를 경험하고, 또한 한국전쟁기의 호경기에서 1960년대의 고도 경제성장기를 맞게 된다. 이처럼 급격한 사회변동과 혼란을 경험하는 시기의 일본에서는 무엇보다도 사회적 성공과 안정된 지위의 확보라는 근대의 세속적 가치를 추구하려는 경향이 두드러지게 되고, 지금 이곳에서의 행복한 생활, 즉 경제적 안정과 사회질서에 안정적으로 편입되어 살아가는 것이 진정한 구원임을 강조하는 지극히 현세지향적 구원관을 가지는 새로운 종교가 두각을 보이게 된다. 이는 전통불교나 민속종교를 대신하여 등장한 이 시기

일본의 사회적 상황이 만들어낸 근대를 대표하는 새로운 종교운동이었다. 특히 1950년대 중반 이후의 고도경제성장에 따른 도시로의 인구이동이 현저해지면서 도시형 종교인 창가학회와 입정교성회 등의 성장은 대단한 것이었다. 이것이 제2차 종교붐, 또는 시마조노가 말한 신종교운동의 제3기에 나타난 특징이다.

1970년대 이후, 세계 각지에서는 종교부흥의 움직임이 나타나기 시작했다. 그것은 19세기 이후의 사회를 주도해온 근대과학과 합리주의에 의해서 초래된 근대문명에 대한 신뢰가 붕괴되면서 그동안 종교를 과거의 것, 비합리적인 것으로 간주하던 사람들의 인심이 새로운 형태의 종교에 관심을 갖게 됨으로써 나타난 현상이 그 일면이라고 할 수 있다. 이러한 세계적인 종교부흥의 움직임은 70년대와 80년대를 걸쳐서 일본사회가 일정한 풍요를 달성하고, 또한 경제성장에 따른 우월의식과 자국문화에 대한 예찬이 고조되면서도 근대적 세계관에 대한 실망도 병존하고 있던 일본사회에서도 일어나고 있었다. 이 시기에는 제2차 종교붐, 또는 신종교운동의 제3기를 대표하고 이미 기성종교화한 창가학회 등 대교단들의 발전이 정체하는 가운데 이들과 전혀 다른 새로운 주술과 영능靈能개발, 정령淨靈, 신비체험 등을 전면에 드러내는 종교가 신신종교(제4기의 신종교)로 명명되면서 신비·주술붐, 신영성운동과 함께 주목을 받았다.

여기서 시마조노는 근대의 종교운동으로부터 많은 것을 물려받으면서도 70년대 이후의 새로운 시대상을 반영한 종교운동의 움직임을 분명히 관찰하고 있다. 그는 이러한 주장을 더욱 명확히 밝히기 위해서 70년대 이후에 성장한 많은 신신종교교단을 두 부류로 분류한다. 70년대 이전에 기초가 다져져 70년대 후반부터 80년대 전반까지의 발전이 두드러지는 교단과 80년대 이후에 기초가 다져져 80년대 후반 이후에 발전이 현저한 교단에는 사상이나 실천에 상당한 차이가 있다고 보는 것이다. 그리고 전자를 신신종교의 제1물결이라고 하고 여기에 아함종, GLA, 진광, 진여원, 통일교, 여호와의 증인, 현정회, 정토진종신란회 등을 들고 있다. 그리고 후자를 신신종교의 제2물결이라고 하고 옴진리교, 행복의 과학, 월드메이트, 법의 화삼법행 등을 들고 있다. 이 두 부류의 교단을 비교하여 전자보다 후자에서 포스트모던적인 특징이 명백히 나타난다는 것을 밝힘으로써 그의 주장을 뒷받침하고 있다.

이 책에서는 그러한 포스트모던적인 신종교의 특징이 무엇인지를 신앙공동체가 만들어지는 방식과 신앙세계의 특징을 면밀히 분석하면서 보여주고 있다. 그리고 1970년대 이후의 포스트모던의 시대상을 반영하는 종교운동의 여러 측면, 즉 「반세속주의」 「내셔널리즘」 「근대비판」 「신영성운동」 「종교집단의 내폐화」라는 고찰의 틀을 적용시켜가면서 신신종교의 위치와 형태를 밝혀내고 있다.

그러한 작업을 통해서 시마조노는 세계적 종교부흥의 일본적 현상으로서의 신종교운동의 신앙세계에서 현대일본인의 마음의 심층적 욕구를 파악해내고자 한다. 우리는 저자의 이러한 의도 하에서 이루어진 이 연구서에서 그들의 고유종교인 신도와 외래의 종교인 불교가 일본식화하고 또 이들과 습합하여 나타나고 있는 독특한 신종교문화의 형성과 그 흐름을 간파하고, 그 속에서 일본의 종교운동에서 표현되고 있는 현대일본인의 다양한 정신 저류를 들여다볼 수 있게 될 것이다.

그런 의미에서 이 책은 단지 학문적으로만 접근하고자 하는 이상으로, 또한 일본에 관심을 가지고 있거나 일본사회를 심층적으로 이해하고자 하는 사람들에게 일독을 권하고 싶다.

■ 주

서장 신신종교와 포스트모던

(1) 옴진리교를 논함과 동시에 현대세계의 종교집단과 폭력의 관계를 논한 서적으로 다음과 같은 것이 있다. 로버트 J. 립턴『종말과 구제의 환상 – 옴진리교란 무엇인가』(岩波書店. 2000년, Robert J. Lifton. *Destroying the World to Save It : Aum Shinrikyo, Apocalyptic Violence, and the New Global Terrorism.* Metropolitan Books. 1999), Mark Juergensmeyer. *Terror in the Mind of God : The Global Rise of Religious Violence.* University of California Press. 2000, Ian Reader. *Religious Violence in contemporary Japan : The Case of Aum Shinrikyo.* Curzon. 2001.

(2) 니시야마 시게루西山茂「신종교의 현황 – 〈탈근대화〉를 향한 의식변동의 관점에서」(『역사공론』5권 7호. 1979년), 무로오 다다시室生忠『젊은이들은 왜 신신종교로 달려가는 것인가若者はなぜ新・新宗教に走るのか』(時の經濟社. 1984년),『신인류와 종교』(三一書房. 1986년) 등.

(3) 別册寶島編輯部編『「컬트」의 정체』(寶島社文庫. 2000년). 또한 이 책은『別册寶島 461호「구제」의 정체』(寶島社. 1999년)를 개제改題, 개정한 것이다.

(4)「컬트」라는 용어의 문제성에 대해서는 다음의 졸고에서 조금 상세하게 논하고 있다.「「컬트」문제의 유래」(『자유와 정의』제2권 2호. 2001년 2월).

(5) 이노우에 노부타카井上順孝・고모토 미쓰기孝本貢・시오야 마사노리鹽谷政憲・시마조노 스스무島薗進・쓰시마 미치히토對馬路人・니시야마 시게루西山茂・요시하라 가즈오吉原和男・와타나베 마사코渡邊雅子『신종교연구조사 핸드북』(雄山閣. 1981년), 이노우에 노부타카・고모토 미쓰기・쓰시마 미치히토・나카마키 히로치카中牧弘允・니시야마 시게루 편『신종교사전』(弘文堂. 1990년).

(6) 아사히朝日신문사사회부 편『현대의 작은 신들』(朝日新聞社. 1984년), 가나가와神奈川

신문사 편 『신은 내렸다神は降りた』 (神奈川新聞社. 1986년).

(7) 옴사건 이전의 단계에서 이들 교단을 열정적으로 취재 · 조사하고, 유익한 정보를 제공한 연구서로 누마타 겐야沼田健哉 『종교와 과학의 네오패러다임 – 신신종교를 중심으로』 (創元社. 1995년)가 있으며, 나도 이 책에서 많은 것을 배웠다.

(8) 이노우에 노부타카井上順孝 『신종교의 해설』 (筑摩書房. 1992년, 후에 ちくま學藝文庫. 1996년), 이노우에 노부타카 「〈신신종교〉 개념의 학술적 유효성에 대해서」 (『종교와 사회』 제3호. 1997년).

(9) 시마조노 스스무島薗進편 『무엇을 위한 〈종교〉인가? – 현대종교의 억압과 자유』 (青弓社. 1994년), 시마조노 스스무 『옴진리교의 궤적』 (岩波ブックレット. 1995년), 시마조노 스스무 「성聖의 상업화 – 종교적 봉사와 증여의 변용」 (시마조노 스스무 · 이시이 겐지石井研士편 『소비되는 〈종교〉』 春秋社. 1996년), 시마조노 스스무 『현대종교의 가능성 – 옴진리교와 폭력』 (岩波書店. 1997년).

제1장 구신종교와 신신종교

(1) 현세구제를 지향하는 구제종교로서 신종교를 특징짓는 것은 쓰시마 미치히토對馬路人 · 니시야마 시게루西山茂 · 시마조노 스스무島薗進 · 시라미즈 히로코白水寬子 「신종교에 있어서 생명주의적 구제관」 (『사상』 665호. 1979년)이나 시마조노 스스무 『현대구제종교론』 (青弓社. 1992년)에서 이루어져 있다. 특정 교단을 사례로 해서 상세하게 그 실체를 파악하려고 한 것으로서, 시마조노 스스무 『시대 속의 신종교』 (弘文堂. 1999년), 시마조노 스스무 편 『구원과 덕 – 신종교 신앙자의 생활과 사상』 (弘文堂. 1992년)도 볼 수 있으면 좋겠다.

(2) 신신종교의 실태에 대해서는 여러 논문이나 르포에 밝혀져 있지만, 여기에서는 몇몇 면밀한 보고가 이루어진 것을 들어 둔다. 누마타 겐야沼田健哉 『현대일본의 신종교 – 정보화시대에서의 신들의 재생』 (創元社. 1988년), 누마타 겐야 『종교와 과학의 네오패러다임 – 신신종교를 중심으로』 (創元社. 1995년), 시미즈 마사토清水雅人편 『신종교시대』 1권~5권 (大藏出版社. 1994~96년), 고자와 히로시小澤浩 『신종교의 풍토』 (岩波新書. 1997년), 別冊寶島編輯部편 『「컬트」의 정체』 (寶島社文庫. 2000년).

(3) 혼다 마치오本田眞知雄 『이시이 가타오石井普雄의 「초염력超念力」이 간다』 (中央文化出版. 1987년), 나이토 구니오內藤國夫 『최후의 초염력을 보았다!!』 (KKダイナミックセラーズ. 1990), 누마타沼田. 전게주(2). 1995년.

(4) 가나가와神奈川신문사 편 『신은 내렸다 – 기적의 신종교 대산지명신시교회大山祇命神示教會』 (神奈川新聞社. 1986년), 누마타沼田. 전게주(2). 1995년.

(5) 이소자키 시로磯崎史郎 『후카미 세이잔 – 그 천재의 비밀을 캐다深見青山–その天才の秘密をさぐる』 (勁文社. 1991년).

(6) 옴진리교에 대해서는 시마조노 스스무島薗進 『옴진리교의 궤적』 (岩波ブックレット.

1995년), 시마조노 스스무 『현대종교의 가능성 - 옴진리교와 폭력』(岩波書店. 1997년), 로버트 J. 립턴 『종말과 구제의 환상 - 옴진리교란 무엇인가』(岩波書店. 2000년), 시마다 히로미島田裕巳 『옴 - 왜 종교는 테러리즘을 낳은 것인가』(トランスビュー. 2001년) 참조.

제2장 신신종교의 신앙세계

(1) 시마조노 스스무島薗進 「도시형 신종교의 마음고치기」(유아사 야스오湯淺泰雄편 『대계불교大系佛教와 일본인3 밀의密儀와 수행修行』 春秋社. 1988년), 시마조노 스스무 「생장의 가生長の家와 심리요법적 구원의 사상 - 다니구치 마사하루谷口雅春의 사상형성 과정을 둘러싸고」(사쿠라이 도쿠타로櫻井德太郎편 『일본종교의 정통과 이단』 弘文堂. 1988년), 시마조노 스스무 「신神과 불佛을 초월하여 - 생장의 가의 구제사상의 생성」(우에다 시즈테루上田閑照외 편 『이와나미岩波강좌 일본문학과 불교 제8권 불佛과 신神』 岩波書店. 1994년).

(2) 혼부신에 대해서는 아라야 시게히코新屋重彦·시마조노 스스무島薗進·다나베 신타로田邊信太郎·유미야마 다츠야弓山達也편 『치유와 화해 - 현대에 있어서의 CARE의 제상諸相』(ハーベスト社. 1995년) 참조.

(3) 시마조노 스스무島薗進 「구원에서 치유로 - 요시모토 내관吉本內觀과 그 종교적 기원」 전게주(2) 『치유와 화해』에 수록되어 있음.

(4) 이런 측면에 일찍부터 주목한 것은 니시야마 시게루西山茂이다. 니시야마 시게루 「신종교의 현황 - 〈탈근대화〉로 향한 의식변동의 관점에서」(『역사공론』 5권 7호. 1979년), 니시야마 시게루 「현대의 종교운동 - 〈영靈=술術〉계 신종교의 유행」과 「두 개의 근대화」(오무라 에이쇼大村英昭·니시야마 시게루 편 『현대인의 종교』 有斐閣. 1988년).

(5) 근년의 종교운동이 보다 절충적, 편집적編集的으로 되고 있는 것을 세계화나 정보화와 관련시키고, 「네오싱크리티즘」이나 「하이퍼종교」에 대해서 논해온 것은 이노우에 노부타카井上順孝이다. 이노우에 노부타카 『교파신도敎派神道의 형성』(弘文堂. 1991년), 이노우에 노부타카 『젊은이와 현대종교 - 상실된 좌표축』(ちくま新書. 1999년).

(6) 쓰시마 미찌히토對馬路人·니시야마 시게루西山茂·시마조노 스스무島薗進·시라미즈 히로코白水寬子 「신종교에서의 생명주의적 구제관」(『사상』 665호. 1979년)은 구제관의 새로운 전개로서 「종말론적 근본주의」의 대두에 대해서 지적하고 있다.

(7) 시마조노 스스무島薗進 『현대종교의 가능성 - 옴진리교와 폭력』(岩波書店. 1997년), 로버트 J. 립턴 『종말과 구제의 환상 - 옴진리교란 무엇인가』(岩波書店. 2000년), Ian Reader. *Religious Violence in Contemporary Japan: The Case of Aum Shinrikyo.* Curzon. 2000, 시마다 히로미島田裕巳 『옴 - 왜 종교는 테러리즘을 낳은 것인가?』(트랜스뷰. 2001년) 등의 책이 있으며, 그 밖에 이미 많은 논문이 쓰여 졌다.

(8) 일례를 든다. Mark Juergensmeyer. *Terror in the Mind of God: The Global Rise*

of Religious Violence. University of California Press. 2000.

제3장 윤회전생과 종말관

(1) 여래교如來敎에 대해서는 중요한 연구 성과가 거두어졌다. 이 장에서의 나의 고찰은 그것들에 의거한 것이다. 특히 다음의 업적들로부터 도움을 받았다. 간다 히데오神田秀雄 『여래교의 사상과 신앙』 (텐리天理대학 오야사토おやさと연구소. 1990년), 간다 히데오 「근대 후기에 있어서 종교의식의 변용과 통합」 (『일본사 연구』 368호. 1993년 4월), 아사노 미와코淺野美和子 『여교조의 탄생 – 「여래교」의 조祖, 류젠뇨라이키노媰姾如來喜之』 (藤原書店. 2001년).

(2) GLA의 이런 우주관 · 세계관 · 사생관에 대해서는 본서의 제8장에서도 논하고 있다. 도움이 되는 서술은 누마타 겐야沼田健哉 『종교와 과학의 네오패러다임』 (創元社. 1995년), 구마다 가즈오熊田一雄 「윤회전생輪廻 · 轉生」 (『일본의 불교』 제6호 「논점 · 일본의 불교」 法藏館. 1996년)에 보인다.

(3) 시마조노 스스무島薗進 『정신세계의 행방精神世界のゆくえ』 (東京堂出版. 1996년), 시마조노 스스무 『현대종교의 가능성』 (岩波書店. 1997년).

(4) 야마모토 히로시山本弘 『돈데모 노스트라다무스책의 세계』 (洋泉社. 1998년, 寶島社. 1999년).

(5) 미야자키 데쓰야宮崎哲彌 『정의의 견해』 (洋泉社. 1996년)

(6) 시마조노 스스무島薗進 『현대종교의 가능성』 전게주(3).

(7) 미야타 노보루宮田登 『미륵신앙의 연구』 (未來社. 초판. 1970년, 신정판. 1975년), 『민속종교론의 과제』 (未來社. 1977년), 『종말관의 민속학』 (弘文堂. 1987년).

제4장 반세속주의와 내셔널리즘

(1) 이슬람, 유대교, 기독교에 있어서 반세속주의의 동향에 대해서는 질 케펠 『종교의 복수復讐』 (晶文社. 1992년, Gilles Kepel. *La revanche de dieu*. Edition du Seuil. 1991), 호세 카사노바 『근대세계의 공공종교』 (다마가와玉川대학출판부. 1997년, Jose Casanova. *Public Religions in the Modern World*. The University of Chicago Press. 1994) 참조.

(2) 이 말의 타당성에 대해서는 우스키 아키라臼杵陽 『원리주의』 (岩波書店. 1999년) 참조.

(3) 나카노 쓰요시中野毅 · 이이다 다카후미飯田剛史 · 야마나카 히로시山中弘편 『종교와 내셔널리즘』 (世界思想社. 1997년) 14쪽.

(4) 마크 유르겐스마이어 『내셔널리즘의 세속성과 종교성』 (다마가와玉川대학출판부. 1995년, Mark Juergensmeyer. *The New Cold War : Religious Nationalism Confronts the Secular State*. University of California Press. 1993) 참조.

(5) 「국가신도國家神道」의 어의語義는 정해져 있지 않지만, 나는 이 말을 신도의 전통을 이어받아 국가나 천황의 성화聖化를 행한 근대의 의례질서 · 실천체계 · 이데올로기를 넓게 가리키는 말로서 사용하고자 한다. 시마조노 스스무島薗進 「국가신도와 근대일본의 종교구조」(『종교연구』 329호. 2001년).

(6) 베네딕트 앤더슨 『상상의 공동체 - 내셔널리즘의 기원과 유행』(リブロポート. 1987년, Benedict Anderson. *Imagined Communities : Reflections on the Origin and Spread of Nationalism*. Verso. 1983).

(7) 아소야 마사히코安蘇谷正彦 『천황의 제사와 정교분리』(展轉社. 1993년), 에토 준江藤淳 · 고보리 게이이치로小堀桂一郎편 『야스쿠니논집 - 일본의 진혼 전통을 위해서』(日本教文社. 1986년), 오하라 야스오大原康男 · 모모치 아키라百地章 · 사카모토 고레마루阪本是丸 『국가와 종교 사이 - 정교분리의 사상과 현실』(日本教文社. 1989년).

(8) 세키구치 사카에關口榮 『영문명靈文明의 여명』(たま出版. 1980년), 세키구치 사카에 『메시아 파워』(德間書店. 1984년), 세키구치 사카에 『세기말 신의 시나리오 - 기적의 〈데카자시手かざし〉가 우리들을 파국에서 구한다』(現代書林. 1991년), 크네히트 페터 · 하타나카 사치코畑中幸子편 『전통을 보호 육성하는 신종교 - 진광眞光』(난잔南山대학 『아카데미아』 인문사회과학편. 57호. 1993년), 나카바야시 노부히로中林伸浩 「신종교의 일본 이미지」(아오키 모타쓰青木保 · 가지와라 가게아키梶原景昭편 『정보사회의 문화1 정보화와 아시아 이미지』 도쿄東京대학출판회. 1999년).

(9) 『월드메이트 스뉴』 81호 (1995년 3월). 「스뉴」는 개그를 좋아함을 자인하는 교조 후카미 도슈深見東州가 「뉴스」를 비튼 표현이다.

(10) 니시야마 시게루西山茂 「한 소수파 강少數派講의 분파과정 - 니치렌정종묘신강日蓮正宗妙信講의 사례」(종교사회학연구회편 『현대종교에 대한 시각』 雄山閣出版. 1978년), 別冊寶島編輯部편 『「컬트」의 정체』(寶島社文庫. 2000년, 초간은 『別冊寶島 461호 「구원」의 정체』 寶島社. 1999년), 하야사카 호조早坂鳳城 「현정회顯正會의 개요 - 교의와 연혁」(니치렌종日蓮宗현대종교연구소 『현대종교연구』 34호. 2000년 3월).

(11) 주로 오카와 류호大山隆法 『유토피아가치혁명 - 신시대의 전망』(土屋書店. 1989년)에 의거한다.

(12) 시마조노 스스무島薗進 『정신세계의 행방精神世界のゆくえ - 현대세계와 신영성운동』(東京堂出版. 1996년) 특히 제11장. 13장.

(13) 구리타 이사무栗田勇 『설월화雪月花의 마음 - 일본인의 정체성Japanese Identity』(기획 · 영역英譯 후지쓰富士通경영연구소. 1987년). 그리고 후지쓰의 사원연수에 대해서는 다음의 박사논문이 있다. Ernest Gundling. "Company and Culture in Japan : A Case Study". Ph.D Dissertation. The University of Chicago. 1994. 또 일본사회의 상황 속에서, 여기에 보이는 일본문화론적 언설을 이해하려고 한 역작으로 요시노 고사쿠吉野耕作 『문화내셔널리즘의 사회학 - 현대일본의 아이덴티티의 행방行方』(나고야名古屋대학출판회. 1997년)이 있다.

(14) 스가타 마사아키菅田正昭 『고신도古神道는 소생한다 - The Old Shinto』 (たま出版. 1988년, 재간再刊. 橘出版. 1994년).
(15) 우메하라 다케시梅原猛 『뇌사는 죽음이 아니다』 (思文閣出版. 1992년), 시마조노 스스무島薗進 『정신세계의 행방精神世界のゆくえ』 전게주(12) 제11장 참조.

第5장 신신종교의 내셔널리즘

(1) 법화계法花系(니치렌계日蓮系) 신종교의 내셔널리즘에 대해서는 시마조노 스스무島薗進 『현대구제종교론』 (青弓社. 1992년)의 제5장에 대강이 논해져 있다. 법화계 신종교와 관계가 적은 니치렌日蓮주의운동의 내셔널리즘에 대해서는 오타니 에이이치大谷榮一 『근대일본의 니치렌주의운동』 (法藏館. 2001년)에 면밀하게 논술되어 있다. 천황제와 종말관(천년왕국주의)적인 종교운동의 관계에 대해서는 야스마루 요시오安丸良夫 『근대 천황상天皇像의 형성』 (岩波書店. 1992년), 쓰시마 미치히토大馬路人 「신종교에 있어서 천황관天皇觀과 세상고치기관世直し觀」 - 신세이류진카이神政龍神會의 경우」 (고모토 미쓰기孝本貢편 『논집일본불교사9 다이쇼 · 쇼와시대』 雄山閣出版. 1988년) 등이 특히 중요한 업적이다.
(2) 시마조노 스스무島薗進 『시대 속의 신종교 - 이데이 세이타로出居清太郎의 세계 1899-1945』 (弘文堂. 1999년)는 1945년까지의 수양단봉성회修養團捧誠會의 역사를 다루고 있다. 이 교단의 내셔널리즘에 대해서는 시마조노 스스무 「신종교와 패전 · 점령 - 수양단봉성회의 경우」 (이카도 후지오井門富二夫편 『점령과 일본종교』 未來社. 1993년)에도 상세하게 기술되어 있다.
(3) 우에무라 후쿠타로上村福太郎 『조수潮와 같이 - 천리교교회약사』 상 (天理教道友社. 1959년) 69~70쪽.
(4) 이데이 시게루出居茂편 『이데이 세이타로出居清太郎 훈화집』 제3권 (宗教法人修養團捧誠會. 1982년).
(5) 이데이 세이타로出居清太郎 『경영기敬靈氣』 제1권 (修養團捧誠會本部. 1965년).
(6) 월드메이트의 개략에 대해서는 누마타 겐야沼田健哉 『종교와 과학의 네오패러다임 - 신신종교를 중심으로』 (創元社. 1995년), 미조구치 아쓰시溝口敦 「월드메이트」 (시미즈 마사토清水雅人편 『신종교시대3』 大藏出版. 1995년)에 적혀 있는 것이 편리하다.
(7) 후카미 세이잔深見青山 『기적의 개운開運』 (學習研究社. 1991년).
(8) 숭교진광崇敬眞光, 세계진광문명교단世界眞光文明教團의 내셔널리즘에 대해서는 다음의 논고가 유익하다. 나카바야시 노부히로中林伸浩 「오카다 가우타마岡田光玉의 고토다마言靈 - 언어유희語呂合わせ와 문학에 대한 일고찰」 (『아카데미아인문사회편 제57호 전통을 이어받은 신종교 - 진광眞光』 난잔南山대학. 1993년), 나카바야시 노부히로 「신종교의 일본 이미지」 (아오키 모타쓰青木保 · 가지와라 가게아키梶原景昭편 『정보사회의 문화 1 정보화와 아시아 이미지』 도쿄東京대학출판회. 1999년).

(9) 아사하라 쇼코麻原彰晃 『해가 뜨는 나라, 재앙이 가깝다日出づる國, 災い近し』(オウム出版. 1995년).

(10) 오카와 류호大川隆法 『알라의 대경고 – 중동위기에 대한 충격 예언』(幸福の科學出版. 1991년).

(11) 와타나베 쇼이치渡部昇一 『이리하여 역사는 시작된다 – 역설의 나라 일본의 문명이 지구를 휘감다かくて歷史は始まる–逆說の國・日本の文明が地球を包む』(クレスト社. 1992년).

(12) 오카와 류호 『프랭클리 스피킹』(幸福の科學出版. 1993년).

제6장 일본인론과 종교

(1) 에즈라 보겔 『재팬 에즈 넘버 원 – 미국에의 교훈』(TBS브리태니커. 1979년, Ezra Vogel. *Japan as Number One: Lessons for America.* Harvard University Press. 1979).

(2) 미야지마 다카시宮島喬 「네오내셔널리즘과 대외의식」(후루키 도시아키古城利明편 『세계사회의 이미지와 현실』 도쿄東京대학출판회. 1990년)에 의한다. 쇼지 고키치庄司興吉편 『주민의식의 가능성』(梓出版. 1986년)도 1983, 84년의 도쿄도東京都 나카노구中野區・구로다구黑田區 주민에 대한 조사에서 마찬가지의 결과를 제시하고 있다.

(3) 장기적인 전망 하에서 일본인론의 흐름을 파악하려고 한 것으로 다음의 것이 있다. 쓰키시마 겐조築島謙三 『「일본인론」 속의 일본인』(大日本圖書. 1984년), 가노 마사나오鹿野政直 『「도리시마」는 들어가 있는가「鳥島」は入っているか』(岩波書店. 1988년)에 수록되어 있는 「일본문화론의 현재」.

(4) 「대중소비재」로서 일본인론을 파악할 필요가 있음을 나타낸 것은 하루미 베후 『이데올로기로서의 일본문화론』(思想の科學社. 1987년)이다. 일본인론이 어떻게 수용되고 있는지를 보다 종합적으로 논한 서적에, 1992년의 영문저작에 기초한 요시노 고사쿠吉野耕作 『문화내셔널리즘의 사회학 – 현대일본의 아이덴티티의 행방行方』(나고야名古屋대학출판회. 1997년)이 있다.

(5) 아오키 모타쓰青木保 『「일본문화론」의 변용』(中央公論社. 1990년).

(6) 1980년대에는 일본 국내에서도 일본인론 비판의 저작이나 논문이 다수 간행되었다. 당시의 일본인론 비판서에는 다음과 같은 것이 있다. 히지카타 가즈오土方和雄 『「일본문화론」과 천황제 이데올로기』(新日本出版社. 1983년), 더글러스 러미스・이케다 마사유키池田雅之 『일본인론의 심층』(はる書房. 1985년), 이와이 다다쿠마岩井忠熊 『천황제와 일본문화론』(文理閣. 1987년), 이와사키 지카쓰구岩崎允胤 『일본문화론과 심층분석』(新日本出版社. 1989년). 해외에서의 일본인론 비판의 대표적 저작으로서, Peter N. Dale. *The Myth of Japanese Uniqueness.* St. Martin's Press. 1986이 있다.

(7) Winston Davis. *Japanese Religion and Society.* State University of New York Press. 1992에 수록되어 있는 "Japan Theory and Civil Religion". 또한 이 논문이

초판된 것은 1983년이다.

(8) 고야스 노부쿠니子安宣邦 『모토오리 노리나가本居宣長』 (岩波書店. 1992년)는 이 같은 관점에서 노리나가의 『고사기전古事記傳』에 비판적 검토를 가하고 있다.

(9) 시마조노 스스무島薗進 「가토 겐치加藤玄智의 종교학적 신도학神道學의 형성」 (『明治聖德記念學會紀要』 제6호. 1995년), 시마조노 스스무 「일본에 있어서 『종교』 개념의 형성 – 이노우에 데쓰지로井上哲次郎의 기독교비판을 둘러싸고」 (야마오리 데쓰오山折哲雄 · 오사다 도시키長田俊樹편 『일본인은 기독교를 어떻게 수용했는가』 日文研叢書17. 국제일본문화연구센터. 1998년), 시마조노 스스무 「국민적 아이덴티티와 종교이론 – 이노우에 데쓰지로의 종교론과 「일본종교」론」, 와키타 하루코脇田晴子 · 안 부시 편 『아이덴티티 · 주연周緣 · 매개媒介 – 〈일본사회〉 일불日佛공동연구프로젝트』 (吉川弘文館. 2000년).

(10) 야나기타 구니오柳田國男에 관해서는 가와다 미노루川田稔 『야나기타 구니오 – 「고유신앙」의 세계』 (未來社. 1992년)에서 적확하게 요약되어 있다. 오리쿠치 시노부折口信夫에 관해서는 시마조노 스스무島薗進 「오리쿠치 시노부에 있어서 「민족논리」론의 형성」 (도쿄東京대학 문학부 석사논문. 1974년)이 있다.

(11) 이 같은 관점은 『정본定本 야나기타 구니오집柳田國男集』 제10권 (筑摩書房. 1969년), 『오리구치 시노부折口信夫전집』 제20권 (中央公論社. 1967년)에 수록된 여러 논고에 명료하게 나타나 있다.

(12) 현저한 예로서, 호리 이치로堀一郎 『민간신앙』 (岩波書店. 1951년)을 들어두고자 한다.

(13) 읽기 쉬운 형태로는 미시마 유키오三島有紀夫 『나체와 의상』 (新潮文庫)에 수록된 것이 있다. 「문화 방위론」의 일본문화론사日本文化論史상의 의의에 관해서는 아오키 모타쓰靑木保도 주목하고 있다.

(14) 야마모토의 일본교론을 개관적으로 총괄하려고 한 것에, 야마모토 시치헤이山本七平 · 고무로 나오키小室直樹 『일본교의 사회학』 (講談社. 1981년)이 있다.

(15) 다니자와 에이이치谷澤永一 『야마모토 시치헤이山本七平의 지혜』 (PHP연구소. 1992년) 18쪽.

(16) 가마타 도지鎌田東二 『이계異界의 음운론 – 순수국학이성비판서설』 (河出書房新社. 1990년)에 수록.

제7장 종교부흥 속의 신신종교

(1) 니시야마 시게루西山茂 「현대의 종교운동 – 〈영靈=술術〉계 신종교의 유행과 「두 개의 근대화」」 (오무라 에이쇼大村英昭 · 니시야마 시게루 편 『현대인의 종교』 有斐閣. 1988년), 고쿠가쿠인國學院대학 일본문화연구소 편 『근대화와 종교붐』 (同朋舍. 1990년).

(2) NHK방송여론조사소 편 『현대일본인의 의식구조』 (日本放送出版協會. 1979년), NHK방송여론조사소 편 『일본인의 의식구조』 (日本放送出版協會. 1984년), 이시이 겐지石井

研士『데이터북 현대일본인의 종교 – 전후 50년의 종교의식과 종교행동』(新曜社. 1997년).

(3) NHK방송문화연구소 편『현대일본인의 의식구조 제5판』(日本放送出版協會. 2000년).

(4) 이 시기의 중요성에 대해서는 니시야마 시게루西山茂「현대종교의 행방現代宗教のゆくえ」(오무라 에이쇼大村英昭・니시야마 시게루 편『현대인의 종교』有斐閣. 1988년), 니시야마 시게루「혼 없는氣枯れ사회의 영술종교 – 종교적 실감주의實感主義의 대두와 그 배경」(『사상과 현대』13호. 白石書店. 1988년).

(5) 야마나카 히로시山中弘「만화문화 속의 종교」(시마조노 스스무島薗進・이시이 겐지石井研士편『소비되는 〈종교〉』春秋社. 1996년).

(6) 보다 상세히는 시마조노 스스무島薗進『정신세계의 행방精神世界のゆくえ』(東京堂出版. 1996년)에서 논하고 있다.

(7) 요네야마 요시오米山義男편『종교시대』(晶文社. 1988년).

(8) 신신종교 중에는 신영성운동과 마찬가지로 세속적 자유주의에의 대항이라는 측면을 지니지 않고, 개인의 자유에 중점을 두는 것도 있다. 신신종교의 이 같은 측면에 주목하고 있는 논문에 구마다 가즈오熊田一雄「종교심리 복합운동에 있어서 일본적 모성의 위상 – GLA계 제 교단의 사례연구에서」(『종교와 사회』제3호. 1997년), 구마다 가즈오「백광진굉회白光眞宏會와 젠더 – 규범으로부터의 자유에 대해서」(아이치가쿠인愛知學院대학 인간문화연구소기요人間文化硏究所紀要『인간문화』제15호. 2000년)가 있다.

(9) 제4장의 주(1)~(3) 참조. 또 아베 요시야阿部美哉『현대종교의 반근대성 – 컬트와 원리주의』(다마가와玉川대학출판부. 1996년)는 이런 논자의 관점을 일본의 상황에 대조하려고 하고 있으며, 본서와 공통의 문제의식을 가지고 있다.

(10) 사무엘 헌팅턴「문명의 충돌 – 재현된「서구」대「비서구」의 대립구도」(『中央公論』1993년 8월호), Samuel Huntington. "The Clash of Civilizations". *Foreign Affairs*. June 1993), 사무엘 헌팅턴『문명의 충돌』(集英社. 1998년, *The Clash of Civilizations and the Remaking of World Order*. Simon & Schuster. 1996년).

(11) 이 점에 관해서는 시마조노 스스무島薗進「신신종교(후기 신종교)의 정치의식 – 세속주의와 반세속주의의 대항 속에서」(『동양학술연구』제39권 제1호. 2000년)의 자료에 입각하여 논하고 있다.

(12) 시마조노 스스무島薗進. 전게주(6). 제11장.

제8장 1970년에서 90년으로

(1) 이 같은 구별은 시마조노 스스무島薗進『옴진리교의 궤적』(岩波ブックレット. 1995년)에서 도입을 시도한 것이다.

(2) 양 교단에 대한 상세한 소개는 누마타 겐야沼田健哉『종교와 과학의 네오패러다임 – 신

신종교를 중심으로』(創元社. 1995년)에 보인다. 또한 초기 GLA의 본체는 GLA종합본부로 발전했지만, 외에 GLA계통의 교단이 몇 개나 있다. 구마다 가즈오熊田一雄「종교심리복합운동에 있어서 일본적 모성의 위상 - GLA계 제 교단의 사례연구에서」(『종교와 사회』 제3호. 1997년) 참조.

(3) 초기 GLA에 대해서는 누마타 겐야沼田健哉『현대일본의 신종교』(創元社. 1988년)의 서술도 유익하다.

(4) 다카하시 신지高橋信次『마음의 발견 신리편神理篇』(三寶出版. 1971년), 다카하시 신지『마음의 발견 과학편』(三寶出版. 1971년), 다카하시 신지『마음의 발견 현증편現證篇』(三寶出版. 1973년).

(5) 다카하시 신지高橋信次『사랑과 증오을 초월하여』(三寶出版. 1973년).

(6) 오카와 류호大川隆法『태양의 법』(土屋書店. 1987년), 오카와 류호『황금의 법』(土屋書店. 1987년), 오카와 류호『영원한 법』(土屋書店. 1987년). 이 저작들은 후에 부분적인 개정을 가하게 된다. 여기에서는 초기 행복의 과학에 초점을 맞춘다는 주지에서 개정 이전의 구판에 입각해서 서술한다.

(7) 오카와 류호大川隆法『유토피아가치혁명』(土屋書店. 1989년), 오카와 류호『프랭클리스피킹』(幸福の科學出版. 1993년), 오카와 류호『신리神理용어의 기초지식100』(幸福の科學出版. 1990년).

(8) 로버트 N. 벨라「종교의 진화」(『사회변혁과 종교윤리』未來社. 1973년, Robert N. Bellah. "Religious Evolution". *Annual Sociological Review* 29. 1964). 또 역사종교와 신종교의 관계에 관해서는 시마조노 스스무島薗進『현대구제종교론』(青弓社. 1992년) 참조.

(9) 이 점에 대해서는 다음의 원고에서도 논하고 있다. 시마조노 스스무島薗進「신종교의 대중자립사상과 권위주의」(『역사평론』 509호. 1992년, 후에 시마조노 스스무 편『무엇을 위한 〈종교〉인가? - 현대종교의 억압과 자유』(青弓社. 1994년에 수록).

제9장 근대적 가치에 대항하여

(1) 니와노 닛쿄庭野日敬『법화경의 새로운 해석』(佼成出版社. 1961년). 또한 입정교성회立正佼成會에 관한 학문적 연구로서 정리된 것으로, 모리오카 기요미森岡清美『신종교운동의 전개과정 - 교단 라이프사이클론의 관점에서』(創文社. 1989년)가 있다.

(2) 사카이 노부오坂井信生『아미쉬Amish연구』(教文館. 1977년), 밀드레드 조던『아미쉬로 태어나서 다행이다アーミッシュに生まれてよかった』(評論社. 1992년). 1970년대 미국의 아미쉬 인구는 약 6만 명이라고 보고되었다.

(3) 여호와의 증인에 대해서는 다음의 문헌을 참고로 하였다. James Beckford. *The Trumpet of Prophecy*. Basil Blackwell. 1975, 이코마 고쇼生駒孝彰『미국에서 창시된 기독교アメリカ生まれのキリスト教』(旺史社. 1981년), 누마타 겐야沼田健哉『현대일본의 신종교』(創元社.

1988년), 쓰루미 슌스케鶴見俊輔『전시기 일본의 정신사 - 1931~1945년』(岩波書店. 1982년).

(4) H. 리차드 니버 『미국형 기독교의 사회적 기원』(ヨルダン社. 1984년, Helmut Richard Niebuhr. *The Social Sources of Denominationalism*. Henry Holt & Co. 1929).

(5) 여호와의 증인의 이 같은 측면에 대해서는 다음의 르포가 참고가 된다. 오이즈미 미쓰나리大泉實成『설득 - 여호와의 증인과 수혈거부사건』(講談社. 1988년), 요네모토 가즈히로米本和廣『컬트의 자식 - 마음을 도둑맞은 가족カルトの子―心を盜まれた家族』(文藝春秋. 2000년).

(6) 오카와 류호大川隆法『알라의 대경고』(幸福の科學出版. 1991년), 오카와 류호『다이너마이트사고思考』(幸福の科學出版. 1993년), 동시대의 매스컴비판의 조류로서는 예를 들면, 니시베 스스무西部邁『매스컴망국론』(光文社. 1990년) 참조.

(7) 가게야마 다미오景山民夫 · 오가와 도모코小川知子편 『종교의 반격』(幸福の科學出版. 1993년). 또한 대립하는 측에서의 인식방식을 나타내는 것으로서, 시마다 히로미島田裕巳『카미사마의 사정 - 종말의 필드워크』(法藏館. 1992년)가 있다.

(8) 오카와 류호大川隆法『유토피아가치혁명』(土屋書店. 1989년), 오카와 류호『프랭클리스피킹』(幸福の科學出版. 1993년), 오카와 류호『유토피아의 시대』(宗教法人 幸福の科學事務總合本部. 1993년) 등에 의한다.

(9) 대본교의 이러한 측면을 적확하게 파악한 저작은 야스마루 요시오安丸良夫『데구치 나오』(朝日新聞社. 1977년)이다.

(10) 이런 입장을 대표하는 저작으로서, 야마구치 히로시山口廣 · 나카무라 슈지中村周而 · 히라타 히로시平田廣志 · 기토 마사키紀藤正樹『컬트종교의 트러블대책 - 일본과 구미의 실정과 대처』(教育史料出版會. 2000년)가 있다.

종장 현대종교와 악

(1) 무라카미 하루키村上春樹『약속된 장소에서 - 언더그라운드2』(文藝春秋社. 1998년). 다음의 책도 참고가 된다. 가와이 하야오河合隼雄『일본인의 마음의 행방日本人の心のゆくえ』(岩波書店. 1998년).

(2) 요시모토 다카아키吉本隆明 · 세리자와 슌스케芹澤俊介『종교의 최후의 모습 - 옴사건의 해결』(春秋社. 1996년).

(3) 이하의 서술은 시마조노 스스무島薗進『정신세계의 행방精神世界のゆくえ - 현대세계와 신영성운동』(東京堂出版. 1996년)의 제5장「뉴에이지의 치유와 구원」과 제14장「구제와 원한을 초월하여?」의 서술에 근거하고 있다. 이 점에 관하여, 오누키 다카시大貫隆는 현대에서의 그노시스주의적인 사고의 활성화와의 관계를 따져 묻고 있다(오누키 다카시『그노시스의 신화』岩波書店. 1999년). 이 세상이 악으로 가득 차있다고 말하는 그노시스주의는「자기=신」이라고 설명하는 점에서 신영성운동과 유사하면서도, 악의 실

재를 과장하는 점에서 대극적인 위치에 있다. 이 오누키의 지적에서 나는 많은 자극을 받았다. 이 장과 함께 오누키 다카시 · 시마조노 스스무 · 다카하시 요시토高橋義人 · 무라카미 요이치로村上陽一郎편 『그노시스 「이단」과 근대』(岩波書店. 2001년)에 수록된 몇몇 졸고는 그노시스주의를 거울로서 현대종교를 다시 생각한다는 내 나름의 시도이기도 하다.

(4) 셜리 맥클레인Shirley Maclaine 『댄싱 인 더 라이트』(地湧社. 1987년) 286~288쪽을 재구성하였다.

(5) 셜리 맥클레인 『아웃 온 어 림Out on a Limb』(地湧社. 1986년).

(6) 막스 베버 『종교사회학』(『경제와 사회』 제6장) (創文社. 1976년, Max Weber. *Wirtschaft und Gesellschaft*. 1 Aufl. 1921, 4 Aufl 1956에서), Max Weber 〈오쓰카 히사오大塚久雄역 편〉 『종교사회학논선宗教社會學論選』(みすず書房. 1972년, Gesammelte Aufsätze zur Religionssoziologie. 1916-1920에서), 칼 야스퍼스 『철학Ⅱ 실존개명實存開明』(創文社. 1993년, Karl Jaspers. *Philosophie, Band Ⅱ, Existenzerhellung*. 1932), 시마조노 스스무島薗進 『현대구제종교론』(青弓社. 1992년).

(7) 로타리오 디 세니 『인간의 비참한 경우에 대해서』(南雲堂フェニックス. 1999년).

■ 찾아보기

ㄱ

ㅁ

ㅂ

ㅅ

ㅇ

현대일본인의 정신저류
포스트모던의 신종교

발 행 일 : 2010년 11월 15일 초판 1쇄

지 은 이 : 시마조노 스스무
펴 낸 이 : 김 순 천
옮 긴 이 : 이 향 란
펴 낸 곳 : **한국가족복지연구소**
서울시 마포구 공덕동 456 르네상스타워 1910호
T E L : 02-711-6242
홈페이지 : www.kfti.re.kr

디 자 인 : (주)엔씨엘피플스(02-2024-2300)
http://www.ncl.co.kr

ISBN 978-89-89821-12-0

정가 18,000원